KB041583

팀장의 원칙

THE FIRST-TIME MANAGER, Seventh Edition
by Loren B. Belker, Jim McCormick, Gary S. Topchik
Originally published by HarperCollins Leadership, an imprint of HarperCollins Focus LLC., Nashville.

유능한 리더가

꼭 알아야 할

43가지 핵심 전략

로렌 벨커 · 짐 매코믹 · 게리 톱치크 지음 ― 이영래 옮김

팀장의 원칙

THE FIRST-TIME MANAGER

비즈니스북스

옮긴이 | **이영래**

이화여자대학교 법학과를 졸업하였다. 현재 가족과 함께 캐나다에 살면서 번역에이전시 엔터스코리아에서 출판 기획 및 전문 번역가로 활동하고 있다. 주요 역서로는 《제프 베조스, 발명과 방황》, 《파타고니아, 파도가 칠 때는 서핑을》, 《항상 이기는 조직》, 《2029 기계가 멈추는 날》, 《사업을 한다는 것》, 《슈퍼팬》, 《모두 거짓말을 한다》, 《뇌는 팩트에 끌리지 않는다》, 《씽크 어게인: 논쟁의 기술》, 《4차 산업혁명과 투자의 미래》, 《위안화의 역습》, 《포모 사피엔스》, 《움직임의 뇌과학》 등이 있다.

팀장의 원칙

1판 1쇄 발행 2024년 8월 23일
1판 2쇄 발행 2024년 11월 1일

지은이 | 로렌 벨커 · 짐 매코믹 · 게리 톱치크
옮긴이 | 이영래
발행인 | 홍영태
편집인 | 김미란
발행처 | (주)비즈니스북스
등   록 | 제2000-000225호(2000년 2월 28일)
주   소 | 03991 서울시 마포구 월드컵북로6길 3 이노베이스빌딩 7층
전   화 | (02)338-9449
팩   스 | (02)338-6543
대표메일 | bb@businessbooks.co.kr
홈페이지 | http://www.businessbooks.co.kr
블로그 | http://blog.naver.com/biz_books
페이스북 | thebizbooks
ISBN 979-11-6254-386-3   03320

자신이 이끄는 사람들과 자기 자신을 위해
역량을 발전시키고자 하는
모든 팀장들에게

차례

제1부

똑똑한 팀원에서 유능한 팀장으로

관리의 원칙

제2부

최고의 아웃풋을 위해 최강의 환경을 만든다

성과의 원칙

제4부

모든 업무 프로세스는 명확하고 공정하게

시스템의 원칙

제5부

일 잘하는 팀장으로 나를 브랜딩한다
자기 경영의 원칙

제6부

1% 한 끗의 차이로 달라지는 리더의 길

지속 성장의 원칙

35년 넘게 수십만 독자들에게 긍정적인 영향을 끼친, 이 매우 중요한 프로젝트에 참여하게 되어 큰 영광입니다. 제가 이 책을 처음 접한 것은 출판사에서 6판 출간을 위한 업데이트 작업을 의뢰하고자 연락을 해 왔을 때입니다.

이 고전을 읽으면서 저는 네 가지 결론에 도달했습니다. 첫째는 이 책이 새로 관리직을 맡게 된 수많은 사람들에게 도움을 주었을 것이 분명한, 훌륭한 자료라는 점입니다. 둘째, 관리직에 얼마나 있었든 이 책을 읽고도 관리 능력이 향상되지 않기란 불가능했으리라는 점입니다. 셋째, 만약 이 작업이 로렌 벨커Loren Belker, 게리 톱치크Gary Topchick와 함께였더라면 정말 즐거웠을 것이란 점입니다. 우리의 경영 철학과 삶에 대한 일반적인 접근 방식이 완벽하게 일치하기 때문입니다. 마지막 결론은 이 특별한 책을 더 좋게 만드는 일이 쉽지 않은 도전이 되리라는 점이었습니

다. 이미 눈부시게 빛나고 있는 보석을 더 잘 다듬어 달라는 요청을 받은
듯한 느낌이었습니다.

실제로 벨커와 톱치크를 만날 기회가 없었기 때문에, 저는 그분들의
업적을 존중하면서 새로운 인사이트를 추가하는 동시에 그들이 제공한
가치를 훼손시키지 말아야 한다는 의무감을 더 크게 느꼈습니다. 혹 제
가 높인 가치가 있다면 그것은 아이작 뉴턴의 말을 빌려, "거인의 어깨
위에 서 있었기에" 가능했던 것입니다.

존경을 담아

짐 매코믹

감사의 말

지금껏 제가 경력을 쌓는 동안 만나고 관찰했던 관리자들에게 감사의 인사를 전합니다. 그분들의 매니지먼트 기술은 훌륭한 것부터 형편없는 것까지 다양했지만, 저는 모두로부터 배움을 얻었습니다. 또한 제가 이끌었던 팀원들에게 감사드립니다. 여러분 모두가 제게는 즐거움과 배움의 원천이었습니다. 제가 도움을 줄 수 있었던 야심 찬 관리자들께, 그분들의 지적 갈증에 박수를 보냅니다.

저를 믿고 이 책이라는 유산을 맡겨주신 편집자 엘런 카딘Ellen Kadin께도 감사드립니다. 마지막으로 저 자신보다 제 능력을 더 잘 알고 있는 제 에이전트 메리앤 커린치Maryann Karinch께 감사를 전합니다.

짐 매코믹

들어가는 글

당신은 이 책을 펼침으로써 스스로를 다른 사람과 차별화시켰다. 더불어 팀장으로서의 능력을 개선하고자 하는 바람을 확실하게 드러냈다. 자기 자신의 전문 역량은 물론, 다른 사람의 성취감까지도 함께 향상시키고자 하는 당신의 열망에 박수를 보낸다. 이 책은 이런 목표를 가지고 노력하는 이들에게 도움을 주기 위해 쓰여졌다.

아무도 따르지 않는 퍼레이드를 이끌 수 없는 것처럼, 이끌 팀이 없다면 관리란 있을 수 없다. 좋은 리더를 가진 팀은 단순히 개인의 개별적 성과를 합친 것보다 더 나은 것을 이룰 수 있다고 믿는다. 이런 신념에 따라 우리 셋 역시 팀으로서 이 책을 썼다. 우리는 각기 다른 시기에, 각자의 방식으로 팀장이 되었거나 팀장이 될 사람을 위해 최고의 지침을 제공하고자 나름의 도전에 나섰다. 이 특별한 컬래버레이션 덕분에 함께한 노력의 결과는 더 나아질 수 있었다. 부디 이 책에서 발견하게 될 인사이트를 마음에 새겨 당신도 유의미한 결과를 얻길 바란다.

이 책에 나오는 조언은 다음의 두 가지 중요한 메시지를 중심으로 이루어진다.

신중하게 행동하고 항상 품위를 지켜라.

그렇게만 한다면 후회는 없을 것이다.

자, 오늘부터 팀장이라는 흥미진진하면서도 도전적인 역할을 맡게 된 것을 환영한다. 이제 당신은 조직의 시스템에서 가장 어렵고 복잡한 요소, 즉 사람의 가치를 평가하고 이해하며 인도하는 일을 하게 된다. 당신은 팀장의 업무가 과학이라기보다는 예술에 가까우며 지금껏 해 왔던 그 어떤 일보다 보람찬 일임을 알게 될 것이다.

제1부

똑똑한 팀원에서 유능한 팀장으로

관리의 원칙

제1장

탁월한
팀장이 되는 길

•

누가, 어떻게 팀장이 되는가.

안타깝게도 관리직으로 이동할 사람을 고르는 데 엄정한 절차를 거치지 않고, 단지 기존의 자리에서 얼마나 좋은 성과를 거두었는지를 이유로 관리직에 앉히는 경우가 많다. 개인의 성과가 좋은 실무자라고 해서 반드시 좋은 팀장이 되는 것은 아니다. 하지만 많은 기업이 여전히 그런 이유로 팀장을 선택한다. 그러나 관리 기술은 개인적으로 높은 성과를 달성하는 데 필요한 기술과는 분명 다르다.

따라서 어떤 직원이 좋은 성과를 낸다는 사실이 곧 그가 팀장으로 성공할 수 있다는 의미는 아니다. 그 사람이 성공 패턴을 입증한다 하더라도 말이다. 팀장에게는 뛰어난 전문가가 되는 것 이상의 기술이 필요하다. 팀장은 일뿐만 아니라 사람에게도 집중해야 한다. 팀장은 자립적이기만 해서는 안 되며 다른 사람에게 의지할 줄도 알아야 한다. 일반 사원이라면 세부 지향적이며 좁은 범위에 집중하는 태도로도 성공하겠지만, 팀장은 팀 지향적이어야 하며 집중하는 범위가 넓어야 한다. 실무자에서 팀장으로의 역할 전환은 전문가가 되는 것과 예술가가 되는 것의 차이와 여러 가지 면에서 비슷하다. 팀장은 예술가이다. 관리란 미묘하며 주관적이기 때문이다. 팀장에게는 다른 사고방식이 필요하다.

관리는 아무나 하는 것이 아니다

몇몇 기업에서 보유한 팀장 교육 프로그램은 탁월한 것에서 아쉬운 것까지 퀄리티가 천차만별이다. 이런 프로그램은 이미 수년간 팀장 자리에 있었던 사람들을 위한 것인 경우가 많다. 물론 노련한 팀장들도 주기적으로 관리 스타일과 테크닉에 대한 재교육이 필요하다. 하지만 프로그램이 제 가치를 하려면 팀장 자리에 곧 오를 사람들이 교육을 받아야 한다. 이들이 시행착오를 피할 수 있도록 함은 물론이고 다른 사람을 이끄는 일을 문제없이 해낼 수 있는지 확인하는 기회가 될 것이기 때문이다. 팀장 후보들 스스로가 관리직에 적합한지 판단하도록 돕는 이러한 프로그램은 후보들과 그들이 속한 조직 모두에게 대단히 유용하다.

하지만 안타깝게도 너무나 많은 조직들이 아직도 팀장을 교육하는 데 '알아서 살아남기'식 방법을 쓰고 있다. 때문에 관리직으로 이동하는 직원은 자신이 그 자리에 적합한지를 스스로 알아내야만 한다. 이는 사람을 관리하는 법을 모두가 직관적으로 알고 있다고 가정하는 것이다. 하지만 실상은 그렇지가 않다. 사람을 관리하는 일은 모든 조직의 성공을 좌우하는 것인데도 우연에 맡겨지는 경우가 매우 많다. 직장에 다녀본 사람이라면 진급 후 좋은 성과를 내지 못해서 다시 이전의 자리로 돌아오는 직원을 본 적이 있을 것이다. "소원을 빌 때는 조심하라. 정말 이루어질 수도 있으니(원하는 바를 얻는 것이 예상치 못한 부정적인 결과로 이어질 수 있다는 의미—옮긴이)."라는 격언이 떠오르는 상황이다. 대개의 회사에서는 관리직에 오르지 않는 경우 승진의 기회가 제한된다. 그 결과 관리직에 있어서는 안 될 사람, 급여 인상이나 승진의 다른 기회가 있었더라면 관리직에 있으려 하지 않았을 사람이 그 자리에 오르는 일이 벌어진다.

관리직에 어울리지 않는 사람이 그 자리로 이동하는 문제에 현명하게 접근한 회사가 있어 예를 들어보겠다. 이 회사는 사람을 관리하는 일에 관한 일련의 세미나를 개최했다. 일선 관리직 후보 모두가 하루 종일 이어지는 이 세미나에 초대받았다. 회사는 그들에게 "이 세미나에 참석한 후, 관리직을 맡고 싶은지 결정하고 그 여부를 알려달라. 당신의 결정은 관리직 이외의 다른 진급 가능성이나 기존 자리에서의 향후 급여 결정에 영향을 미치지 않는다."고 덧붙였다.

이 세미나에는 총 500명 정도가 참석했으며 그들 중 약 20퍼센트가 관리직으로 옮기고 싶지 않다는 결정을 내렸다. 관리직을 잠깐 맛보았을 뿐인데도, 100명에 가까운 사람들이 자신은 좋은 팀장이 될 수 없다는 사실을 깨달은 것이다. 그렇지만 그들은 여전히 능력 있는 직원이었다. 여기서 반드시 생각해봐야 할 점이 있다. 이 결과가 어느 정도 대표성을 갖는다면, 관리직에 오른 사람 중 20퍼센트는 그 자리를 선호하지 않는다는 사실이다. 너무나 많은 사람이 관리직으로의 진급을 거절할 경우 막다른 길에 이르리라는 생각으로(실제로도 그런 경우가 많다) 어쩔 수 없이 그 자리에 앉고 있다.

실무를 다 하려는 팀장의 문제

일을 제대로 하려면 자신이 직접 하는 것이 낫다고 믿는 사람들이 더러 있다. 이런 태도를 가진 사람들은 좋은 리더나 팀장이 되기 힘들다. 책임 있는 일을 팀원에게 맡기는 데 어려움이 있기 때문이다. 사실 이런 사람들은 어디에나 있다. 누구나 할 수 있는 하찮은 일만 위임하고 의미 있는 일은 모조리 자신이 맡는다. 결국 늦은 밤이나 주말에도 일을 하고 집으로 서류를 싸 들고 간다. 일을 많이 하는 것이 잘못은 아니다. 대부분의 사람들이 그렇듯이, 일에 많은 시간을 할애해야만 하는 경우가 종종 있다. 하지만 이런 패턴을 생활 방식으로 삼는 사람들은 좋은 팀장이 될 수 없다. 팀원에 대한 신뢰가 극히 부족한 나머지 이들이 팀원에게 맡길 수 있는 것은 사소한 과제에 국한된다. 이들은 사람을 적절히 교육하는 법을 모르고 있는 것이다.

이런 '전지전능한 팀장' 밑에서는 팀원 이탈 문제가 종종 발생한다. 팀원들은 보통 그들이 생각하는 것보다 유능하며, 사소한 일만 처리하는 데 지쳐버리기 때문이다.

만약 당신이 이런 팀장 밑에서 일하고 있다면 진급에 어려움을 겪게 될 것이다. 당신으로서는 어쩌지 못하는 상황에 휘말려 어떤 중요한 일도 맡지 못하고, 결과적으로 능력을 입증할 기회를 전혀 얻지 못한다. 전지전능한 팀장은 진급 추천도 거의 하지 않는다. 이들은 자신이 모든 일을 해야 하는 이유가 팀원들이 그 책임을 받아들이지 않기 때문이라는 확신을 갖고 있다. 자신이 위임을 거부해서라는 점은 결코 인정하지 않는다. 전지전능한 사람에 대해 강조하는 이유는 당신 스스로를 이런 행동 방식에 빠지지 않게 해야 하기 때문이다. 만약 자신이 팀원에게 사소한 일만 위임하고 있다는 것을 발견했다면, 하던 일을 멈추고 자신의 관리 스타일에 대한 평가의 시간을 가져야 한다.

전지전능한 팀장의 또 다른 특성은 좀처럼 휴가를 가는 법이 없다는 것이다. 이들은 한번에 이틀 이상 쉬지 않는다. 자신들 없이는 회사가 오랜 시간 제대로 기능할 수 없다고 확신하기 때문이다. 이들은 휴가를 떠나기 전에 자신이 돌아올 때까지 일을 어떻게 모아두어야 하는지 구체적인 지시를 남기고, 자신이 휴가를 떠나 있는 동안이라도 중요한 일이 생기면 이메일, 문자를 보내거나 전화를 하라고 일러둔다. 그리고 이들은 가족과 친구들에게 이렇게 불평한다. "단 며칠도 회사가 날 가만두지 않는다니까. 계속 연락이 와." 전지전능한 팀장이 말하지 않는 것이 하나 있다. 이것이 정확히 그들이 원하는 방식이고, 이를 통해 그들은 스스로 중요한 존재라 느낀다는 점이다. 전지전능한 팀장들은 은퇴 후의 삶에서 즐거움을 찾을 수 없다. 이들에게 은퇴란 일에 대한 헌신, 자신의 필요성, 어쩌면 삶의 이유까지도 사라지는 시점이기 때문이다.

어떤 사람이 팀장 자리에 앉는가

때로 상사와 학연 지연 등이 있다거나 친하다는 이유로 팀장 자리에 앉는 사람들이 있다. 이런 회사에서 일하지 않는다면 당신은 운이 좋은 것이다. 상사와의 연줄로 팀장 자리에 올랐다면 그 상황에서는 리더로서의 역할이나 추가적인 책임을 맡기가 어려울 것이다. 직책에서 비롯되는 권한은 있겠지만, 오늘날의 기업에서는 독재란 생각할 수 없으며 고위 경영진이 낙점했다는 이유만으로 직원들이 당신을 잘 따라주지는 않을 것이다. 따라서 당신이 이런 상황이라면, 확실하게 자신의 능력을 증명할 필요가 있다. 직원들은 실력으로 그 자리에 오른 다른 사람과 비교해 당신에게 더 높은 성과를 기대할 것이다. 그들이 당신에게 들이대는 높은 잣대를 받아들여야만 한다. 세상일이란 그런 것이다. 팀장이라는 자리 덕분에 피상적으로는 존중을 받겠지만, 정작 중요한 팀원들의 성과에 영향을 주는 것은 당신에게 사람들이 하는 말이 아니라 당신에 대한 사람들의 진심임을 알아야 한다.

최고의 조직이 팀장을 발탁하는 기준은 누군가의 기술적인 지식이 아닌, 그 사람이 보여주는 리더십의 불씨다. 그 불씨를 키워나가야 한다. 리더십은 정의하기가 어려운 대상이다. 리더는 다른 사람들이 방향을 찾기 위해 바라보는 사람이며, 대체로 그 판단이 정확하기 때문에 판단을 존중받는 사람이다. 판단력을 발휘하고 정확한 결정을 내릴 수 있는 능력을 계발하다 보면 그것이 자신의 특성으로 자리 잡으면서, 자신의 의사결정력에 대한 믿음이 강화된다. 이는 자신감을 키우고 이렇게 커진 자신감은 어려운 결정을 꺼리는 일을 줄여준다.

리더는 미래를 내다보고 자신이 내린 결정의 결과를 시각화할 수 있는 사람이다. 또한 리더는 개인의 기호와 별개로 사실에 근거한 결정을 내릴 수 있는 사람이다. 인간적인 요소를 무시한다는 의미가 아니다(결코 무시해서는 안 될 일이다). 다만 항상 사실에 대한 사람들의 감정적 인식이 아닌, 사실 그 자체를 다루어야 한다는 말이다. 결정에 감정적 영향을 배제했다는 뜻이 아니라 그런 영향 때문에 궤도에서 벗어나지는 않는다는 것을 의미한다. 팀장은 여러 가지 이유로 결정된다. 타당한 이유로 임명된 사람이라면, 팀원들의 신임을 얻기가 훨씬 수월할 것이다.

Check Point 1

- 개인 업무를 뛰어나게 해낸다고 훌륭한 팀장이 될 수 있는 것은 아니다. 관리직에 필요한 소양은 따로 있다.
- 팀장은 일을 직접 처리하기보다 팀원들이 도전할 수 있는 기회를 마련해주어야 한다.
- 회사가 팀장을 임명하는 기준은 기술적인 지식이 아니라 그 직원의 리더십과 관련된 능력이다.
- 팀장은 정확한 판단력을 발휘해 사람들로 하여금 자신의 판단을 존중하도록 해야 한다.
- 팀장은 자신이 내린 결정을 시각화할 수 있어야 하며, 사실에 근거해 결정을 내려야 한다.

제2장

초보 팀장의
마인드셋

•

팀장으로서의 첫 주는 매우 색다를 것이며, 특히 당신이 인간 행동에 관심 있는 사람이라면 몇 가지 놀라운 현상을 관찰하게 될 것이다.

사장보다 팀원이 중요하다

모두가 새로운 팀장의 출현을 반길 것이라고 기대하지 말라. 동료들 중에는 그 자리에 자신이 앉았어야 한다고 생각하는 사람도 있을 것이다. 그들은 당신이 팀장의 직무를 맡게 된 것을 시기하고 은근히 당신의 실패를 바랄 수도 있다.

윗사람에게 맹종하는 '예스맨'들은 바로 당신의 비위를 맞추려 들 것이다. 회사의 선택을 받은 당신은 그들에게 성공으로 가는 티켓일 수 있다. 그 목적이 모두 나쁘다는 것은 아니지만 그들의 접근법은 부적절하다.

당신을 시험하려 드는 동료들도 있을 것이다. 당신이 답을 아는지 확인하기 위해 질문을 할 수도 있다. 답을 모르는 경우에는 당신이 그것을 인정하는지, 눈가림으로 위기를 모면하려 하는지 지켜보려 할 것이다. 단순히 당신이 당황하는 모습에서 재미를 느끼려고 당신이 답할 수 없는 질문을 하는 사람도 있을 것이다.

그러나 대개의 사람들은(당신은 이런 사람들이 대다수이길 바라야 할 것이나) 관망하는 태도를 취할 것이다. 그들은 비난도 칭찬도 하지 않은 채 당신이 일을 어떻게 하는지 지켜본다. 이것이야말로 건전하고 바람직한 태도이며 당신이 이런 태도를 기대하는 것은 당연한 일이다.

처음에는 그 자리에 있던 전임자와 비교를 당할 것이다. 그 사람의 성과가 좋지 못했다면 당신이 중간만 해도 팀원들은 그 사람과 비교해 당신을 높이 평가할 것이다. 반대로 뛰어난 실력을 가진 사람의 뒤를 이은 경우라면 적응하기 어려울 것이다. 당신은 전임자가 형편없었기를 바라기 전에 무능한 전임자로 인해 당신이 어려운 문제를 잔뜩 물려받게 된다는 점을 잊지 말아야 한다. 그것이 그가 더 이상 그 자리에 있지 않은 이유이다. 그런 숙제를 떠안게 되면 힘들겠지만 보람 있는 일이 될 것이다. 반면 능력이 출중한 전임자는 승진으로 자리를 떠났을 것이다. 어떤 경우이든 당신은 큰일을 앞두고 있다.

가장 먼저 내려야 할 결정은 운영 방법에서의 즉각적인 변화를 자제하는 것이다. (상황의 심각성 때문에 고위 경영진이 즉각적인 변화를 꾀하길 바라는 경우도 있을 것이다. 하지만 보통 그런 경우에는 곧 변화가 있을 것이란 발표가 전제된다.) 무엇보다 참을성을 가져야 한다. 대부분의 사람들이 변화를 두렵게 생각하며 의식적이든 무의식적이든 변화에 저항하는 경향이 있다는 점을 명심하라. 갑작스런 변화는 공포 반응을 유발해서 당신에게 불리하게 작용하며 긍정적인 효과를 꾀한 당신의 의도에 도움이 되지 않는다.

변화가 필요할 때는 당신이 승진한 직후든 그 이후이든 어떤 이유에서 어떤 변화를 일으킬 것인지 가능한 빨리 설명해야 한다. 사람들은 변화 앞에서 겁을 먹지만 알지 못하는 것에 대해서는 무력감을 느낀다. 그렇다고 해서 모든 세부적인 사항을 공개하라는 것은 아니다. 어떤 것을 공개하고 어떤 것은 당신만 알고 있을지 결정하는 것 역시 팀장으로서 당신이 판단해야 할 몫이다. 하지만 설명이 빠를수록 팀원들이 인간 본연의 특성인 변화에 대한 저항을 극복하는 데 도움이 될 것이다.

어떤 상황이든, 특히 팀에 변화를 줄 때는 팀원들의 질문에 가능한 솔직하게 답해야 한다. 처음 팀장 자리에 앉았다고 해서 모르는 것을 '모른다'고 말하는 데 두려움을 가질 필요가 없다. 당신이 믿을 만한 사람인지 떠보는 것일 수도 있다. 어떤 상황이든 답을 모르는 질문에 답을 꾸며내려 드는 것은 좋지 않다. 그로 인해 신뢰를 잃게 될 가능성이 높다.

즉각 변화를 일으킨다면 당신은 후회하게 될 것이다. 팀원들은 불안해할 것이고 당신의 행동은 전임자에 대한 모욕이나 건방진 일이라고 해석될 수 있다. 처음 팀장이 된 젊은 리더들은 새로운 권한을 즉시 사용해야 한다는 생각 때문에 스스로를 곤란에 빠뜨리곤 한다. 중요한 것은 '자제력'이다. 시험대에 선 사람은 팀원들이 아닌 바로 당신 자신이라는 점을 기억해야 할 것이다.

지금이 바로 팀장으로서 자신의 태도를 잘 보여줄 수 있는 적기이다. 많은 초보 팀장들이 상급자들과의 상향 소통에는 능하면서 팀원들과의 하향 소통에는 형편없는 모습을 보인다. 하지만 팀원들이 상급자들보다 당신의 미래에 더 큰 영향을 끼친다. 당신은 팀이 얼마나 잘 기능하느냐(즉, 팀이 내놓은 결과)에 따라 평가를 받는다. 따라서 당신의 커리어에서 가장 중요한 사람들은 지금 당신 밑에서 일하는 사람들이다. 팀원들이 당신 미래에 중요하다는 것은 누구나 알고 있는 원론처럼 보인다. 그런데도 처음 팀장이 된 많은 사람은 상급자와의 소통을 계획하는 데 온 시간을 쏟고, 정말로 자신의 미래를 좌우하는 사람들에게는 잠깐 눈길을 주는 데 그친다. 믿기 어렵겠지만 당신의 미래에 있어서는 당신 회사의 사장보다 그들이 더 중요하다.

당신에게는 이미 권위가 있다

많은 초보 팀장이 권한을 사용하는 데에서 실수를 저지른다. 자기 주도적인 '알아서 살아남기'식 실무 훈련을 통해 상황을 헤쳐나가야 하는 경우라면 특히 더 그렇다. 이는 자신에게 이제 관리 권한이 있으니 바로 사용을 시작해야 한다는, 그것을 대대적으로 사용하고 내보여야만 한다는 잘못된 믿음에서 비롯된다. 이는 초보 팀장이 할 수 있는 가장 큰 실수가 될 수도 있다.

당신은 새로운 자리에 따르는 권위를 한정된 재고 물품처럼 생각해야 한다. 물건을 적게 꺼내 쓸수록 '정말' 필요할 때 쓸 수 있는 물건이 많이 남아 있는 법이다.

처음 팀장으로 임명된 사람이 명령을 내리고 각종 지시를 하면서 '사장'처럼 행동하는 것은 순조로운 출발이 아니다. 당신에게 들리지는 않겠지만 뒤에서는 이런 말들이 오고 갈 것이다. "권력에 도취됐군.", "저 자리에 가더니 머리가 이상해진 거 아냐?", "승진한 게 정말 좋은가 봐." 이런 소리를 들어서는 안 된다.

권위라는 재고 물품에 너무 자주 의지하지 말아야, 자주 드러나지 않는 권위의 힘이 비상시에 더 큰 효과를 발휘할 수 있다. 당신이 이끄는 사람들은 당신이 팀장이라는 점을 잘 알고 있다. 그들은 당신이 하는 요청에 당신의 지위에서 나오는 권위가 실려 있다는 점을 잘 알고 있다. 따라서 대부분의 경우에는 그 권위를 사용할 필요가 없다.

창작예술 분야에서는 '절제된 표현'understatement이라는 말이 있다. 대부분의 경우, 이것은 표현되지 않고 남겨진 것이 표현된 것만큼 중요할 수 있음을 의미한다. 권위의 사용에서도 마찬가지이다. 요청의 형태로 주어진 지시는 관리에 있어서의 절제된 표현이다. 바라는 반응이 나오지 않는다면 언제든 다시 요청을 명확히 하거나 약간의 권위를 추가할 수 있다.

반대로 어떤 과제를 달성하기 위해 가지고 있는 모든 권위를 사용한 이후 이를 지나치게 사용했음을 깨닫게 되는 경우라면? 이미 되돌릴 수 없는 피해가 발생한 뒤이다.

간단히 말해, 지위에 따르는 권위를 반드시 사용해야 한다고 생각할 필요는 없다. 부드러운 접근 방식의 가장 좋은 부산물은 부정적 이미지가 만들어지지 않는다는 점이다. 부정적 이미지는 한번 만들어지면 지우기가 거의 불가능하다.

팀원과 개별 소통 시간을 가져라

새롭게 관리직에 오르고 60일 이내에 당신 책임하에 있는 각각의 사람들과 대면해서 대화를 나눌 계획을 세워야 한다. 첫 주에 당장 시작할 생각은 하지 말라. 사람들에게 당신이 그 자리에 있는 것에 익숙해질 시간을 주는 것이 좋다. 이 일을 바로 시작하려 한다면 팀원들이 당황하거나 겁을 먹을 수 있다. 대화할 때는 그들을 당신 사무실로 부르거나, 점심을 같이 하거나, 회사 밖으로 나가 차를 마시자고 청해서 그들이 어떤 생각을 하고 있는지 느긋하게 이야기할 시간을 갖는다. 필요 이상의 말은 하지 말라. 이 첫 대화는 팀원이 당신과 소통할 수 있는 길을 열어주기 위한 것이지, 당신이 팀원에게 일방적 소통을 하기 위한 것이 아니다. (상대가 말을 많이 하게 할수록 뛰어난 소통가라는 평판을 듣게 된다는 것을 깨달은 적이 없는가?)

팀원들의 개인적인 문제도 중요하지만 대화는 일과 관련된 주제로 제한하는 편이 낫다. 물론 개인의 가정사는 다른 어떤 것보다 사람을 힘들게 하기 때문에 이런 제한을 고수하는 것이 쉽지 않을 때도 있다. 하지만 어떤 경우이든 개인적인 조언을 주는 상황은 피해야 한다. 당신이 상사가 됐다고 해서 하급자들이 마주하고 있는 모든 개인적 문제까지 전문가가 되는 것은 아니다. 그들의 말에 귀를 기울여라. 그것이 그들이 가장 필요로 하는 것일 때가 많다. 자신의 이야기에 귀를 기울여줄 사람 말이다.

이런 대화를 이메일이나 전화로 할 수 있다는 생각은 절대 해선 안 된다. 이메일과 전화는 얼굴을 맞대고 하는 대화의 대안이 될 수 없다. 이런 방법으로는 당신이 바라는 관계가 형성될 수 없다. 직원이 원격근무를 하고 있어서 당신이 부임하고 60일 내에 직접 대화를 가지는 것이 불가능하다면 화상 통화부터 시작할 수도 있다. 화상 통화에 의지해야 하는 경우라면 가능한 빠른 시간 내에 대면하는 시간을 갖게 될 것이라고 분명히 밝혀라.

문제의 대부분은 사람 사이에서 일어난다

팀원들과 대화를 갖는 목적은 그들에게 당신과 소통할 수 있는 길을 열어주기 위해서이다. 그들의 문제에 진심 어린 관심을 보여주고 일에 있어서 그들이 어떤 포부를 갖고 있는지 아는 것이 중요하다. 그들이 자신의 관점을 넓힐 수 있는 질문을 던져야 한다. 상대에 대한 관심을 꾸며내서는 안 된다. 이런 일을 하는 것은 직원들의 안위에 마음을 쓰기 때문이다. 이런 관심은 양쪽 모두에게 득이 된다. 직원들이 자신의 목표를 달성하는 데 도움을 줄 수 있다면 그들의 생산성은 향상될 것이다. 더 중요한 일은 그들에게 목표를 향해 나아가고 있음을 깨닫게 하는 것이다.

다시 말해, 이런 초기 대화의 목표는 팀원들에게 당신이 그들 각자에게 마음을 쓰고 있으며 그들의 목표 달성을 돕기 위해 그 자리에 있다는 점을 알리는 것이다. 그들이 직무에서 마주하는 문제들을 해결하는 데 당신이 도움을 주고 싶다는 것을 알려야 한다. 그들이 편안한 마음으로 당신과 마주할 수 있는 상황, 장소를 만들어두라. 당신과 문제에 대해서 의논하는 것을 당연하다고 느끼게 만들어라. 작은 문제와 거슬리는 소소한 일들을 의논하다 보면 더 큰 문제가 발생하는 것을 막을 수도 있다.

팀장으로 일하고 몇 달만 지나면 사람을 대하는 능력이 다른 능력보다 중요하다는 점을 깨닫게 될 것이다. 문제의 대부분은 일 자체보다는 사람들 사이에서 일어난다. 당신이 맡은 책임이 기술적으로 복잡한 일이 아닌 이상, 강력한 인간관계의 기술이 있다면 다른 작은 결함을 덮을 수 있을 것이다. 반대로 아무리 업무 역량이 출중한 팀장이라도 인간관계의 기술이 없다면 큰 어려움에 처할 것이다.

친구는 다른 팀에서 찾아라

많은 초보 팀장이 직면하는 문제 중 하나는 부서 내에서 이제 하급자가 된 친구와의 관계이다. 정답이 없는 어려운 상황이다. 초보 팀장이 하는 흔한 질문 중 하나는 이것이다. "과거 동료였지만 이젠 하급자가 된 사람들과 친구 관계를 유지할 수 있나요?"

단순히 승진을 했다는 이유로 우정을 포기할 수는 없는 일이다. 그렇지만 그 우정이 당신의 성과나 친구의 성과를 떨어뜨려서는 안 된다.

팀 운영 방식에 우정이 끼어들게 하는 것은 큰 실수이다. 친구인 하급자는 당신이 처한 진퇴양난의 상황을 이해할 것이다.

당신이 팀장이 되기 이전부터 친구인 동료가 있다면 반드시 그가 다른 사람과 같은 대우를 받도록 해야 한다. 그를 다른 직원보다 우호적으로 대하지 않아야 함을 물론이고, 다른 사람에게 자신이 편견 없는 사람이란 것을 보이기 위해 그를 소홀히 해서도 안 된다는 뜻이기도 한다.

물론 누구와도 친구가 될 수 있다. 하지만 직장에서는 외부에서와 같은 방식으로 친구 관계를 유지할 수 없다. 이제 팀장이 된 당신은 친구든 아니든 관계없이 모든 팀원과의 사이에서 일을 하는 방식에 대한 기대치를 확고히 할 필요가 있다. 모든 개인에게 성과, 행동, 책임성에 대해 동일한 기준을 적용해야 한다. 당신에게 우정으로 보이는 것이 다른 사람에게는 편파적인 것으로 보일 수 있다는 점을 명심하라.

부서 내의 오랜 친구를 속을 터놓는 친구로 계속 두고 싶은 유혹이 들겠지만 편애한다는 인상을 주어서는 안 된다. 실제로 편애를 해서도 안 된다. 속을 터놓을 사람이 필요하다면 조직 내 다른 부서나 부문의 팀장을 상대로 삼는 것이 낫다.

친구인 동료와 부서 이동에 대한 대화를 나누어보는 것을 고려해보라. 당신이 편파적이지 않음을 증명해 보이려고 아무리 노력을 해도 부족할 수 있으며, 친구가 팀원이 되지 않는 편이 당신이나 친구 모두에게 더 낫다. 당신의 새로운 역할로 인해 관계가 위태로워지는 것을 걱정할 만큼 그 우정에 가치를 두고 있다면, 그것이 가장 좋은 대안이다.

통솔 범위를 정해라

머지않아 조직 개편을 고려하게 될 것이다. 팀원과 그늘의 역할에 매우 친숙한 경우가 아니라면, 이 일은 너무 서두르지 않는 것이 좋다. 조직 개편은 관련된 모든 사람에게 큰 스트레스를 안기는 경향이 있어, 잘하되 자주 하지 않는 것이 최선이다. 조직 개편 과정의 어디에서든 실수를 바로잡을 수 있긴 하지만, 가장 좋은 것은 처음부터 실수를 하지 않는 것이다.

팀 내의 보고 체계를 살필 때는 당신에게 직접 보고를 하는 팀원이 얼마나 많은지에 특히 주의를 기울여야 한다. 이 숫자를 당신의 '통솔 범위'라고 한다. 최근에는 정보 기술 덕분에 조직의 위계가 줄어들고 대신 범위가 넓어졌다. 이런 조직 구조의 수평화에는 많은 긍정적 결과가 따랐다. 잘 시행된다면 수평적인 구조는 보다 효율적인 커뮤니케이션과 더 나은 의사결정을 가능케 한다. 그러나 대개 그렇듯이 수평화된 구소를 만들 때는 균형이 필요하다.

경험이 부족한 팀장은 통솔 범위를 지나치게 넓히는 실수를 저지르곤 한다. 이런 일은 쉽게 일어난다. 거의 모든 사람이 상사에게 직속으로 보고하는 것을 선호하기 때문이다. 직속 보고란 최종 결정권자에 대한 접근권이 생기는 것이며 조직 내에서 확실한 입지를 다질 수 있는 일이기도 하다. 문제는 효과적으로 관리할 수 있는 팀원의 숫자가 제한적이라는 점이다. 팀장들이 지나치게 많은 사람으로부터 직접 보고를 받게 되면 혼란이 빚어진다. 사람들이 매일 책상 앞에 줄을 서고 메일함은 가득 찰 것이다. 팀원들의 니즈와 질문에 대응하다가 하루를 다 보내야 한다. 지시와 결정에 대한 모든 요청을 성공적으로 처리할 수가 없고, 일은 다음 날로 미뤄진다. 장기적인 생각이나 기획을 할 시간이 부족하다. 과도하게 넓은 통솔 범위는 실패의 지름길이다.

그렇다면 어느 정도의 통솔 범위가 적당할까? 고려해야 할 여러 가지

변수가 있다. 하나는 팀원의 물리적 위치이다. 당신과 같은 건물에 있다면 통솔 범위는 조금 더 넓어진다. 직접 대면할 수 있는 능력이 소통을 용이하게 만들 것이다. 또 다른 요소는 경험의 정도이다. 좋은 성과로 검증을 받은 팀원이라면 당신의 시간을 그리 많이 필요로 하지 않을 것이다. 하지만 신입 사원이나 최근에 새로 자리를 이동한 직원 혹은 책임 있는 자리에 있는 직원이라면 적어도 한동안은 당신이 많은 시간을 할애해야 할 것이다.

경험에 따르면 팀원의 숫자는 일주일에 한 번 이상 만날 수 있는 정도를 넘어서는 안 된다. '만난다'는 것은 실제로 얼굴을 맞대고 일대일로 이야기를 한다는 의미이다. 회의는 직접 대면이 될 수도 있고 화상 회의가 될 수도 있지만, 팀원과는 직원회의와 별개로 실제 일대일 만남을 가져야 한다. 당신에게 팀원과의 이런 만남 이외에도 할 일이 많다는 것을 고려하면, 다섯이 최대라고 생각하면 된다. 이 정도면 목적에 따라 주중 하루에 한 명씩 만남을 가질 수 있을 것이다.

이 만남을 놓치지 않도록 주의를 기울여라. 효과적인 관리에서 대단히 중요한 부분이다. 매일 당신과 대면하는 시간이 있다는 것을 알면 팀원들은 그 만남 때까지 논의가 필요한 항목들을 모아둘 수 있다. 이런 환경에서 문제를 논의하고 이후 복도를 지나다가 혹은 전화, 문자 메시지나 이메일로 후속 조치를 확인하는 것이 훨씬 더 효율적이다.

팀원들이 당신과 직접 소통할 정기적인 기회가 없다고 생각한다면 그들은 당신의 관심이 필요한 일이 생길 때마다 당신을 찾아올 것이다. 이 경우 두 가지 부정적인 결과가 발생한다. 사려 깊은 의사결정으로 이어지지 못하는 임의적인 접촉이 훨씬 늘어나고, 필요 이상으로 많은 문제가 당신 앞에 제시된다. 팀원과 일주일에 한 번씩 하는 회의 일정을 지키고 그때까지 그들이 가능한 한 많은 문제를 해결하도록 훈련시킨다면, 그렇게 하지 않았을 때 그들이 당신에게 가져왔을 문제를 스스로 해결하면서 얼마나 많은 것을 배우는지 보는 기분 좋은 놀라움을 경험하게 될 것이다.

노련함은 나이와 상관없다

팀원들은 당신의 기분이 어떤지를 매우 예민하게 포착한다. 감정 변화가 심한 편이라면 말할 것도 없다. 분노 발작은 노련한 팀장의 업무 습관에서는 찾아보기 힘들다. 그리고 노련함은 나이와는 아무런 상관이 없다. 가끔씩은 짜증을 드러내는 것이 효과적인 때도 있다. 다만 그것은 꾸며낸 것이 아닌 진실한 것이어야 한다.

누구나 때때로 우리를 괴롭히는 사무실 밖의 상황 때문에 부정적인 기분에 사로잡힌다. 관리자들을 위한 많은 책에서는 '문제를 사무실로 가져가서는 안 된다'고 말한다. 하지만 이는 고지식한 태도이다. 개인적인 문제를 완전히 차단하고 일에서의 성과에 영향을 주지 않을 수 있는 사람은 거의 없기 때문이다.

그러나 문제가 일에 미치는 영향을 최소화하는 것은 얼마든지 가능하다. 첫 번째 단계는 어떤 일이 당신을 짜증나게 하고 있으며 그것이 동료들과 효율적으로 일하는 데 영향을 줄 수 있다는 점을 인정하는 것이다. 그렇게 할 수 있다면 당신의 개인적 문제 때문에 다른 사람들이 희생당하는 일을 피할 수 있다. 외부적인 문제가 당신을 괴롭히고 있는 상황에서 어려움에 처한 직원을 대해야 한다면 그에게 이렇게 말해볼 수 있을 것이다. "오늘 제가 조금 예민하게 보이더라도 양해를 좀 부탁드려요." 이런 종류의 솔직함은 팀원들에게 신선하게 느껴질 것이다. 팀원으로 하여금 당신의 신경이 곤두선 원인이 자신에게 있다고 생각하게 하는 것보다는, 당신이 정신없는 상태라는 사실을 밝히는 편이 훨씬 낫다.

다른 사람이 당신 기분을 눈치채지 못하리란 생각은 하지 않는 것이 좋다. 기분이 극적으로 변하는 사람이라면 팀장으로서의 능력이 부족하다고 보아야 한다. 팀원들은 당신이 언제 이런 변화를 보이는지, 그 징후가 무엇인지 알게 되고, 기분이 저조할 때면 당신을 피하게 될 것이다. 팀원들은 당신 기분이 반대쪽 극단으로 이동할 때까지 기다릴 것이다.

차분함을 유지하되 감정은 표현하라

침착함을 유지하기 위해 노력해야 한다. 하지만 어떤 것도 중요하게 여기지 않는 팀장, 기쁨도 슬픔도 느끼지 않는 것 같은 사람이 되는 것도 좋은 일은 아니다. 모든 감정을 숨기는 사람이라고 생각하면 사람들은 당신과 동질감을 느끼지 못할 것이다.

하지만 항상 차분함을 유지하는 것은 다른 문제이다. 차분함을 유지해야 하는 이유가 있다. 힘겨운 상황에서도 항상 침착할 수 있다면 보다 명확하게 생각하고 어려운 문제를 다루는 데 보다 우위에 서게 된다. 차분함을 잃지 않으면서도 감정은 표현해야 한다. 그래야 사람들이 당신을 관리 로봇으로 생각하지 않을 것이다.

사람을 관리하는 데 뛰어난 팀장이 되려면 사람들에게 관심을 가져야 한다. 선교사나 사회복지사처럼 사람을 대하라는 뜻이 아니다. 그들과 함께하는 시간을 즐기고 그들의 감정을 존중한다면 업무 지향적인 팀장 보다 훨씬 더 노련한 팀장이 될 수 있을 것이다.

사실 기업들은 이런 업무 지향성 때문에 문제를 자초한다. 그들은 어떤 자리에서 가장 능력 있는 직원이 관리자로 승진해야 할 사람이라고 생각한다. 그 사람은 아마 업무 지향적이기 때문에 능력 있는 직원이 되었을 것이다. 이런 직원을 관리직으로 옮긴다고 그가 자동적으로 인간 중심적인 사람으로 탈바꿈하는 것은 아니다.

Check Point 2

- 대부분의 사람은 변화에 저항하는 경향이 있다. 초기에는 적극적인 변화를 자제하라.
- 막 팀장으로 임명된 상황이라면, 시험대에 올라 있는 것은 팀원이 아니라 바로 초보 팀장 자신이다.
- 팀장에게는 사장보다 팀원이 더 중요하다. 팀원의 업무 성과에 따라 팀장에 대한 평가가 달라지기 때문이다.
- 평소에 팀장으로서 권한 사용을 자제한다면 필요할 때 그 권한을 더욱 효과적으로 사용할 수 있다.
- 팀원과 개인적으로 대화할 수 있는 기회를 마련하라. 그들에게 팀장과 의사소통할 수 있는 길을 열어놓아야 한다.

제3장

팀원들의 신뢰를
얻으려면

•

자신감 구축은 점진적인 과정이다. 당신의 주요 목표 중 하나는 팀원으로 하여금 자기 자신의 능력뿐 아니라, 당신에 대한 신뢰와 확신을 키우게 하는 것이다. 직원들은 당신이 능력이 있고 공정하다는 확신을 가져야 한다.

성공하는 습관을 경험시켜라

팀원의 자신감 구축은 쉬운 일이 아니다. 당신의 목표는 그들이 성공의 패턴을 확립하도록 하는 것이다. 자신감은 성공 경험을 바탕으로 구축된다. 따라서 리더인 당신은 그들이 성공시킬 수 있는 과제를 부여해야 한다. 특히 신입의 경우에는 숙달할 수 있는 일을 맡기도록 하라. 그들이 작은 성공에서부터 시작해서 성공의 습관을 만들어가게끔 하라.

팀원들은 종종 업무를 잘못 처리할 때도, 완전히 망칠 때도 있을 것이다. 이런 상황들을 어떻게 다루느냐가 팀원의 자신감에 큰 영향을 미친다. 다른 사람 앞에서 그들의 잘못을 지적해서는 안 된다. "칭찬은 공개적으로, 비판은 사적으로"라는 신조를 반드시 고수하는 것이 좋다.

팀원에게 사적으로 실수에 대해 이야기할 때라도 당신은 그 사람이 문제의 본질을 파악하도록 교육해서 실수가 되풀이되지 않도록 해야 한다. 실수에 대한 당신의 태도는 말보다 큰 영향을 미친다. 당신의 말은 실수를 초래한 착오를 교정하는 방향이어야 하며, 어떤 종류이건 개인에 대한 판단으로 치우쳐서는 안 된다. 팀원이 부적절하다고 느낄 만한 말이나 행동은 절대 하지 말라. 당신은 팀원과 신뢰를 구축하려는 것이지 그것을 파괴하려는 것이 아니다. 팀원이 스스로가 바보 같다는 느낌을 받게 하는 데에서 즐거움을 얻는다면 자신의 동기부터 면밀히 점검해보는 것이 좋다. 다른 사람을 끌어내림으로써 자신을 성장시키는 것은 불가능하기 때문이다. 잘못된 것, 착오가 발생한 곳을 바탕으로 실수를 검토하고 거기에서부터 시작해야 한다. 작은 실수는 일상적으로 대하라. 실제보다 큰일로 만들지 말라.

'칭찬은 공개적으로'에 대해 잠깐 이야기해보자. 이런 행동이 문제가 될 수 있다는 것을 팀장들이 발견하기 전까지 이는 복음처럼 받아들여졌다. 칭찬을 받는 사람은 기분이 좋겠지만 다른 사람들은 부정적인 반응을 보일 수 있다. 실망감에 칭찬을 받은 사람에게 이후 좋지 않은 감정을 가질 수 있다. 또한 팀원 한 명을 동료들 앞에서 칭찬하는 것은 당사자 역시 불편하게 만들 수 있다. 때문에 칭찬을 공개적으로 할 때는 조심해야 한다. 동료들 사이에 질투나 억울한 감정을 만들어서 팀원의 직장 생활을 더 어렵게 만들 필요가 있을까? 뛰어난 성과를 올린 누군가를 크게 칭찬하고 싶다면 사무실에서 단둘이 있을 때 하도록 하라. 이렇게 한다면 동료들의 질시나 원망과 같은 부정적인 면 없이 칭찬의 긍정적 효과를 얻을 수 있다. 반면 협력을 통해 일을 잘 해내고, 팀원 각자의 노력을 존중하며 목표를 달성한 팀이 있는 경우라면 공개적인 칭찬으로 팀 전체의 사기를 높일 수 있다.

이제 신조는 바꾸도록 하자. "칭찬은 개인의 기호나 팀의 역학 관계에 따라 공개적 혹은 사적으로, 비판은 사적으로."

일부 의사결정 과정에 직원들을 참여시키는 방법으로도 자신감을 북돋울 수 있다. 관리 책임은 위임하지 않되, 직원들에게 영향을 주는 문제에 대해서는 의견을 제시하게 한다. 당신 영역에서 수행될 새로운 과제는 팀원들이 의견을 제시할 기회가 된다. 새로운 업무를 일상 업무에 통합시킬 방법에 대한 아이디어를 구한다.

의견을 구하는 행동은 팀원의 생각과 아이디어에 가치를 둔다는 메시지를 전달한다. 토론을 청하는 것은 팀장 자신에게도 도움이 된다. 팀원들이 당신보다 그 문제와 가까이 있어서 당신을 거기에서 빠져나오게 해줄 통찰력을 갖고 있을 수도 있다.

의견을 구할 때는 당신이 정말로 관심을 갖고 있다는 점을 명확히 하는 것이 중요하다. 팀원들이 당신이 마음에 없는 행동을 한다고 느낀다면 시간만 낭비하고 오히려 신뢰를 잃을 위험이 있다.

문제는 당신이 받는 의견 중에는 유용하지 못한 것들이 있을 수 있다는 점이다. 리더인 당신은 직원들이 내놓은 의견을 가치 있게 여기고 고맙게 생각한다는 점을 분명히 보여야 한다. 따라서 의견을 받고 실행하지 않을 때는 그 방향으로 가지 않는 이유를 설명하는 것이 좋다. 그럴 때는 그 조언 자체나 조언을 제시한 사람에게 비판적인 태도를 보이지 않도록 한다.

이런 참여가 있다면 새로운 방법의 성공 가능성은 훨씬 높아질 것이다. 당신만의 방법이 아닌 모두의 방법이기 때문이다. 이는 당신 팀원이 당신 대신 결정을 한다는 의미가 아니다. 팀원을 의사결정에 이르는 과정에 참여시킴으로써 그들이 자신에게 부과된 새로운 시스템을 수동적으로 받아들이는 대신 당신과 함께 일하게 만들 수 있다. 그 결과 동의와 지지의 수준이 높아지고 반발은 줄어들 것이다.

완벽을 기대하지 말라

팀원들에게 완벽을 기대하는 팀장들이 있다. 완벽에 이르지 못할 것을 알면서도, 완벽을 요구하면 그에 더 가까워질 거라 생각하는 것이다. 하지만 완벽을 고집함으로써 오히려 목적에 어긋날 수가 있다. 실수에 대해서 지나치게 의식하고 망치지 않기 위해 일을 천천히 하는 직원들이 생길 것이다. 결과적으로 생산성이 크게 저하되고 직원들은 자신감을 잃는다.

완벽주의의 또 다른 단점은 그로 인해 모두가 당신을 원망하게 된다는 것이다. 팀원들은 당신을 만족시키는 일이 불가능하다고 믿으며 당신은 그것을 매일 입증하게 된다. 이 역시 직원의 자신감을 무너뜨린다. 당신은 회사에서 요구되는 업무 성과의 기준이 무엇인지 알고 있다. 평균보다 나은 것을 요구한다고 당신을 탓할 사람은 없다. 하지만 어떻게 성과를 개선할지 결정하는 데 팀원을 참여시킨다면 훨씬 더 큰 성공을 거둘 수 있다. 팀원들이 계획에 주인의식을 가진다면 목표를 달성할 가능성은 훨씬 높아진다.

팀 내에서 단결심을 고취시키면 자신감 역시 높아진다. 하지만 당신이 고취시키는 감정이 회사의 전반적인 풍토와 어긋나지 않고 잘 어우러지도록 해야 한다.

신뢰의 환경을 구축하는 법

실수를 허용하고, 개인이 잘못을 깨닫도록 돕고, 칭찬을 하고, 인정해주고, 다른 사람들을 의사결정 과정에 참여시키고, 완벽주의를 지양하는 것 외에 다른 방법으로도 신뢰를 구축할 수 있다.

조직과 부서의 비전을 팀원들과 공유하는 방법도 있다. 이로써 팀원들은 목표가 무엇이며 목표 달성에 어떻게 기여해야 할지 명확한 그림을 얻게 된다.

개인에게 명확한 방향을 알려줄 수도 있다. 이로써 당신은 자신이 무엇을 하고 있는지 잘 알고 있으며 일이 제 궤도에 있다는 것을 보여줄 수 있다.

당신이 어떻게 성공했는지, 어떤 실수를 저질렀는지, 그 사례를 공유할 수도 있다. 이는 유대감을 형성시키고 팀이 당신을 진심으로 받아들일 수 있게 한다.

팀원 각자와 대화를 나누면서 그들이 일에서 바라는 바가 무엇인지 알아보는 방법도 있다. 이로써 당신은 정말로 그들에게 관심을 가지고 있으며 그들의 전문적인 발전을 진지하게 생각한다는 점을 보여줄 수 있다.

이 모든 추가적인 전략과 직접 고안한 당신만의 전략을 이용해서 신뢰의 환경을 구축할 수 있다.

Check Point 3

- 직원에게 간단한 업무를 부과해 작은 성공부터 맛보게 함으로써 성공적으로 업무 목표를 달성하는 습관을 들여주어라.
- 실수에 대해 이야기하는 경우, 직원 개인에 대한 판단보다는 실수를 초래한 오해를 바로잡는 데 초점을 맞춰야 한다.
- 직원을 의사결정 과정에 참여시켜 직원이 새로운 체계를 일방적으로 받아들이는 것이 아닌 함께 만드는 환경을 조성하라.
- 완벽을 강요하면 팀원들은 팀장을 만족시키는 일이 불가능하다고 믿게 되고 그 결과 팀원은 자신감을 상실하게 된다.
- 팀원과의 일대일 대화를 통해 그들이 일을 통해 얻고자 하는 것이 무엇인지 파악하라. 이렇게 하면 팀장이 진심으로 직원들에게 마음을 쓰고 있다는 사실을 알릴 수 있다.

제4장

칭찬은
팀원을 춤추게 한다

•

제3장에서는 긍정적인 피드백이나 칭찬이 얼마나 중요한지를 강조했다. 이는 개인에게 동기를 부여하고 바람직한 근무 환경을 구축하는 매우 좋은 방법 중 하나이다. 팀원을 절대 칭찬하지 않는 팀장들이 있는데 이는 큰 실수이다. 칭찬을 통해 팀원들은 당신이 그들이 하는 일에 관심을 갖고 있음을 알게 된다. 또한 팀원들은 자신의 일이 중요하다는 것도 느낄 수 있다. 생각해보면 칭찬을 하는 데에는 몇 초의 시간밖에 필요하지 않고 돈도 들지 않지만, 대부분의 직원들에게 큰 영향을 미친다. 직접 대면해서 칭찬을 할 수도 있고 전화, 이메일, 문자 메시지 등을 이용할 수도 있다. 대면 접촉은 피드백을 주는 가장 좋은 방법이지만 팀원이 다른 곳에 있거나 때에 맞춰 만날 수 없을 때에는 전화, 이메일, 문자를 이용하

는 것도 좋다. 문자를 이용할 때의 장점은 팀원이 거의 즉시 확인할 가능성이 높다는 것이다. 대부분의 사람들은 문자를 받자마자 참지 못하고 확인하니까 말이다.

일부 팀장들은 자신 역시 다른 사람의 인정을 받아본 적이 없기 때문에 타인에 대한 인정을 표현하지 않는다. 그런 악순환을 끊어야 한다. 한편으로 일에 대한 대가로 급여를 받으니 좋은 성과를 올리는 것이 당연하고 따라서 칭찬을 할 이유가 없다고 생각하는 팀장들이 있다. 그러나 이는 현명한 생각이 아니다. 팀원들을 칭찬할 경우 더 나은 성과를 올릴 수 있다는 점을 명심해야 한다. 칭찬에 돈도 시간도 별로 들지 않는다는 것을 생각하면 굳이 피할 이유가 없지 않은가? 리더인 당신의 목표는 팀원들이 능력을 최대한 발휘하도록 격려하는 것이다. 마땅한 일에 대한 적절한 방식의 칭찬은 이런 격려의 일종이다.

돈보다 값진 칭찬의 기술

많은 팀장들이 칭찬을 힘들어한다. 새로 팀장이 된 경우에는 특히 더 그렇다. 새로운 기술이기 때문에 당연한 일이다. 칭찬을 더 편하게 느끼려면 많이 해봐야 한다. 많이 해볼수록 쉬워질 것이다. 칭찬을 하거나 인정을 할 때는 다음의 사항을 고려하도록 하라.

- 구체적이어야 한다. 팀장으로서 어떤 특정한 행동이 반복되기를 바란다면 긍정적인 피드백이 구체적이어야 한다. 상세히 표현할수록

그 행동이나 조치가 반복될 가능성이 높다. "지난주에 잘했어!"라고만 말하지 말고, "지난주에 적절한 판단과 사교성으로 어려운 상황을 잘 처리했어."라는 식으로 칭찬하라.

- 어떤 영향을 미쳤는지 설명하라. 대부분의 팀원들은 자신이 한 일이 부서, 부문, 조직의 목표에 부합하는지를 비롯해 큰 계획이나 큰 그림에 어떻게 연결되는지 알고 싶어 한다. 그런 경우라면 그들의 기여가 팀을 넘어서 어디에까지 긍정적인 영향을 주었는지 알려주라.
- 지나치지 않아야 한다. 지나치게 긍정적인 피드백을 주는 팀장이 있다. 이런 상황이 벌어지면 피드백의 영향력이 감소하고 칭찬의 진정성이 훼손될 수 있다. 칭찬이 목표에 맞는 적절한 것이 되도록 하라. 그렇지 않으면 칭찬은 가치를 잃는다.

칭찬과 인정에는 두 가지 단계가 있다. 첫째, 인정을 받아 마땅한 행동, 조치, 성과를 구체적으로 설명한다. "제품 카탈로그의 새 표지 디자인이 정말 좋네요."와 같이 말이다. 다음으로 인정하는 이유와 그것이 회사에 미친 영향을 이야기한다. "새로운 디자인이 매출을 올릴 가능성이 높아요."

이 점을 확인하기 위해 매니지먼트 세미나에 참석한 서른 명의 사람들에게 다음의 두 가지 질문을 던졌다.

1. 지금까지 본 가장 훌륭한 관리 사례는 무엇입니까?
2. 당신이 경험한 최악의 관리 사례는 무엇입니까?

거의 모든 응답이 '마땅히 받아야 한다고 생각한 칭찬을 받거나 받지 못했을 때'와 관련 있었다는 것은 놀라운 일도 아니다. 놀라운 것은 그 주제에 대해서 사람들이 보여준 감정의 깊이였다.

매우 전형적인 응답 하나를 예로 들어보자. 한 젊은 직원이 시설 수리를 위해서 픽업트럭을 몰고 50마일(약 80.47킬로미터) 떨어진 외부까지 가라는 지시를 받았다. 밤 10시 30분 그가 집에 도착하자 전화벨이 울렸다. 팀장이었다. "집에 잘 도착했는지 궁금해서 전화했어요. 많이 힘들었죠?" 팀장은 수리가 잘 되었는지에 대해서는 묻지도 않았다. 그것이 이 젊은이의 능력을 완벽히 신뢰하고 있다는 점을 보여주었다. 팀장은 그의 안전한 귀가에 대해서만 질문했다. 5년도 지난 일이지만 이 젊은이는 그 일을 방금 일어난 일처럼 생생하게 기억했다.

미국의 한 대기업이 실시한 여론 조사에서는 직원들에게 일에서 중요하게 생각하는 요소에 대해 순위를 매기도록 했다. 급여는 6위에 올랐다. 압도적으로 1위를 차지한 것은 '자신이 한 일에 대한 인정'이었다.

당신 상사와의 관계에서 당신이 중요하게 생각하는 것이 인정이라면, 당신이 관리하는 사람들에게도 인정이 중요하다는 것을 깨달아야 한다. 사람들이 인정받을 만한 일을 했을 때는 칭찬을 미루지 말라. 당신이나 조직으로서는 돈 한 푼 들지 않는 일이다. 그러나 여러 가지 측면에서 돈보다 더 값어치 있는 일이다.

Check Point 4

- 칭찬은 직원에게 동기를 부여하고 긍정적인 업무 환경을 구축하는 최선의 방법이다.

- 칭찬은 구체적이어야 한다. 직원들이 특정 행동을 반복해주기를 바란다면 구체적이고 긍정적인 피드백을 하라.

- 지나친 칭찬은 삼가라. 이렇게 되면 칭찬의 효과가 줄어든다.

- 칭찬은 가장 손쉽고도 비용이 전혀 들지 않는 매우 효과적인 관리 기술이므로 최대한 활용하라.

제5장

경청이
유능한 팀장을 만든다

•

성공적인 관리의 비결은 적극적으로 듣는 능력에 있다. 적극적 경청은 다른 사람들로 하여금 당신이 귀를 기울이고 있음을 알게 하는 것을 의미한다. 대화에 참여하고, 명확한 표현을 하고, 질문하고, 당신이 들은 것을 요약하고, 적절한 시청각적 신호를 이용함으로써 적극적 경청을 할 수 있다. 최고의 청자는 적극적인 청자이다.

초보 팀장들은 소통과 적극적인 경청 능력에 관심을 기울여야만 한다. 많은 초보 팀장들이 승진만 하면 그 순간부터 모든 사람들이 자신이 하는 모든 말을 주의 깊게 들을 거라는 착각에 빠진다. 이것은 잘못된 접근법이다. 귀를 기울일수록 유능한 팀장이 된다. 그렇다면 얼마나 귀를 기울여야 할까? 우선은 말하는 것보다 듣는 것이 두 배가 되도록 하라.

적극적 경청은 두 가지 이유에서 새로운 팀장이 보여줘야 할 가장 가치 있는 속성이다. 우선, 적극적 경청을 많이 하면 상대는 당신을 아는 체하는 사람이라고 생각지 않는다. 대부분의 사람들이 말이 많은 사람을 아는 체한다고 생각한다. 둘째, 적극적 경청을 늘리고 적게 말함으로써 어떤 일이 일어나고 있는지 파악할 수 있으며, 말을 많이 할 때는 놓칠 수 있는 정보와 인사이트를 얻게 된다.

대부분의 사람들은 적극적인 경청자가 아니다. 따라서 왜 그런지 알아보는 것은 가치 있는 일이 될 것이다.

말할 때보다 들을 때 배운다

많은 사람이 세상에서 가장 아름다운 소리가 자신의 목소리라고 생각한다. 그들의 귀에는 자기 목소리가 음악처럼 들린다. 아무리 들어도 질리지 않는다. 그리고 다른 사람에게도 거기에 귀를 기울이라고 요구한다. 보통 이런 사람들은 다른 사람이 말하는 것보다 자신이 말하려는 것에 더 관심을 갖는다. 대개 사람들은 자신이 한 말은 거의 빠짐없이 기억하면서 다른 사람이 했던 말은 거의 기억하지 못한다. 부분적으로만 듣는다. 적극적인 경청을 하지 않는 것이다. 자신이 할 똑똑한 말을 생각하느라 너무 바쁘다.

이 장에 대해서 아무것도 기억하지 못해도 좋다. 단 이 문장 하나만 떠올릴 수 있으면 된다. 유능한 팀상으로 여겨지고 싶다면 적극적으로 경청하라.

새로 팀장 자리에 앉았든 경험이 있는 사람이든, 많은 팀장이 지나치게 이야기를 많이 하고 충분히 듣지는 않는다. 말하는 동안에는 배울 수 있는 것이 별로 없지만 귀를 기울이는 동안에는 많은 것을 배울 수 있다. 초보 팀장들은 이제 모든 사람이 자신이 하는 한 마디 한 마디에 집중할 것이라고 생각하곤 한다. 하지만 말을 많이 할수록 다른 사람을 지루하게, 심지어는 소외감을 느끼게 만든다. 많이 들을수록, 많은 것을 배우고 다른 사람의 아이디어, 경험, 의견에 대한 존중의 마음을 보여줄 수 있다. 이렇게 보면 너무나 당연한 선택이 아닌가? 사람을 관리하는 팀장이라면 더 말할 것도 없다.

사람들이 좋은 청지기 되지 못하는 또 다른 이유는 이해력 격차 comprehension gap에 있다. 대부분의 사람들은 1분당 80~120단어를 말한다. 평균적인 말의 속도로 1분에 100단어를 말한다고 가정해보자. 사람들이 이해하는 속도는 그보다 훨씬 빠르다. 속독 교육을 받고 그 기술을 유지하는 사람은 1분당 1,000단어 이상을 이해할 수 있다. 분당 1,000단어를 이해하는 청자에게 분당 100단어를 이야기하고 있다면 분당 900단어의 이해력 격차가 생기는 것이다. 분당 100단어의 발화 속도에는 전면적인 집중이 필요하지 않다. 따라서 우리는 말하는 사람에게 집중하지 않는다. 다른 생각을 하다가 주기적으로 화자의 이야기로 돌아가서 뭔가 흥미로운 말을 하고 있지 않은지 확인한다. 회의나 프레젠테이션을 하고 있는 도중에 이메일이나 문자 메시지를 확인하는 사람들을 많이 보았을 것이다. 그들은 완벽하게 집중하지 않고 다른 일을 하면서도 필요한 정도의 주의를 기울일 수 있다. 하지만 화자가 하는 말보다 자신이 하고 있는 생각에 더 관심을 갖게 되면 말하는 사람에게 다시 주의를 기울일 때까지 상당한 시간이 걸릴 수도 있다.

누구나 사람들이 자신의 말에 귀 기울여주었으면 한다. 따라서 적극적인 경청자가 된다면 상대에게 그 어떤 것보다 좋은 서비스를 제공하고 있는 셈이다. 팀장이 노련한 적극적 경청자가 된다면 모든 팀원의 중요한 욕구를 충족시킬 수 있다.

뛰어난 경청자는 어떻게 듣는가

적극적인 경청자는 여러 가지 특성과 기술을 갖고 있다. 그 모두가 시간이 흐르면서 발전되는 것들이다. 우선, 적극적인 경청자는 다른 사람이 이야기를 하도록 독려한다. 적극적인 경청자가 입을 여는 것은 대화를 자신에게 돌려놓기 위해서가 아니다. 그들은 다른 사람이 대화하는 맥락을 이어간다. 그들은 특정한 문구나 몸짓을 이용해서 자신들이 듣고 있는 이야기에 정말 관심이 있다는 것을 드러낸다.

말하는 사람을 보는 것은 상대의 말에 관심이 있다는 표시다. 가끔 고개를 끄덕이는 것은 당신이 화자의 말을 이해하고 있다는 것을 확실히 보여준다. 들으면서 미소를 짓는다면 당신이 대화를 즐기고 있다는 것을 나타낸다.

직원과 어떤 문제를 논의하고 있을 때 다른 생각이 끼어드는 경우가 있다. 그런 생각들은 통제해야 한다. 다른 사람들이 문제를 논의하고 있을 때라면 그 논의가 어디로 갈지 예측해보도록 하라. 어떤 질문이 나올까? 상대가 문제에 대한 해법을 제안하고 있을 때라면 다른 해법을 생각해보라. 상대가 말하는 것에 100퍼센트 집중하는 것이 가장 이상적이지만 이해력 격차는 현실이다. 딴생각을 통제함으로써 주제와 관련이 없는 생각이 아닌 당면한 주제에 집중할 수 있다.

이야기를 듣는 동안 좀처럼 머릿속을 떠나지 않는 생각 때문에 성가시다면 "머릿속에서 다른 생각을 떨쳐내고 당신 이야기에 온전히 집중할 수 있도록 잠깐 시간을 주시겠어요."라고 말하면서 대화를 잠시 중단하는 것도 좋다. 이후 그 생각을 메모해두고 적극적인 경청으로 되돌아간다. 이로써 대화에 완전히 집중하고, 생각이 다른 데 가 있다는 비언어적 메시지를 보내는 일을 피할 수 있다.

이 방법은 마음속으로 만들고 있는 내답이 경청을 방해하고 있을 때에도 효과가 있다. 대화에 끼어들어 답을 할 틈만 노리고 있다면 적극적인 경청을 하고 있는 것이 아니다. 다시 말하지만, 이럴 때도 정중하게 대화를 잠깐 중단시키고 생각을 메모한 뒤에 다시 집중하도록 하라.

적절한 논평은 당신이 상대의 이야기에 정말 관심이 있다는 것을 보여준다.

"그거 참 흥미롭네요."
"자세히 이야기해주세요."
"그 사람이 왜 그렇게 말했다고 생각하세요?"
"왜 그런 느낌을 받으셨어요?"

"재밌네요. 좀 더 이야기해주실래요?"라고 말하는 것만으로도 다른 사람에게 뛰어난 대화 기술을 가진 사람이란 인상을 줄 수 있다.

적극적인 경청의 정점은 들은 내용을 다시 이야기하는 것이다. 이는 다음 두 가지 이유에서 강력한 힘을 갖는다. 당신이 대화에 성실히 임하고 있다는 명확한 메시지를 전달하는 동시에 들은 내용을 이해하는 과정에서 실수를 저지를 가능성을 크게 낮춘다.

다시 이야기하기는 요점이 언급된 후에 "제가 당신이 한 이야기를 제대로 이해하고 있는지 확인해볼까요?"와 같은 말과 함께 들은 내용을 자신의 버전으로 전달하는 것이다. 말하고 나서 상대에게 옳게 들었는지 물어보라. 이렇게 함으로써 당신이 상대의 말에 가치를 두고 있다는 명확한 메시지를 보낼 수 있다.

적극적인 경청자가 된다는 것은 커뮤니케이션의 세 가지 형태 모두가 일치한다는 의미이다. 다시 말해 당신이 사용하는 단어, 표정, 말투가 모두 일치해야 하는 것이다. 말로는 "흥미롭군요. 자세히 말씀 좀 해주세요."라고 하면서 얼굴을 찌푸리거나 비꼬는 듯한 어조를 사용한다면 상대는 혼란스러운 메시지를 받게 된다. 말로는 대답을 잘 하면서 시선은 말하는 사람에게서 멀어져 있거나, 딴생각을 하는 게 보이거나, 의도된 답만 하거나, 서류 등에 정신을 빼앗기고 있는 것 역시 혼란스러운 메시지를 전달한다. 당신은 이런 청자가 당신이 하는 말에 관심이 있다는 확신을 가질 수 있을까?

대화를 마무리 짓는 기술

팀장이 뛰어난 청자라는 평판을 얻으면 문제를 의논하러 오는 직원들이 줄을 설 것이다. 엉덩이가 지나치게 무거운 사람도 있을 것이다. 당신과 이야기를 나누는 것이 일을 하는 것보다 낫다고 생각하는 사람도 있을 수 있다. 그래서 대화를 마무리 짓는 기술이 있어야 한다.

다음은 사회생활을 하는 사람이라면 누구나 알고 있는 언어 형태의 대화 종결 표현들이다.

"찾아와줘서 고마워요."

"이야기를 나눌 수 있어서 좋았어요."

"그 이야기를 들으니 생각해야 할 게 많아졌네요."

"그에 대해서 잠시 생각해보고 연락드릴게요."

좀 더 미묘한 대화 종결 표현들도 있다. 아마 당신도 들어보았을 것이다. 이런 대화 종결 표현에 대해 알아두어야 하는 이유가 두 가지 있다. 첫째, 더 경험이 많은 경영진이 이런 기술을 당신에게 사용했을 때 바로 알아차릴 수 있다. 둘째, 적절한 때에 직접 사용할 수 있다.

누군가의 사무실에서 대화를 나누다 당신이 이야기하는 도중에 전화가 울리지 않는데도 상대가 팔을 뻗어 수화기에 손을 올려놓는 경우를 본 적이 있을 것이다. 이런 행동은 "전화할 데가 있으니 곧 일어나 주셨으면 합니다."라는 뜻이다. 또 다른 기술은 책상 위 서류를 집어 들고 대화 도중에 가끔 시선을 주는 것이다. 손에 서류를 쥠으로써 상대는 '당신이 떠나고 나면 바로 신경 써야 할 일이 있다'는 표현을 하고 있다.

또 다른 대화 종결 표현은 의자를 책상에서 물려 바로 일어날 것처럼 몸을 옆으로 돌리는 것이다. 그래도 효과가 없다면 일어선다. 이는 확실한 메시지를 전달한다. 이런 방식은 지나치게 직접적으로 보일 수도 있지만 가끔 필요할 때가 있다.

직원이 당신을 찾아와 매우 만족스러운 시간을 보내고 있는 나머지, 이 모든 신호를 무시하는 경우도 생길 수 있다. 그런 경우 항상 효과를 발휘하는 대화 종결 표현은 다음과 같다. "정말 즐거운 대화였어요. 하지만 우리 둘 다 해야 할 일이 많죠?" 다른 종결 시도를 다 무시한 때라면 이 방법도 크게 무례하다고 생각되진 않는다.

당신 사무실에 온 직원이나 동료가 이전에 당신의 신호를 전혀 포착하지 못했던 사람이라면, 처음부터 시간이 제한되어 있고 충분치가 않아서 이후 다시 만날 약속을 해야 한다고 미리 밝히는 게 좋다. 이 방법은 효과가 상당히 좋다. 그러면 당신을 찾아온 사람들은 정해진 시간 안에 해야 할 말을 하게 될 것이다.

이런 대화 종결 표현을 인식하는 것이 중요하다. 물론 상대가 당신에게 혹은 당신이 상대에게 이런 기술을 사용할 필요가 없게끔 의미 있는 대화를 유지하도록 노력해야 한다. 이 외에도 다양한 방법이 있지만, 자신에게 맞는 방법을 파악하게 될 것이고 각자 선호하는 대화 종결 표현이 있다는 점도 알게 될 것이다.

습관은 실제 모습이 된다

사람들은 자신에게 진심 어린 관심을 보이는 사람을 곁에 두고 싶어 한다. 경청의 기술은 직장 생활이나 개인 생활 양쪽의 많은 측면에 영향을 준다. 흥미로운 점은 사람들의 호감을 얻고 싶다는 마음이 이런 기술을 사용하는 동기가 된다는 것이다. 이런 태도에는 전혀 문제가 없다. 팀장인 당신은 호감을 얻을 것이고, 팀원들은 자신에 대해 긍정적인 느낌을 갖게 하는 팀장을 얻게 될 것이다.

이런 방식은 모두에게 득이 된다. 적극적인 경청 기술을 익히기 위해 노력이 필요하겠지만 결국 그런 기술은 제2의 천성으로 자리 잡을 것이다. 처음에는 이런 행동들이 역할극처럼 느껴질 수도 있다. 하지만 시간이 흐르면 역할극은 끝나고 어느새 그것이 실제 당신의 모습이 될 것이다. 새로운 경청의 습관을 연습하고 나면 그 습관이 편안하게 느껴지고 그런 습관이 일상적인 행동의 일부가 될 것이다. 당신은 다른 사람이 함께 있고 싶어 하는 종류의 사람이 된 데에서 큰 만족감을 느낄 수 있을 뿐만 아니라 훨씬 유능한 팀장이 될 것이다.

Check Point 5

- 말을 하고 있을 때는 배우는 것이 거의 없지만, 귀를 기울이고 있는 동안에는 많은 것을 배울 수 있다.
- 누구나 자기 말을 들어줄 사람이 필요하다. 그러므로 상대방의 말을 경청하는 것은 일종의 서비스를 제공하는 일이다.
- 적극적인 경청을 위해서는 사용하는 단어, 표정, 말투나 표현이 모두 같은 의미를 전달해야 한다.
- 팀원들과의 대화는 중요하지만 업무에 방해가 되도록 놔두지는 마라.
- 팀원들의 말을 경청하라. 그러면 팀원들이 함께 일하고 싶어 하는 팀장이 될 수 있을 것이다.

제6장

초보 팀장이
피해야 할 함정

●

팀장의 실제 업무는 어떤 것일까? 이 질문에 대한 답에 접근하는 방식은 여러 가지가 있지만, 가장 도움이 되는 방법은 배우가 배역을 관찰하는 것처럼 관리하는 일을 관찰하는 것이다. 팀장은 코치, 기준을 설정하는 사람, 성과를 평가하는 사람, 교사, 동기를 부여하는 사람, 미래를 보는 사람 등 여러 가지 역할을 해야 한다. 당신이 처한 상황, 당신이 달성하고자 하는 목표를 기반으로 적절한 역할을 선택해야 한다. 간혹 초보 팀장은 "있는 그대로의 모습을 보여주라."는 조언을 듣는데, 이는 그다지 좋지 않은 조언이다. 이 말을 따른다면 자신을 성공적이고 능력 있는 팀장으로 만들어줄 다른 역할을 하지 못하게 된다.

새로 팀장이 된 사람들이 많이 저지르는 또 다른 실수는 자신의 역할이 명령을 내리는 사람, 즉 다른 사람에게 무엇을 해야 할지 또 어떻게 해야 할지 말해주고, 완수되었는지 확인하는 일이라 생각하는 것이다. 이것은 당신 업무의 일부일 수도 있고 때로는 필요할 수도 있다. 하지만 장기적으로 당신과 팀원들이 성공을 거두기 위해서는 팀원들이 자기 주도적으로 일하도록 도와야 한다. 이는 당신이 그들의 지지와 헌신을 얻어내고, 그들에게 당신의 권한을 나누어주고, 그들이 성공으로 가는 길에 있는 장애물을 가능한 한 많이 제거해야 한다는 의미이다.

팀장 역할의 본질

대부분의 관리 전문가들은 어디에서 누구와 일하든 팀장에게는 특정한 주요 책무가 있다는 데 뜻을 같이한다. 이런 대표적인 책무에는 채용, 커뮤니케이션, 기획, 조직, 교육, 모니터링, 평가, 해고가 포함된다. 이런 책무를 더 잘하고 편안하게 받아들일수록 관리하는 일이 쉬워진다. 다음 여덟 가지 책무는 이 책 전반에 걸쳐 다루어지겠지만, 여기에서는 일단 이렇게 간단히만 정의해두겠다.

1. 채용은 일을 성공시키는 데 필요한 역량, 잠재적 역량, 자신감을 갖고 헌신할 사람을 찾는 일이다.
2. 커뮤니케이션은 미래상, 목표, 조직의 목적을 직원들과 공유하는 것이다. 여기에는 당신 부서, 부문은 물론 사내 커뮤니티에서 일어나는 일에 대해 정보를 공유하는 것도 포함된다.

3. 기획은 당신 부서의 목표를 달성하고 결국 조직의 목표를 달성하기 위해 필요한 일이 무엇인지를 결정하는 것이다.

4. 조직은 각 직무나 프로젝트를 수행하는 데 필요한 자원을 결정하고 어떤 직원이 어떤 일을 할지 정하는 것이다.

5. 교육은 각 직원의 역량 정도를 평가해서 그 격차를 판단한 뒤 이런 격차를 줄이기 위한 교육 기회를 제공하는 것이다.

6. 모니터링은 일이 마무리됐는지, 각각의 직원이 프로젝트와 할당된 작업을 성공적으로 해냈는지 확인하는 것이다.

7. 평가는 개별 팀원의 성과를 평가하고, 가치 있는 피드백을 제공하고, 그의 성과를 자신과 팀이 성공하는 데 필요한 수준과 비교하는 것이다.

8. 해고는 자신이나 팀이 성공하는 데 필요한 기여를 할 수 없는 사람을 팀에서 정리하는 것이다.

관심도 업무의 일부다

업무를 잘 수행하는 한 가지 방법은 당신이 책임진 영역에 있는 사람들의 니즈에 관심을 기울이는 것이다. 직원에게 관심을 보이는 것이 나약함의 표시로 해석될 것이란 잘못된 생각을 가진 팀장들이 있다. 그렇지만 진정한 관심은 강인함의 신호이다. 자기 사람들의 안위에 관심을 보이는 것은 당신이 불합리한 요구에 '굴복'한다는 의미가 아니다. 안타깝게도 많은 초보 팀장들이 이 사실을 인지하지 못한다. 그들은 관심과 나약함을 구별하지 못한다.

관심은 진실해야 한다. 관심은 거짓으로 꾸며낼 수 없다. 진정한 관심은 직원들이 적절한 도전을 받고, 적절한 인정을 받고, 좋은 성과를 올렸을 때 보상을 받는지 확인하는 것을 의미한다.

"좋은 사람이 되어야지."라는 말만으로 그냥 시작할 수 있는 것이 아니다. 이 사람들을 진지하게 책임져야 한다. 실제로 당신과 당신 팀은 서로에게 상호 책임을 지고 있다. 회사의 목표와 팀원들의 목표가 서로 부합하도록 해야만 한다. 당신의 팀원들은 회사 전체의 목표 달성에 제 몫을 해야만 비로소 자신의 목표를 달성할 수 있음을 깨달아야 한다.

당신의 팀원들은 당신에게 리더십을 기대한다. 당신은 팀원들에게 통역가 역할을 한다. 당신은 보다 넓은 조직의 전략과 목표에 대한 1차 정보원이기 때문이다. 팀원들에게 정보를 제공하는 것은 당신의 역할에서 빼놓을 수 없는 중요한 부분이다. 팀원들에게 사실을 숨기거나 정보 제공에 인색할 경우 오히려 당신에게 피해가 갈 것이다. 팀원들은 당신이 만든 정보의 공백을 조직 내 다른 곳에서 찾을 것이다. 팀원들은 당신이 필요한 정보 제공을 꺼리는 경우 자신들을 존중하지 않는다는 메시지를 받을 뿐 아니라, 정보를 간접적으로 얻기 때문에 부정확한 정보를 받을 수도 있다.

개입의 유혹을 떨쳐버려라

처음 팀장이 된 사람들 대부분은 큰 규모의 집단을 관리하지 않는다.

따라서 몇 안 되는 팀원의 일에 관여하고 싶은 유혹이 들 것이다. 하지만 이후에는 점점 더 많은 사람을 책임지게 된다. 35명에 달하는 팀원의 모든 면면을 관여하기란 불가능하다. 따라서 지금부터 각 과제의 세부 사항과는 거리를 두고 전체적인 프로젝트에 집중하는 일을 시작하는 것이 좋다.

초보 팀장이 만나는 위험한 상황 중 하나는 과거 당신이 하던 업무를 이제 다른 사람이 하고 이를 관리하게 되면서, 그 일을 다른 업무보다 중요하게 생각하는 것이다. 내가 하는 일은 다른 사람들이 하는 일보다 중요하다고 생각하는 것이 인간의 본성이다. 하지만 팀장이라면 그런 태도를 가져서는 안 된다. 이는 관리에 대한 균형 잡힌 접근 방식이 아니다. 익숙하고 편하다는 이유만으로 과거에 하던 세부적인 일에 관여하고 싶은 유혹을 떨쳐내야 한다.

처음 맡는 관리직은 프로젝트 리더인 경우가 많다. 다른 사람을 관리하는 일도 하지만 직접 수행해야 하는 과제도 있다. 1인 2역을 하는 것이다. 이런 경우라면, 한동안은 세부적인 일에 관심을 두고 관여해야 한다. 하지만 온전히 관리 업무만을 맡는 자리로 옮겼을 때라면 큰 그림에 집중하는 것을 방해받지 않도록 세부 사항에 개입하지 말아야 한다.

물론 이런 조언을 너무 고지식하게 적용하지는 말아야 한다. 관리직으로 자리를 옮겼다고 해서 어려움에 처한 직원을 돕지 않는 사람들이 있다. 그들은 직원들이 마감 시한을 맞추느라 정신 없이 일하는 동안에도 옆에서 한가하게 경영 저널을 읽는다. 이제 '관리직'에 있다는 이유로 말이다. 정말 어리석은 일이다. 위기 상황에서 팔을 걷어붙이고 이를 해소하는 데 도움을 준다면 직원들과 강한 유대를 형성할 수 있다.

관리자로 역할을 전환할 때는 가장 흔한 관리상의 실수에 대해서 알아야 한다. 바로 권한은 없이 책임만을 위임하는 일이다. 당신도 경험해봤을 것이다. 업무가 주어졌지만 그것을 성공시키는 데 필요한 권한은 없었던 때가 기억나는가? 그 일을 완성하지도, 되돌아가 상사에게 가서 필요한 권한을 요청하지도 못하는 상황에 처했을 것이다. 요컨대 이길 수 없는 상황에 처하는 것이다.

상사가 의도적으로 그랬을 리는 없다. 그는 아마 당신에게 필요한 권한에 대해 자세히 생각해보지 않았을 것이다. 마찬가지로 당신도 당신이 관리하는 사람들에게 의도적으로 그런 일을 하지는 않을 것이다. 지금 이끌고 있는 사람들에게 과제를 할당할 때는 성공에 필요한 충분한 권한을 위임했는지 자문해보라. 업무를 할당하면서 팀원과 그 문제에 대한 논의를 거치는 것도 좋은 방법이다.

팀원들이 성공해야 당신도 팀장으로서 성공할 수 있다. 성공을 위한 초석은 책임과 함께 권한을 반드시 위임하는 것이다.

큰 그림과 디테일 둘 다 중요하다

모든 관리의 문제에서는 균형감을 유지해야 한다. 당신은 분명 "나는 큰 그림을 보는 사람이야. 세부적인 일로 나를 귀찮게 하지 마."라고 말하는 팀장들을 만나봤을 것이다. 불행히도 많은 팀장들이 이런 태도를 갖고 있다. 그들은 큰 그림에만 매달리느라 그림을 만드는 세부적인 부분은 잊어버린다. 세부적인 일을 완료하는 데 필요한 노력이 얼마인지에 둔감한 경우도 있다.

반대로 일선에서 승진해 처음 팀장이 된 사람들을 비롯한 관리자들이 세부 사항에 지나치게 사로잡혀 전체적인 목표를 잊는 경우도 있다. 균형이 필요하다.

Check Point 6

- 팀장이 팀원과 성공적으로 업무를 수행하기 위해서는 그들과 권한을 나누고 그들의 성공을 가로막는 장애물을 제거해주어야 한다.
- 팀원에 대한 진정한 관심이란 적절한 자극을 주고, 업무를 제대로 수행했을 때 합당한 보상을 해주는 것을 의미한다.
- 팀장이 되기 전에 자신이 담당했던 업무를 더 중시하거나 거기에 지나치게 관여해서는 안 된다.
- 관리자가 되었다고 해서 위기의 순간에 팀원을 돕지 않는 것은 어리석은 일이다. 팀원들과 강한 유대를 형성할 수 있는 기회이니 말이다.

제7장

상사와 좋은 관계를
유지하는 노하우

•

제6장에서는 직원들을 대하는 팀장의 태도에 대해 이야기했다. 팀장은 상사에 대한 태도에도 신경 써야 한다. 팀장의 미래는 하급자와 상급자에게 달려 있다.

얼마 전 크게 승진을 했다면 상사에게 감사하는 마음을 품고 있을 것이다. 고위 경영진이 당신의 재능을 알아보는 통찰력을 가지고 있다는 데 기뻐하고 있을지도 모르겠다. 하지만 당신의 새로운 책임에는 새로운 충성심이 필요하다. 이제 당신은 관리자 편에 서게 되었다. 스스로를 그들과 동일시하지 못하면 능력 있는 팀의 구성원이 될 수 없다.

상사를 통해 조직의 의사결정 배경을 이해하라

요즘은 고용주에 대한 충성심을 찾기가 쉽지 않다. 맹목적인 충성은 결코 좋은 생각이 아니다. 하지만 충성심을 갖는다는 것이 영혼을 팔아야 하는 일은 아니다. 당신의 회사나 상사는 부도덕하게 세상을 속이려하지는 않을 것이다. 만약 그렇다면 충성심을 가질 가치가 없다. 더 중요한 것은 그런 부도덕한 사람들이라면 그들을 위해 일해서는 안 된다는 점이다.

그렇다면 회사의 목적이 도덕적이고 당신이 그 목표에 동참하는 일을 만족스럽게 생각한다고 가정해보자. 우리가 이야기하는 충성심은 도덕적으로 유효한 정책이나 결정을 완수하는 것과 관련된다. 회사 내에서 당신 직책이 당신의 팀과 관련한 결정에 어느 정도 의견을 제시할 수 있다고 가정해보자. 당신은 그 의견이 회사 전체를 바탕에 둔 사려 깊은 것인지 확인하는 데 최선을 다해야 한다. 오로지 자신의 팀에만 득이 되는 의견을 제시하는 편협한 팀장이 되서는 안 된다. 만약 이런 일이 일어나는 경우, 폭넓은 시각을 반영하지 않는 당신의 조언은 결국 신뢰를 잃게 될 것이다.

반대로 폭넓은 관점에 기반해 회사의 보다 큰 이익과도 부합하는 의견을 제시한다면 당신의 조언이 갖는 가치가 올라가고 사람들은 당신에게 의견을 더 자주 묻게 될 것이다. 여기에서 중요한 것은 의사결정 과정에서 당신의 기여가 당신이 맡은 관리의 수준을 넘어설 수 있다는 점이다.

간혹 어떤 결정이나 정책이 당신이 밝힌 의사와 정반대로 만들어질 수도 있다. 그런 상황에서도 그 결정이나 정책을 지지하리란 기대를 받고 심지어는 그것을 실행해야 할 수도 있다. 만일 이를 잘 이해하지 못했다면, 상사에게 왜 그런 결정이 내려졌는지 물어보자. 그러한 결정의 근거를 이해해서 더 잘 실행하고 싶다고 설명하라. 그 정책을 만드는 데 관여한 중요한 고려 사항이 무엇이며 그런 결정에 이른 과정은 어떤 것인지 알아내야 할 것이다.

리더를 맹목적으로 따른다는 철학은 오늘날 현실에서는 더 이상 받아들여지지 않는다. 그럼에도 불구하고 많은 팀장들과 경영진은 맹목적인 충성이 여전히 존재하기를 바라는지도 모른다.

관리직의 책무를 훌륭하게 수행해낸다면 기업의 결정과 정책 뒤에 있는 이유를 파악할 권한을 갖게 된다. 어쩌면 당신의 상사는 맹목적으로 고위 관리자를 따라 최고 경영진에 대한 정보를 일급 기밀처럼 방어하면서 당신을 적으로 볼지도 모른다.

상사가 이런 방식을 취한다면 제6장에서 언급했듯이 효과적 목표 달성에 필요한 정보를 제공하지 않는 실수를 저지르고 있는 것이다. 다시 말하지만 정보의 공백은 채워지기 마련이다. 다만 안타깝게도 정보를 얻고 싶은 사람은 정보를 갖고 있는 사람의 정보 공유 혹은 제한에 적응할 수밖에 없다. 당신이 정보를 필요로 하는 회사의 정책이 다른 부서에 영향을 주는 것이라면, 다른 부서에 당신과 동급인 사람들을 통해서 정보를 얻을 수도 있을 것이다. 타 부서의 친구가 자유롭게 정보를 공유하는 상사를 뒀다면, 그 친구로부터 당신이 원하는 것을 비교적 쉽게 알아낼 수 있을 것이다.

상사와 신뢰를 구축하는 기술

상사와 일을 하거나 소통을 할 때는 그 사람과 좋은 관계를 구축해야할 책임이 있다. 다음의 조언을 따르도록 하라.

- 상사에게 당신의 계획, 조치, 활동을 계속해서 알려준다.
- 상사의 시간을 고려해 그의 편의에 따라 약속이나 회의를 잡도록한다.
- 철저히 준비한다. 당신의 논거와 우려를 논리적, 객관적으로 제시하고 당신의 말을 뒷받침할 사례와 사실을 준비한다.
- 상사의 관점에 기꺼이 귀를 기울인다. 당신의 상사는 당신에게 없는 경험과 정보가 있을 수 있고 그에 따른다면 당신은 다른 결론에이를 수 있다.

불합리한 상사 대하기

우리가 사는 세상은 완벽하지 않다. 때문에 경력의 어느 시점엔가는 관리 능력이 없거나 그 옆에 있는 것이 불쾌한 관리자의 팀원이라는 불편한 위치에 서게 될 수도 있다. 불행히도 능력이 부족하고 불합리하다고 상사를 해고할 수는 없다.

솔직해지자. 관리직에 오래 앉아 있는 사람이 무능하고 불합리하다면 왜 그런 상황이 계속되는지 궁금증을 가져야 한다. 조직의 모든 사람이

이 사람과 일하는 것을 싫어한다면 고위 경영진은 왜 이런 상황이 계속되도록 그냥 두는 것일까?

반대로 부서의 다른 모든 사람은 그 관리자가 일을 잘한다고 생각하는데 당신만 문제를 느낀다면, 이는 완전히 다른 이야기이다. 당신이 부서에 처음 들어온 경우라면 지나치게 빠른 반응을 보이지 말고 시간을 가져야 한다. 당신이 일을 잘하고 그리 민감하지 않은 사람이라면 이런 문제는 저절로 해결될 수 있다. 그것이 실질적인 문제가 아니라는 것을 깨닫게 될지도 모른다.

상사가 정말로 당신이나 당신의 팀원에게 문제를 유발하고 있다면 당신은 그에 대한 조치를 취해야 한다. 당신에게는 몇 가지 선택 가능한 방법이 있다. 조직의 정치적 상황이나 문화에 따라, 적절한 전략은 달라진다. 당신은 지체 없이 상사와 직접적인 소통의 시간을 가져야 한다. 그리고 상사에게 상황을 이야기한다. 전문적이고 외교적인 방식으로 그의 행동, 정책 혹은 조치가 회사의 이익에 어떤 영향을 미치고 있는지 설명한다. 사람이 아닌 조직에 대해 이야기하라. "더 효율적인 조직이 될 수 있는 기회를 놓치고 있는 것 같습니다."와 같이 개인적인 판단이 가미되지 않은 건설적인 표현으로 이야기를 시작한다.

상사가 당신과 당신 팀원에게 각각 다른 지시를 내린다고 가정해보자. 이로 인해 배송이 지연되고 고객 불만이 발생하고 있다. 회사의 수익에 문제가 발생하고 있는 것이다. 듣고 싶은 말은 아니겠지만 상사는 이런 문제를 지적하는 당신의 솔직함을 높이 평가해야 한다.

상사들은 자신이 조직에 도움이 되지 않는 일을 하고 있다는 점을 자각하지 못할 때가 있다. 그들에게는 피드백이 필요하다. 정기적으로 상사와 만나서 해결이 필요한 문제에 대해서 논의하도록 노력해야 한다. 상사가 이런 회의가 필요치 않다고 생각하더라도 당신이 필요성을 역설해야 한다. 정기적인 소통을 통해 문제가 생기는 것을 막고 두 사람 모두 더 효율적으로 일할 수 있다는 점을 설명해야 한다.

이야기의 방향을 바꿔서, 멘토가 배정된 경우가 아니라면 멘토를 찾아야만 한다. 조직 내에서 존경을 받으며 조직의 정치 역학을 잘아는 사람이 필요하다. 당신을 인도해주고 오랜 시간에 걸쳐 얻은 인사이트를 공유해줄 누군가가 필요하다.

직원들로부터 피드백을 얻는 것을 좋아하지 않는 상사를 두었다고 가정해보자. 이때 당신은 어떻게 해야 할까? 바로 이때가 조직의 정치와 문화에 대한 이해가 필요한 시점이고 당신의 멘토가 큰 도움이 될 수 있는 시점이다. 상사에게 당신 대신 이야기를 해줄 다른 사람이 필요할 수도 있다. 대등한 입장에 있는 다른 사람, 두 사람 모두를 아는 조직 내의 사람, 혹은 인사팀 사람(평판이 좋고 공정한 행동을 하는 경우)이 될 수도 있을 것이다. 그게 아니라면 큰 위험을 감수하고 단계를 건너뛰어서 그 사람의 상사가 상황을 처리하도록 해야 할 수도 있다. 이런 일을 할 때는 해당 상사와 당신의 관계가 영원히 끊어질 수 있다는 점을 염두에 두어야 한다. 하지만 다른 선택지가 없을 수도 있다. 당신이 이런 조치를 취하는 것은 팀이나 전체 조직의 이익을 위해서여야 한다.

마지막으로 선택할 수 있는 방법이 있다. 스스로에게 이렇게 말해야 할 수도 있다. "내 상사는 함께 일하기 힘든 사람이야. 오랫동안 그래 왔지. 그런데 아무도 신경을 쓰지 않는 것 같아. 아니 자신의 행동을 바꾸려 하지 않는 것 같아. 그가 내 성공에 큰 영향을 준다는 점을 생각하면 이곳은 내가 일하기에 좋은 곳은 아닐지도 몰라. 다른 부서나 다른 조직에서 자리를 찾아봐야 할 것 같아."

자신이 되고 싶었던 리더가 되어라

직원을 해고하는 일이 점점 어려워진다는 것을 인식한 많은 기업이 불황을 이용해 사람들을 더 심하게 부리고 있는 것이 현실이다. 기업들의 이런 태도는 여러 가지 이유에서 근시안적이다. 첫째, 우수한 인재들은 경기가 아무리 나빠도 나은 직장을 찾을 수 있다. 그렇지 못한 사람들은 능력이 떨어지는 사람들이다. 따라서 부적절한 행동을 하는 회사는 재능 있는 사람들을 몰아내고 능력이 부족한 사람들만을 보유하게 된다. 이것은 하향 평준화로 향하는 지름길이다. 둘째, 불황일 때는 능력이 뛰어난 팀장들을 비롯해 전 직원의 능력을 적절히 인정해야 조직의 경쟁력이 더 강화되어 유리한 위치에 설 수 있다. 능력 있는 직원들이 있는 회사는 직원을 생산 부품 정도로만 취급하는 회사보다 앞서가기 마련이다. 후자와 같은 회사는 장기적 전망이 좋지 않다.

좋은 사람들을 회사에서 몰아내는 가장 확실한 방법은 잘못된 경영을 계속하는 것이다. 많은 초보 팀장이 자리에 앉자마자 자신이 받았던 대우 그대로 팀원들을 다룬다. 더 인간적인 관리 방식에 대해서 배운다 해도 결국은 아는 것을 따라간다. '견뎌내야' 했던 긴 세월 후, '되갚기' 할 차례를 기다리는 것이다.

불합리한 상사로부터 배워야 할 것이 있다. 전례를 따르기보다는 당신이 원하는 상사가 되는 것이다. 당신이 싫어하는 관리 스타일을 따르지 말라. 당신에게 고통을 줬던 상사와 아무 관계가 없는 사람들에게 앙갚음하는 일은 피하라. 비합리적인 상사 밑에서 일하고 있다면 "내 선에서 끝내자"라는 다짐으로 좋은 선례를 만들자.

상사의 성격 유형을 파악하라

상사와의 관계를 다루는 책과 기사는 수도 없이 많다. 이 모든 것들의 주된 전제는 다음과 같다. 상사의 성격 유형을 알면 그가 필요로 하고 원하는 것이 무엇인지, 그가 어떻게 일하고 소통하는 것을 좋아하는지 파악해서 그를 잘 다룰 수 있다! 상사의 성격 유형에 맞춘 대응이 가능하다면 직장에서 문제가 생길 가능성은 낮아질 것이다.

상사의 성격 유형에는 기본적으로 네 가지가 있다. 성격 유형이 뚜렷하게 드러나는 사람이 있는가 하면 두세 가지 유형이 혼합되어 있는 사람도 있다. 다음의 설명을 읽고 당신 상사의 유형이 무엇인지 확인해보라. 이를 알면 그와 보다 성공적으로 일할 수 있을 것이다.

독점형

이런 상사들은 모든 것을 책임지려 하며 빠르게 판단을 내리고 그 결정을 고수한다. 매우 체계적이며 결과 지향적이다. 그들은 '내 방식이 아니면 떠나라'는 식이다. 사격 연습을 한다면 그들은 '준비, 조준, 사격'이 아닌 '준비, 사격, 조준'을 외칠 것이다. 독점형 상사와 일할 때는 소통이 명확하고 직접적이어야 하며 모든 사실을 준비해두고 그들의 말대로 할 태세를 갖춰야 한다. 독점형 관리자들은 모든 팀원의 의견을 그들의 결정에 통합하고자 하는 포용력 있고 권한을 부여하는 상사의 이미지를 보여주는 경우도 있다. 이런 성향을 보이는 상사라면 과정보다는 결과에 주의를 기울여야 한다. 참여형 리더십의 겉껍데기를 들춰내면 그들은 진짜 독점형 리더일 수 있다.

체계형

이런 상사는 결정 이전에 시간을 들여 정보와 데이터를 수집하는 분석적인 유형이다. 그들은 내난히 안성석이고 예측 가능하며 성확성에 과도하게 신경을 쓴다. 사격 연습을 한다면 그들은 '조준, 조준, 조준'이라고 말할 사람들이다. 그들은 결정하는 것을 싫어하고 언제나 더 많은 혹은 다른 정보를 찾는다. 체계형 상사와 일한다면 인내심을 가져야 한다. 그들이 모든 데이터를 바탕으로 최상의 결정을 내리려 하고 있다는 것을 기억하라. 의견을 내거나 제안을 할 때는 주의 깊게 분석을 했는지, 그런 의견에 이르게 된 논리와 추론을 설명할 수 있는지 확인하라.

동기부여형

이들은 함께하기에 매우 좋은 상사들이다. 카리스마가 있고 조직 내의 누구와도 좋은 관계를 맺고 있는 것처럼 보인다. 그들은 활기차고, 창의적이며, 경쟁의식을 갖고 있다. 하지만 필요한 것보다 말을 많이 하는 때가 종종 있다. 일을 벌이는 것을 좋아하지만 그 일을 마무리하는 것은 다른 이야기이다. 이들은 사격 연습을 할 때 끊임없이 말을 할 것이다. 이야기하는 것을 좋아하고 재미있는 사람들이지만 때로 일을 뒷전으로 미루기도 한다. 동기부여형 관리자들과 소통할 때는 잡담을 많이 해야 한다. 주말은 어떻게 보냈는지, 아이들은 잘 지내는지 등을 물어라. 이들과는 일에 들어가기에 앞서 친목을 다져야 한다.

혼합형

상사가 혼합형이라면 느긋하고 평온한 작업 환경에서 일을 하고 있을 것이다. 혼합형은 헌신적이고, 충직한 팀원이며, 인내심이 강하고, 공감력이 뛰어나고, 이해심 있고, 믿을 수 있고, 평화를 지키는 데 재능이 있다. 그들의 아킬레스건은 충돌이나 변화를 싫어한다는 점이다. 이들은 현상 유지를 선호한다. 이들은 일을 해내는 것보다 사람들의 상황이 어떤지에 더 관심을 가질 것이다. 사격 연습에 비유하면 그들은 항상 '준비, 준비, 준비'만 외치는 사람이다. 그들은 언제든 당신 곁에서 도와줄 준비가 되어 있다. 그들은 자신의 니즈보다는 다른 사람의 니즈를 우선한다. 혼합형 상사와 일을 한다면 감정과 팀워크에 신경을 써야 한다.

다음 표는 위의 네 가지 성격 유형을 요약한 것이다.

각 범주의 마지막 항목에 주의를 기울여라. 해당 유형의 사람을 대할 때 어떤 준비를 갖추어야 할지 알려줄 것이다.

■ 상사의 유형

독점형	체계형
• 책임감 • 직접적 • 빠른 결정 • 조직적 • 사실을 준비해야 한다	• 분석적 • 많은 정보를 원한다 • 정확성을 중요하게 여긴다 • 느린 결정 • 당신의 의견을 뒷받침할 논거를 갖춰 야 한다
동기부여형	혼합형
• 같이 일하기 좋다 • 카리스마, 사교적 • 활기 • 일을 마무리하지 못할 수도 있다 • 잡담거리를 준비해야 한다	• 헌신, 충성심 • 인내와 이해 • 충돌을 피한다 • 변화를 싫어한다 • 팀워크를 중시해야 한다

상사의 기호를 분석하라

상사의 기호에 주의를 기울인다면 직장 생활을 더 쉽고 더 즐겁게 할 수 있다. 예를 들어, 상사가 큰 그림에 집중하는 경향이 있고 세부적인 것에 신경 쓰는 것을 싫어할 경우, 당신이 세부 사항을 계속 논의하려 한다면 두 사람 모두 좌절감을 느끼게 될 것이다. 반대로 세부 사항을 중요하게 생각하는 상사와 일한다면 상세한 정보를 제공할 준비를 해야 한다. 그렇지 않으면 더 많은 정보를 가지고 다시 오라는 요청을 받을 테고, 준비가 되어 있지 않은 사람으로 보일 위험이 있다.

상사의 선호 가운데에서 당신이 유의해야 할 중요한 네 가지 측면은 다음과 같다.

1. 상사가 정보를 처리하는 방법
2. 상사가 선호하는 세부성의 정도
3. 신속성의 정도. 모든 최신 정보를 바로 얻는 것에 관심이 있는지, 새로운 정보를 검토한 후에 제시해주길 바라는지를 의미한다.
4. 상사가 관심을 가지는 주제, 별로 관심을 두지 않는 주제

다음 표가 도움을 줄 것이다.

■ 상사의 기호

정보를 어떻게 처리하는 것을 선호하는가?	어느 정도의 세부성을 선호하는가?
• 말 • 글 • 그림 • 프레젠테이션	• 매우 세부적 • 개요와 요약 • 큰 개념
어느 정도의 즉각성을 원하는가?	**관심을 두는 것과 두지 않는 것은 무엇인가?**
• 새로운 정보를 바로 얻기를 원한다 • 정보를 정리하고 검토한 후에 공유하는 것을 선호한다 • 일간 혹은 주간으로 정해진 시간에 정보를 받는 것을 선호한다	• 마음을 빼앗는 것 • 관심을 두지 않는 것 • 눈길을 두게 만드는 것

우선 당신 상사를 생각하면서 표를 살펴보라. 이 주제에 대해서 상사와 터놓고 이야기를 나눠볼 수도 있다. 이로써 당신이 성공적인 상호작용을 위해서 그의 기호에 응하는 데 진지하다는 명확한 메시지를 보낼 수 있다. 상사의 기호에 대해 충분히 생각한 뒤에 그와 상호작용을 할 때 그 점을 명심한다면 당신에게 큰 도움이 될 것이다.

이 방법을 직속 상사에게만 제한시킬 필요는 없다. 일을 성공적으로 해내기 위해 함께 작업해야 하는 조직 내의 어떤 사람에게든 적용할 수 있다. 그들에 대해서도 스스로에게 같은 질문을 던져보고 그에 따라 그를 대하는 방법을 조정하도록 하라. 그렇게 함으로써 호응을 잘하는 유능한 사람이라는 인상을 줄 수 있다.

Check Point 7

- 팀장이 책임 분야뿐 아니라 회사에 더 큰 이익을 창출할 수 있는 건의를 한다면 더 중요한 의사결정 과정에 참여할 수 있게 된다.
- 관리 업무를 탁월하게 수행하기 위해서는 회사의 주요 결정과 정책의 근간을 이해해야 한다. 자신의 상사로부터 그러한 정보를 얻을 수 없으면 다른 경로를 통해서라도 얻도록 하라.
- 상사들은 종종 자신이 부적절한 일을 하고 있다는 사실을 인식하지 못한다. 그러므로 그들에게 적절히 피드백을 해주어라.
- 자신에게 스승 역할을 해줄 멘토가 배정되지 않았다면 직접 찾아 나서라. 당신을 보호해주면서 조직 생활의 면면을 설명해줄 수 있는 사람이어야 한다.
- 자신이 증오했던 상사에게 당한 일을 팀원에게 앙갚음하지 마라.
- 상사의 성격과 기호를 분석해 소통에 활용한다.

제8장

나는 어떤 스타일의
관리자인가

●

관리 유형의 역사를 살펴보면 두 가지 유형이 지배하고 있음을 알 수 있다. 과거 팀장들은 대개 독재형이나 외교형으로 나뉘었다. 하지만 현재의 우수한 팀장들은 관리 스타일이 위의 두 가지보다 많으며 다양한 유형에 능해야 한다는 것을 알고 있다.

다양한 관리 유형에 대해 의식하고 이를 효과적으로 적용해야 하는 이유를 본격적으로 논의하기 전에, 우선 독재형 관리자와 외교형 관리자에 대해 알아보자.

독재형 관리자와 외교형 관리자

믿기 힘들지만 오늘날에도 낡은 독재형 팀장을 종종 만나게 된다. 왜 그런지에 대해서 생각해볼 필요가 있다. 부분적으로는 지나치게 많은 관리자들이 전혀 교육을 받지 않는다는 데 원인이 있다. 스스로 방법을 찾아나가야 하기 때문에 자신이 옳다고 생각하는 방향의 행동을 시작한다. 그들은 '상관'이라는 측면에서 생각을 한다. 독재형 관리자는 부드러운 접근 방식을 취하면 직원들이 이를 이용할 테고, 부드러운 접근 방식이 나약함의 신호로 보일 것이라 생각한다.

또 다른 원인은 외교형 관리자의 방식은 너 많은 시간이 필요하다는 데 있다. 이런 외교형 관리자들은 '무엇'을 해야 하는지뿐 아니라 '왜' 그것을 해야 하는지도 시간을 들여 설명한다. 독재형 관리자는 그런 성가신 일을 하려 하지 않는다. 이런 사람의 태도는 "내가 말했으니까 해야 해."이다. 외교형 관리자는 사람들이 무엇을 왜 해야 하는지 잘 이해할수록 더 좋은 성과를 올린다는 것을 깨닫고 있다.

독재형은 모든 결정을 자신이 내리고 직원들이 자신의 지시에 로봇과 같이 대응하는 것을 보고자 한다. 독재형 관리자가 버튼을 누르면, 직원들은 열심히 움직이고, 일이 성사된다. 외교형 관리자는 미리 모든 사람의 참여를 이끌어내는 데 시간을 들이는 것이 장래에 큰 이득으로 돌아온다는 것을 알고 있다.

독재형은 두려움을 촉발하는 반면 외교형은 신뢰, 더 나아가서 애정까지 구축한다. 독재형은 사람들이 작은 소리로 "언젠간 이 개자식에게 다 갚아줄 거야."라고 중얼거리게 만든다. 외교형은 사람들이 "팀장님은 우리를 존중해주고 우리에게 관심을 갖고 있어. 팀장님이 부탁하신다면 난 그를 끝까지 따를 거야."라고 말하게 만든다.

독재형은 외교형을 나약한 사람이라고 생각한다. 외교형은 독재형이 군림하려 든다고 생각한다. 독재형은 권위를 끊임없이 사용하지만, 외교형은 분별 있게 사용한다는 차이가 있다.

독재형 관리자 밑에서 일하는 사람들은 누군가를 위해서 일을 하고 있다고 생각하는 반면, 외교형 관리자의 하급자들은 누군가와 함께 일하고 있다고 생각한다.

통제와 격려의 적절한 사용

새로 팀장이 된 당신은 적절한 관리 유형을 선택할 때 '인식 접근법'을 사용해야 한다. 인식을 위해서는 직원들 각각에게 적절한 양의 '통제와 격려'를 사용해야만 한다.

통제는
- 무엇을 해야 하는지 말하는 것
- 어떻게 해야 하는지 보여주는 것
- 일이 완수되었는지 확인하는 것

격려는
- 동기를 부여하는 것

- 귀를 기울이는 것
- 팀원이 일을 하는 데 있어 방해되는 상황을 처리해주는 것

많은 통제와 격려를 필요로 하는 직원이 있는가 하면 이것이 거의 필요치 않은 직원들도 있다. 그 중간 어디쯤에 해당하는 사람들도 있다. 관리 유형의 선택에서 인식 접근법을 사용하기 위해서는 팀원들 각각이 당신으로부터 어떤 것을 원하는지, 즉 팀원이 당신에게서 필요로 하는 통제와 격려가 어느 정도인지를 결정해야 한다.

각 팀원이 필요로 하는 통제나 격려의 양은 그 사람이 어떤 일을 하고 있는지, 부서에서 어떤 일이 일어나고 있는지에 좌우된다. 예를 들어, 팀원이 새로운 장비를 어떻게 작동시켜야 하는지 배워야 한다면 그 사람은 많은 통제를 필요로 할 것이다. 회사 전체에 걸쳐 규모 축소(다운사이징)나 비용 삭감에 대한 이야기가 있을 때라면 팀원들은 많은 격려를 필요로 할 것이다.

다음의 유형 구분을 통해 팀원들이 당신에게 필요로 하는 것과 당신이 주는 통제나 격려의 양 사이에 어떤 관계가 있는지, 다시 말해 당신이 그들의 니즈를 인식하고 있는지 살펴보자.

- 유형 A. 일을 잘하겠다는 의욕은 크지만 성공에 필요한 역량이나 지식이 부족한 사람. 이를 인식하면 이 사람에게 주로 통제가 필요하다는 것을 알 수 있다.
- 유형 B. 의욕은 잃었지만 일을 하는 데 필요한 역량은 보유한 사람. 이를 인식하면 이 사람에게 많은 격려가 필요하다는 것을 알

수 있다.

- 유형 C. 일을 잘하고 의욕도 충만한 사람. 이를 인식하면 이 사람에게 통제와 격려가 많이 필요치 않다는 것을 알 수 있다.
- 유형 D. 일을 할 능력도 의지도 부족한 사람. 이를 인식하면 이 사람에게 많은 통제와 격려가 필요하다는 것을 알 수 있다.
- 유형 E. 역량과 의욕이 보통인 사람. 이를 인식하면 이 사람에게 보통 정도의 통제와 격려가 필요하다는 것을 알 수 있다.

팀원 유형에 따른 대응

이 방법을 당신 팀에 적용하려면 우선 우리가 사용하는 두 가지 기준(의욕의 정도, 자신의 책무와 연관된 기술 및 지식의 정도)을 바탕으로 팀원들을 평가해야 한다. 첫째, 팀원들을 평가한 뒤에 표에 배치한다. 의욕이 높을수록 표의 상단에 가까워진다. 직무 관련 기술과 지식이 뛰어날수록 표의 오른쪽에 가까워진다.

다음 그래프를 보고 당신 팀원이 어디에 해당되는지 확인하면 대응 방법을 인식하게 된다. 왼쪽에 치우쳐 있는 사람일수록 많은 통제가 필요하다. 그래프의 바닥에 가까운 사람일수록 더 많은 격려가 필요하다.

직장 내에서 벌어질 수 있는 가상의 상황을 살피고 인식이 어느 정도까지 가능할지 알아보자. 당신이 통신 회사에서 대규모 독립 프로젝트를 이끌고 있다고 가정한다. 앤디라는 직원 한 명이 배정되었다. 앤디는 과거 자신의 과제를 독립적으로 진행하는 데 익숙했다. 그는 실권을 모두

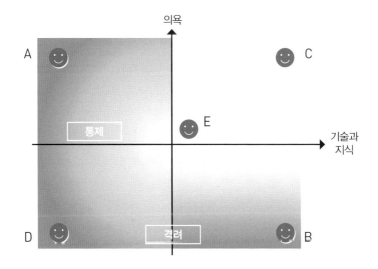

갖기를 원하고 자신의 일을 대단히 좋아한다. 그는 항상 뛰어난 결과를 내며 회사 내부에서는 그의 성과에 크게 감탄하곤 한다. 그렇지만 당신의 프로젝트에서 그는 다른 팀원과의 소통이나 기획, 의사결정에 어려움을 겪고 있다. 또한 앤디는 팀으로 일한다는 개념 자체를 폄하하고 시간 낭비라고 말한다. 그는 이 새로운 프로젝트의 일원이 된 것에 불만을 표시해왔다.

이런 인식에 따르면 앤디는 어떤 유형이고 팀장인 당신으로부터 그가 필요로 하는 것은 무엇일까? 해답은 이렇다. 보통의 업무에서라면 앤디는 유능한 직원이지만 당신의 프로젝트에서는 그렇지가 않다. 앤디에게는 통제와 격려가 필요하다. 그는 팀이라는 환경에서 다른 사람들과 어떻게 일해야 하는지에 대한 지도가 필요하며 그가 겪고 있는 어려운 전환에 대한 지원이 필요하다. 본래 그가 맡았던 임무에서라면 그는 유형

C이겠지만 이 프로젝트에서만큼은 유형 D이다.

관리를 훨씬 쉬운 일로 만들어줄 방법이 하나 있다. 며칠에 한 번씩 출근길에 모든 팀원들에 대해 생각해보라. 당신이 맡긴 여러 과제와 프로젝트에서 그들이 어떤 유형인지 생각해보는 것이다. 그들이 당신으로부터 필요로 하는 것이 무엇인지 생각하라. 이미 그것을 주고 있다면 완벽한 상황이다. 그렇지 않다면 당신은 일을 달리 어떻게 해야 할지 결정해야 한다. 이 방법이 팀장으로서의 성과에 얼마나 큰 차이를 만들어주는지 발견하게 될 것이다.

상황에 따라 스타일을 바꿔라

모든 상황에 맞는 하나의 관리 유형은 존재하지 않는다. 당신이 직면한 상황에 따라 일반적으로 사용하는 것과 다른 유형이 필요할 수 있다. 결점이 전혀 용납되지 않는 마감이 촉박한 위급 상황이라면, 평소보다 지시적인 태도를 취해야 할 것이다. 반대로 사용될 방법에 대해 모든 팀원의 합의가 필요한 중요한 프로젝트를 시작하는 시점이라면 합의가 도출될 수 있도록 평소보다 개입을 줄여야 할 것이다. 시간이 지나면서 기준이 되는 관리 유형이 생기겠지만, 당신이 마주하고 있는 문제의 성격을 근거로 관리 유형을 조정해야 하는 상황도 있을 것이다.

- 부드러운 접근 방식을 사용하면 직원들이 이를 악용할 것이라는 생각은 버려라.
- 독재형 상사를 둔 직원은 상사를 '위해서' 일한다고 생각하지만, 외교형 상사를 둔 직원은 상사와 '함께' 일한다고 생각한다.
- 팀장은 팀원에게 적절한 통제를 가하는 한편으로 그들을 격려할 수 있어야 한다. 각 팀원에게 필요한 통제와 격려의 양은 그가 수행하는 업무의 종류와 부서의 상황에 따라 다르다.
- 팀원이 자신들의 능력을 최대한 발휘하게 하고 싶다면 그들의 유형을 파악하고 그에 알맞은 조치를 취하라.

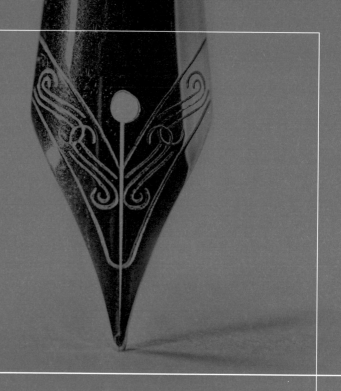

탁월한 성과를 내는 팀을 만들고 싶은가? 그렇다면 스포츠팀 코치 같은 리더가 되어라. 먼저 어떤 선수와 함께할 것인지 결정이 필요하다. 그러나 최고의 선수만 모은다고 최고의 팀이 되는 것은 아니다. 그들에게 알맞은 임무를 부여하고 명확한 목표를 설정하며, 적절한 훈련과 보상을 제공하고 안전한 환경을 조성해주어야 폭발적인 잠재력과 시너지가 발휘되는 것이다.

제2부

최고의 아웃풋을 위해 최강의 환경을 만든다

성과의 원칙

제9장

완벽한 팀워크를
구축하려면

●

최근 들어 팀으로 일을 하는 것이 많은 조직의 표준 관행으로 자리 잡았다. 여기에는 몇 가지 이유가 있다. 하나는 동반 상승 효과, 즉 시너지 효과이다. 직장 내에서는 일반적으로 개인이 혼자 일을 하는 것보다 집단이 더 나은 결정을 내리는 것으로 밝혀졌다. 또 다른 이유는 커뮤니케이션 기술과 제한 없는 정보들 덕분에 팀장이 다른 모든 팀원들보다 많이 안다는 것이 거의 불가능하다는 데 있다. 팀장은 더 이상 전문가라고 할 수 없다. 어떤 분야나 직업이든 간에 대부분의 팀장들보다 팀원들이 훨씬 뛰어난 전문가인 상황이 일반화되고 있다. 이런 경우에는 팀장이 사람들에게 무엇을 할지 구체적으로 지시하는 것이 불가능하다. 팀장은 팀원을 지원하고 이끌어야 하며 그들로 하여금 업무와 관련된 답을 찾아내게 만들어야 한다.

팀의 업무 성과를 최상으로 끌어올리고 싶다면 팀 구성원들의 팀워크를 구축해야 한다. 팀워크는 팀이 설정한 목표를 성취하기 위해 기꺼이 다른 팀원과 상호의존적으로 일할 수 있는 능력과 마음가짐을 의미한다. 이를 구축하기 위해서는 다음의 여섯 가지 요소가 필수적이다.

1. 솔직한 커뮤니케이션
2. 권한 부여
3. 역할과 책임 정의
4. 목표의 명확성
5. 효율적인 리더십
6. 팀 기여도에 대한 보상 시스템

솔직한 커뮤니케이션

이런 시나리오를 생각해보라. 젊은 팀장 후보 하나가 경험이 많은 자신의 멘토 팀장과 함께 제조업체에서 높은 성과를 내고 있는 팀을 관찰했다. 처음 사무실에 들어가서 그는 멘토에게 이렇게 말했다. "세상에, 제대로 기능하는 팀이 아닌데요? 서로 말다툼하는 걸 보세요." 멘토가 대답했다. "주의를 기울이세요. 아주 좋은 팀이니까요."

몇 분이 지나서야 팀장 후보는 멘토의 말이 무슨 뜻인지 이해할 수 있었다. 팀은 대립하고 있었다. 팀원들은 가장 좋은 제품 개선 방법을 두고 크게 엇갈리는 의견들을 갖고 있었다. 이런 종류의 갈등이 존재하는 것은 좋은 신호다. 팀이 업무에 큰 관심을 가지고 있다는 것은 대단히 긍정적인 일이다. 개방적이고 솔직한 커뮤니케이션이 가능하다는 의미이기도 하다.

권한 부여

팀장이 팀원들에게 그들이 하는 일과 관련된 결정을 내릴 권리를 줌으로써 권한을 부여할 때 강한 팀워크를 구축할 수 있다. 물론 시간, 돈, 선택 등에 대한 한계는 설정해야 한다. 팀에게 최종 결정권을 주면 자신감, 동지애, 강한 에너지가 나타나는 것을 발견하게 된다. 단 준비가 되지 않은 팀에게 권한을 부여하지 않도록 주의해야 한다. 많은 초보 팀장들이 보통 팀의 환심을 사고 싶은 마음에서 저지르는 이런 실수는 재앙으로 이어질 수 있다. 팀이 권한을 행사할 준비가 되었는지 확인하라. 준비가 되어 있지 않은 팀에게 권한을 부여하면 당신과 조직은 이런 잘못된 결정의 결과로 곤란해질 것이다.

역할과 책임 정의

당신의 팀원들은 자신의 역할과 책임R&R, Role and Responsibility을 명확하게 정의할 수 있는가? 팀원들은 리더인 당신을 비롯한 다른 팀원의 역할과 책임을 명확하게 정의할 수 있는가? 팀원들이 이렇게 할 수 있다면 그들은 자신에게 어떤 기대가 걸려 있으며 다른 팀원들에게는 어떤 기대가 걸려 있는지 알고 있다는 의미이다. 또한 그들은 일에서 도움이 필요할 때 누구에게 의지해야 하는지도 알고 있다. 이 모든 것은 효과적인 팀워크로 이어진다.

목표의 명확성

당신이 관리하는 모든 사람이 팀과 전체 조직의 목표를 알고 있는가? 반드시 그렇게 되도록 해야 한다. 목표는 간결해야 한다. 하나의 문장으로 표현할 수 있는 것이 이상적이다. 당신 팀의 목표는 다음과 같은 식이어야 한다. "우리의 목표는 내부 고객internal customer(회사에서 하나의 부서가 서비스를 제공할 때 이를 제공받는 다른 이해 부서나 협력 업체—옮긴이)에게 정확하고 시기적절하고 가치 있는 시장 데이터를 가장 저렴한 비용에 제공하는 것이다." 이 정도면 모든 것을 아우르는 완벽한 목표 문안이다. 팀과 함께 단순한 목표 문안을 만들어냈다면 모든 사람이 그것을 알고 기억하게 해야 한다. 눈에 잘 띄는 곳에 게시하고, 회의의 중요 의제로 항상 포함시키고, 내부 이메일의 서명 밑에 포함시킨다.

이 책의 내용을 근거로 새로운 팀장들을 교육하기 위해 싱가포르에 있을 때, 나는 목표의 명확성에 대한 좋은 사례를 발견했다. 시내 한 대형 호텔의 직원 출입구에는 그곳에서 일하는 모든 사람에게 적용되는 목표가 자리하고 있었다. 30센티미터 정도 크기의 단어 네 개를 조명이 비추고 있었다. "잊을 수 없는 호텔 경험." 팀원 모두에게 적용되는 단순하고 기억에 남는 목표에 감탄하지 않을 수 없었다. 호텔을 운영하는 회사의 웹사이트는 이 네 단어를 세 개 대륙 30개 업장에 적용되는 기업 비전이라고 밝히고 있다. 이 호텔의 온라인 평점이 대단히 높은 것은 우연이 아니다.

왜 목표의 명확성이 중요한 것일까? 조직 목표의 명확성은 모든 사람을 같은 방향으로 움직이게 만든다. 이는 결정을 내리고 행동 방침을 정할 기준이 된다. 단순한 기준을 통해 그들이 고려하는 결정이나 결과가 목표에 부합하는지 아닌지를 쉽게 가릴 수 있다. 목표에 부합된다면 진행한다. 목표에 배치되면 중단한다.

목표의 명확성은 가치 있는 결과의 수를 늘린다.

- 팀원들이 스스로 더 많은 결정을 내릴 수 있게 한다.
- 해결을 위해 당신에게 올라오는 문제가 줄어든다.
- 결정이 빨라진다.
- 조직이 더 기민해져서 변화에 빠르게 적응하는 능력이 향상된다.
- 더 효율적인 조직이 된다.

팀원들은 분명 목표에 부합되는지 아닌지 흑백으로 나뉘지 않는 상황을 마주하게 될 것이다. 이런 사안들은 당신에게 올라오게 될 것이다. 하지만 일상에서는 목표 문안을 지침으로 삼아 제약 없는 진전을 이룰 수 있을 것이다.

자리를 잡고 팀과 팀의 역할에 대해서 파악하고 나면, 팀과 함께 단순하고 명확한 목표 문안을 만들어야 한다. 그것이 권한을 부여하는 기업가적 팀워크를 촉진할 것이다.

효율적인 리더십

다음을 읽고 당신이 현재 하고 있는 항목에 표시를 하라. 표시가 되어 있지 않은 항목들에 대한 실행 계획을 세워라. 모든 항목에 표시가 되었다면, 팀워크를 제대로 구축하고 있는 것이다. 리더인 당신은 다음과 같은 일을 해야만 한다.

- 각 팀원과 팀을 위한 명확한 목표를 설정한다.
- 필요로 하는 사람들에게 명확한 방향을 제시한다.
- 팀과의 유대를 위해서 개인적인 성공과 실패의 경험과 사례를 공유한다.
- 팀과의 대화에서는 부정성보다는 긍정성을 강조한다.
- 각 팀원과 팀에게 긍정적이고 건설적인 피드백을 지속적으로 제공한다.
- 작은 성공들을 이용해서 팀의 응집력을 키운다.
- 말한 대로 행동한다.
- 가능하다면 보상을 통해 당신과 조직이 인정하고 있음을 표현한다.
- 건설적인 관계를 맺는다. 당신과 팀은 농일한 복표를 향해 함께 일하고 있다.

- 창의성과 혁신을 장려함으로써 더 나은 방향의 변화가 일어나도록 한다.
- 자립과 전문성의 계발을 촉진한다.
- 갈등이 있을 때 팀원들이 자신의 견해를 표현하도록 독려하고 당신의 견해도 공유한다.
- 팀이 더 큰 조직, 고객, 지역사회와의 연결성을 인식하도록 돕는다.

팀 기여도에 대한 보상 시스템

강한 팀워크 구축의 마지막 요소는 팀장과 조직의 공동 노력이 필요한 부분이다. 많은 조직이 팀워크를 역설한다. 건물 주변에는 함께 일하는 행복한 사람들의 포스터가 붙어 있다. 회사의 사명 선언문에는 최고의 팀이 되어야 한다는 말이 있다. 사람들은 팀에 배정되지만 팀워크는 부족하다. 왜 이런 일이 생기는 걸까? 조직과 팀장들이 팀 내의 업무에 대해 책임을 묻거나 보상하지 않기 때문이다.

사람들이 조직 전체의 이익을 위해 서로 협력하기를 바란다면 개인의 기여에 대해서만 직원들을 평가하고, 심사하고, 업무 평가를 해서는 안된다. 팀의 기여에 대해서도 이런 일을 해야 한다. 당신이 팀의 일원으로써 올린 성과를 바탕으로 책임을 묻는다는 것을 팀원들이 알게 되면, 그들은 팀이 중요하다는 메시지를 받게 된다. 이것이 포스터보다 훨씬 나은 방법이다. 보상에 있어서도 마찬가지이다. 개인의 기여는 물론 팀 전체의 기여에 대해서도 보상을 해야 하는 것이다.

일부 팀원에게 다른 사람보다 많은 보상을 하는 것은 좋은 관행이 아니라고 주장하는 팀장들도 있다. 그렇게 하면 높은 성과를 내는 팀을 만들 수 없다고 말이다. 그런 팀장들은 프로 스포츠팀을 살필 필요가 있다. 프로 스포츠팀에서는 각자 맡은 역할이나 성과에 따라 버는 돈이 달라진다. 이런 방식은 큰 효과를 낸다. 성공적이고 효율적인 팀들을 관찰해보라. 개별적인 기여로 높은 보수를 받거나 특별한 보상을 받는 팀원이 있는 경우를 많이 발견하게 될 것이다. 이런 방식은 좋은 효과를 가져온다. 또 그런 팀에는 강력한 팀워크가 존재한다.

Check Point 9

- 팀워크란 팀 구성원들이 스스로의 목표를 달성하거나 팀의 목표를 성취하기 위해 기꺼이 다른 직원과 상호의존적으로 일할 수 있는 능력과 마음가짐을 의미한다.
- 의사결정의 마지막 권한을 팀에게 위임하면 자신감과 동지애가 생기고 업무 추진력이 배가된다.
- 직원에 대한 팀장과 회사의 인정은 적절한 보상을 통해 표현하라.
- 팀 구성원으로서 발휘한 능력을 바탕으로 업무 성과를 평가한다면 팀원들은 팀의 중요성을 깨닫게 될 것이다.

제10장

관리와 리더십은
어떻게 다른가

●

'관리'(보다 넓게는 경영)와 '리더십'이라는 단어는 서로 혼용되는 경우가 많다. 이해 못할 일은 아니지만 그런 혼용으로 중요한 차이가 묻힐 수 있다. 팀장인 당신은 관리 업무도 하고 리더십도 발휘해야 하지만 그 차이는 명확히 이해해둘 필요가 있다.

차이를 지나치게 단순화시킬 위험이 있긴 하지만, 간단히 말해 관리는 통제에 관한 것이고 리더십은 의욕을 고취시키는 일에 대한 것이다.

팀장으로 성장할수록 리더십을 더 많이 발휘할 수 있게 된다. 그렇게 하는 것이 목표 중 하나가 되어야 한다. 직원의 교육 수준이 높아지고, 정보가 많아지고, 이동성이 높아짐에 따라, 의욕을 불러일으키지 못하는 팀장들은 불리한 위치에 놓이게 된다.

■ 관리와 리더십의 차이

관리	리더십
• 하향식, 지시적 • 체계적 • 방법에 집중 • 지시 • 교정에 집중 • 방식 결정	• 상향식, 참여적 • 체계성이 덜함 • 예외에 집중 • 코칭 • 동의에 집중 • 목표를 세운 뒤에 팀원이 방식을 결정

Check Point 10

• 관리와 리더십은 서로 다른 개념이며 혼동하지 말아야 한다.
• 다른 이에게 영감을 불어넣는 역할을 할 줄 알아야 팀장으로서 성장한다.

제11장

문제 행동 코칭은
이렇게 하라

•

당신이 관리하는 모든 직원이 일에서 성공하는 것은 아니다. 성과가 좋지 못한 사람은 추가적인 교육이 필요할 수도 있고, 그 직원이 빛날 만한 다른 곳으로 자리를 옮겨야 할 수도, 최종적으로는 해고를 해야 할 수도 있다. 대기업의 팀장들은 문제가 있는 자기 부서의 직원을 다른 부서로 떠넘기는 경우가 매우 많다. 그 직원이 그의 역량과 더 잘 맞는 새로운 부서에서 일을 더 잘 해내리라는 확신이 없는 한 이런 행동은 동료 팀장들에게 불이익을 주는 공정치 못한 일이다. 일을 잘하지 못하는 사람을 제거하기 위해 고의로 승진시키는 경우도 있다. 이런 팀장들은 다른 부서의 팀장으로부터 해당 직원이 지금의 일을 어떻게 하고 있느냐는 질문을 받았을 때 솔직하게 대답하지 않는다. 이런 상황을 바로잡는 유일한 방법은 솔직함뿐이다. 언젠가 당신도 다른 부서 사람을 승진 대상으로 고려하는 날이 올 수도 있다. 다른 사람들에게 당할 가능성을 줄이는 가장 좋은 길은 자신이 우선 이런 비열한 행동을 하지 않는 것이다.

초보 팀장과 관련된 다음의 이야기를 살펴보자. 충원을 목적으로 한 단계 아래 사람들의 성과 평가를 마친 이 초보 팀장은 세 명의 유력한 후보를 선정했다. 관례대로 이 후보들의 팀장에게 전화를 걸었고 특히 한 명에 대한 좋은 평가를 얻었다. 그는 이 후보를 자신의 부서로 이동해 승진시켰으나 이 일은 결국 재앙이 됐다. 부진한 성과 탓에 얼마 되지 않아 그를 해고해야 했던 것이다. 자신이 속았다는 것은 꿈에도 생각지 못한 초보 팀장은 그를 추천한 사람에게 항의하며 설명을 요구했다. 이전 팀장은 그 직원이 만족스럽지 못했고 그를 다루는 데 지쳤었다고 대답했다. 솔직하지 못했던 평가 때문에 이 초보 팀장은 남의 꾀에 넘어가 모두가 피하는 일을 떠맡아야 했다.

자신을 속인 팀장에게 앙갚음하고 싶은 마음이 크겠지만 이는 좋은 방법이 아니다. 가장 좋은 해법은 처음부터 다른 사람들이 당신에게 그런 짓을 하지 못하게 하는 것이다. 회사 내에서의 보복은 누구에게도 득이 되지 않으며 그런 방향을 따른다면 결국 당신이 발목을 잡히게 될 것이다.

재교육보다 이동이 나을 수 있다

그렇지만 생산성이 낮은 직원의 재교육은 관련된 모든 사람이 상황을 잘 아는 상태에서 시도한다면 승산이 있을 수 있다. 예를 들어 방금 설명한 상황에서 다른 부서의 팀장이 초보 팀장과 대화를 가지면서 그 직원이 일을 잘하고 있지는 않지만 기회를 더 줄 만한 강한 근거가 있음을 지적하고, 그에 따라 초보 팀장이 그 직원을 데려갈 수도 있을 것이다. 이런 시도가 성공한 경우는 꽤 많다. 그 일과 직원이 잘 맞지 않았을 뿐 직원이 재능이 있으면 그 재능을 보다 잘 활용할 수 있는 다른 부문으로 이동시키는 방법으로 불만이 많았던 직원을 생산성이 높은 직원으로 탈바꿈시킬 수도 있는 것이다.

그렇지만 능력 있는 리더라면 자기 부서의 문제는 부서 내에서 해결하고 다른 부서에 떠넘기지 않는 것이 일반적이다. 기업은 많은 시험 장치를 활용하여 직원을 그가 타고난 능력에 맞는 일자리에 투입한다. 이런 장치들은 간단한 5분짜리 테스트에서 세 시간에 걸친 복잡한 심리 평가까지 다양하다. 당신의 기업이 현재 이용하지 않고 있다면 실행을 고려해야 할 것들이다. 다시 한 번 강조하자면 요점은, 팀장은 성공 가능성이 가장 높은 자리에 직원을 배치하는 일의 이점을 항상 인지하고 있어야 한다는 것이다. 역량에 맞는 자리로 직원을 이동시키는 것이 좋은 성과를 내지 못하는 자리에 두면서 교육하려 애를 쓰는 것보다 훨씬 쉽다. 후자의 경우는 성공하는 경우가 많지 않다.

섣부르게 조언하지 말라

일에 참여하고 성과를 내는 데 방해가 되는 개인적 문제를 가진 팀원이 있을 수 있다. 알코올, 약물, 심각한 가정 문제가 당신의 관리 책임과는 상관이 없는 문제라고 보는 것은 너무 순진한 생각이다.

당신이 팀장이라는 사실이 당신을 가로막는 모든 문제를 처리할 준비를 갖췄다는 뜻은 아니다. 현명한 기업들은 이런 사실을 인식하고 직원 지원 프로그램을 운영한다. 회사가 사내 지원 프로그램을 할 만큼 규모가 큰 회사가 아니라면 지역사회의 지원을 받는 것이 보통이다. 직원 지원 프로그램은 전문적인 자원을 사용할 수 있으며, 알코올 및 약물 의존 치료 프로그램과의 연결을 주선하기도 하고, 지역사회에서 이용 가능한 서비스를 안내하기도 한다.

팀장인 당신에게 모든 문제를 해결할 역량과 자원이 있다고 생각하는 것은 착각이다. 직무 역량을 넘어서는 상황을 처리하려 한다면 상황은 더 악화될 수 있다. 팀장으로서 당신의 책임은 그 일이 적절한 관리 원칙의 범위 내에서 해결할 문제인지 판단하는 것이다. 직원의 개인적인 문제는 목표를 달성하는 데 방해가 될 수 있다. 한 사람을 구제하는 것도 중요한 일이지만 전문적으로 사람을 구제하는 일은 당신 개인이 가진 전문 지식의 범위를 넘어선다.

대부분의 주 법률에 따르면, 팀장은 개인적인 조언을 할 자격이 없다. 몇 년 전 솔트레이크시티의 컴퓨터 제조업체에서 이런 일이 벌어졌다. 조립 라인에서 일하는 직원이 30분 정도 지각을 했다. 40~50분 늦는 때도 있었다. 게다가 그녀의 성과는 심한 내리막길을 걷고 있었다. 이런 행동이 몇 주간 이어지자 팀장이 문제를 지적했다. 직원은 죄송하다며 어린 아들의 어린이집이 문을 늦게 여는 때가 많다고 이야기했다. 문 앞에 아이를 두고 일을 하러 올 수는 없었다고 말이다. 또 이 어린이집이 좋은 곳인지 몰라 하루 종일 마음이 놓이지 않고 이것이 성과에 영향이 미친 다는 이야기도 했다.

팀장이 답했다. "제가 조언을 하나 할게요. 아이를 우리 아이가 다니는 어린이집에 보내요. 한 시간 일찍 문을 열거든요. 꼭 그렇게 하도록 하세요. 그러면 더 이상 지각도 하지 않을 테고 아이에 대한 걱정을 하지 않아도 될 거예요." 직원은 팀장의 조언을 따랐다. 자세한 이야기는 생략하겠지만, 이 새로운 어린이집에서 직원의 아이에게 불미스러운 일이 생겼다. 직원은 변호사의 도움을 받아 회사를 상대로 소송을 제기했고 승소했다.

법원은 팀장에게 개인적인 조언을 할 자격이 없다는 판결을 내렸다. 팀장은 그 사람에게 인사팀이나 직원 지원 프로그램과 같은 자격이 있는 서비스를 추천했어야 했다. 어린이집을 바꾸는 것은 직원이 결정할 일이다. 물론 팀장은 직원의 말에 귀를 기울이고 그들에게 힘이 되어야 한다. 모든 팀원이 직장 밖에서 저마다 힘든 삶을 살고 있고, 직장에 적응하기 위해 애를 쓴다는 점을 명심해야 한다.

문제가 있는 직원과 솔직한 대화를 나눠야 하겠지만, 먼저 전체적인 목표를 정해야 한다. 당신의 목표는 일에서의 문제를 해결하는 것이다. 문제가 있는 직원이 스스로 자신의 문제를 해결하도록 해야 하고 직원 지원 프로그램으로 이끌어야 한다. 그들이 문제 해결을 외면할 경우 해고당할 수 있다는 점을 명확히 해야 한다. 이런 일을 잔인하고 배려 없는 방식으로 하지 않도록 주의를 기울여라. 하지만 오해가 생기지 않도록 단호하게 행동하도록 하라.

직원의 이야기에 귀를 기울여야 하지만 이런 대화에 업무 시간을 지나치게 사용하지는 말아야 한다. 좋은 경청자가 되는 것과 직원이 두 시간 동안 커피를 앞에 두고 자기 문제를 토로하면서 일에서 벗어나게 해주는 것은 종이 한 장 차이이다.

관리직에 오르면 머지않아 상상할 수 있는 모든 문제(상상하기 힘든 문제들을 포함해)를 듣게 될 것이다. 사람들이 가진 문제는 배우자, 파트너, 자녀, 부모, 애인, 동료, 자기 자신, 종교, 다이어트, 자존감 등 삶의 모든 측면과 관련이 있다.

인간의 나약함을 다룰 때 가장 중요한 규칙은 '함부로 판단을 내리지 말라'는 것이다. 이 규칙은 끝없는 문제 악화로부터 당신을 구해낼 것이다. 일에서의 문제는 해결하되 개인적인 문제는 해결할 수 있는 자원을 알려주는 데에서 그쳐야 한다. 때로는 업무 성과에 미치는 부정적인 영향을 이유로 문제 해결을 종용해야 할 수도 있다.

금쪽이 팀원의 유형별 관리법

팀장 자리에 앉고 나면 문제가 있다고 여겨지는 여러 가지 유형의 직원을 만나게 될 것이다. 이들을 관리할 때는 그들의 행동을 다루어야 한다. 이런 행동을 그대로 내버려두는 것은 그런 식의 행동을 계속해도 좋다는 신호를 보내는 것과 다름없다. 더불어 나머지 직원들까지 당신에 대한 신뢰를 잃게 될 것이다. 그들은 당신에게 문제 직원을 다룰 능력이 없거나 관심이 없다는 느낌을 받을 것이다.

이런 문제 행동에 대응하는 가장 좋은 방법은 그 직원에게 어떤 행동을 바꾸어야 하며 그 이유가 무엇인지 말하는 것이다. 그다음에는 그들의 이야기를 들어야 한다. 그런 식으로 행동하는 이유가 있을 수 있다. 이후 개선하겠다는 다짐을 얻어내고 그들의 행동을 어떻게 모니터할지 의논한다. 변화의 징후를 보여줄 때는 반드시 긍정적인 피드백을 주도록 하라. 대화를 갖기 전에 그들이 당신의 말을 의심하거나 의미를 깨닫지 못할 경우에 대비해 무슨 뜻인지 명확히 밝힐 수 있는 예시를 준비해야 한다. 긍정적인 태도를 견지하도록 하라. 당신이 그들의 성공을 바란다는 점을 명확히 밝혀라. 문제 행동을 고친다면 더 성공할 수 있다는 것을 설명하라. 그들이 잘못된 행동을 고친다면 일이 훨씬 쉬워질 것이다. 누군가를 징계 질차에 회부하는 것은 모두에게 악몽이나. 하시만 다른 선택지가 없다면 그것이 마지막 대안이 되어야 할 것이다. 징계에 대해서는 제15장에서 더 상세히 논의할 것이다.

다음은 대부분의 초보 팀장이 특히 어렵다고 생각하는 직원의 유형이다. 이외에도 여러 유형들이 있다. 이런 사람들을 조심하라. 수용할 수 없는 행동에 직면했을 때는 여기에서 논의된 방법을 활용하라.

- 공격형. 이런 사람은 당신이 하는 말이나 다른 팀원이 하는 말에 항상 반대한다. 공격형은 당신의 권위를 약화시키고 목표 달성을 위한 집단이나 부서의 노력을 방해하기 위해 애쓴다.
- 익살형. 이런 사람은 직장에서 자신의 주된 일이 다른 사람을 재미있게 하는 것이라고 생각한다. 직장에서의 웃음은 좋은 것이지만, 과하면 일을 완수하는 데 방해가 될 수 있다.
- 탈주형. 이런 사람은 심적으로 혹은 물리적으로 팀과 멀어져 있다.

탈주형은 일에서 빠져나가거나 일을 중단하거나 심지어는 전혀 일을 하지 않는다.

- 관심형. 이런 직원은 다른 사람의 공을 빼앗으려 하며 자신이 조직의 성공에 얼마나 중요한지를 떠벌린다.

- 부업형. 이런 직원은 다른 관심사를 앞세우고 일을 부차적인 것으로 취급한다. 예를 들어보자. 약 3,500명의 직원을 거느린 회사의 한 팀장은 조이가 어떤 직원인지 도무지 파악할 수가 없었다. 조이는 8월부터 1월까지 누구보다 바쁜 직원이었다. 언제나 전화 통화를 하거나 컴퓨터 작업을 하거나 회의실에 있었다. 하지만 2월부터 7월까지는 아무것도 하지 않고 빈둥거렸다. 조이에게 무슨 문제가 있었을까? 그녀는 회사에서 미식축구 도박을 하고 있었다.

- 외면형. 이런 직원은 직무기술서에 있는 일이 아니면 손도 대지 않는다. 점심 식사를 하러 가는 길에 인사팀에 뭔가를 전달해달라고 부탁하면 이들은 거절한다. 그런 일은 그들의 책임이나 목표라고 적혀 있지 않다.

- 동정형. 이런 직원은 인생을 회사에 바쳤지만 아무것도 받지 못했다고 생각하며 모두가 그 점을 알길 바란다. 동정형은 직장 밖에 아무런 즐거움이나 생활이 없다.

- 불평형. 이 유형은 업무량, 다른 직원, 상사, 고객, 출근길, 요일, 날씨 등 모든 것에 대해서 투덜거리고 불평을 한다. 불평형은 위험하다. 그들의 부정성이 다른 사람에게 쉽게 전염되기 때문이다.

문제 직원에는 다른 많은 유형이 있다. 팀장인 당신은 다양한 문제 행동을 예상하고 그런 행동을 가능한 빨리 효과적으로 처리해야 한다.

- 현재 업무와 잘 맞지 않는 직원이 있다면 재능을 발휘할 수 있는 다른 분야로 자리를 옮겨줌으로써 그의 생산성을 높여라.
- 팀장이 부서 안에서 일어나는 온갖 문제를 모두 해결할 수 있는 것은 아니다. 팀장의 책임은 적절한 관리 원칙의 한도 내에서 업무를 수행하는 것이다.
- 팀원에게 개인적인 문제가 있다면 팀장이 직접 조언을 해주기보다는 직원 지원 프로그램 등과 같이 자격을 갖춘 서비스나 인사팀의 도움을 받을 것을 권하라.
- 직원의 바람직하지 못한 행동을 방치해서는 안 된다. 그들의 잘못을 지적하고 문제점을 함께 해결하기 위해 노력하라.
- 팀장은 팀원들이 온갖 종류의 행동을 할 수 있다는 사실을 인식하고 그에 대해 가능한 한 신속하게 대처해야 한다.

제12장

채용과 면접 시
유의할 것들

•

당신이 하는 일 중에 채용보다 중요한 일은 없다. 그 어떤 것도 이보다 중요치 않다. 채용 결정에는 지름길이 없다. 한 번의 잘못된 채용 결정 때문에 그 결정으로 야기된 문제를 해결하느라 수백 시간을 들여야 할 수도 있다. 팀원 후보에 대해 확신이 들지 않고 불편한 감정이 생긴다면 본능을 믿어라. 가능한 모든 수단을 동원해 후보의 자격을 검증하고 결격 사유를 확인해야 한다. 일단 일자리를 제안하고 나면 선택지는 크게 제한된다. 때문에 적절한 사람이라는 확신을 가진 후에 일자리를 제안해야 한다. 확신은 확실한 정보, 조사, 추천, 시험, 기타 사용할 수 있는 다른 도구들을 바탕으로 해야 한다. 이것은 직감에만 의존할 수 있는 영역이 아니다. 채용 결정은 팀장으로서 하는 가장 중요한 결정이다.

기업의 수만큼이나 채용 관행도 다양할 것이다. 모든 다양한 방법을 다루는 것은 불가능하기 때문에 몇 가지 간단한 예를 들어보도록 하자. 인사팀이 초기 심사를 하지만 당신 팀에서 누가 일하게 될지 결정하는 최종적인 권한은 당신에게 있다고 가정하자.

회사에서는 정부 기관의 고용 절차처럼 철저한 시험을 거치지 않는다. 시험이라는 방법을 사용하기 위해서는 따라야 할 법적 요건이 대단히 많다. 하지만 시험은 지원자들이 정말로 그들이 주장하는 역량을 갖추고 있는지 판단하는 가장 좋은 방법이다. 입사 지원자들을 하루 동안 현장에 두고 시험해보기 위해 면접 시간에 대해 보수를 지급하는 회사들도 많다.

지원자들의 역량에는 큰 차이가 있을 것이다. 실업률이 높다면 선택의 폭이 넓을 것이고 실업률이 낮다면 그 반대일 것이다. 직원으로 채용할 만한 사람이 너무 적어서 지원자가 나타나면 전부 뽑아야 하는 경우도 있다. 즉 당신이 통제할 수 없는 힘이 존재하는 것이다. 여기에서는 당신이 통제할 수 있는 상황에만 집중하기로 하자.

면접에서 반드시 지켜야 할 것

팀장들이 신입 사원 채용에서 가장 중요한 요소라고 입을 모으는 것은 경험, 교육, 자격이다. 좀처럼 '태도'라는 요소를 생각해내지 못한다.

바람직한 경험, 교육, 자격을 가진 직원을 채용했지만 그 사람의 태도가 좋지 못하다면 당신은 방금 문제가 있는 직원을 채용한 것이다. 반면에 경험과 교육, 자격이 떨어지는 사람을 고용했더라도 그 사람이 훌륭한 태도를 보인다면 아마 당신은 뛰어난 직원을 갖게 될 것이다. 경험이 많은 팀장들은 직원에게 가장 중요한 요소가 태도라는 데 동의할 것이다.

피해야 할 질문

대부분의 팀장들은 면접 과정에서 너무 많이 이야기를 하고 지원자의 이야기는 잘 듣지 않는다.

지원자와의 면접은 쌍방향 평가이다. 지원자는 일자리를 원하기 때문에, 채용 가능성을 높인다고 생각되는 대답을 하는 것이 보통이다.

지원자가 답하지 못할 너무 어려운 질문을 하지 않도록 하라. 다음은 엄격한 면접관이라는 자부심을 가진 팀장들이 할 만한 질문, 즉 피해야 할 질문들이다.

"우리 회사에서 일하고 싶은 이유가 무엇인가요?"
"자신이 이 자리에 자격이 있다고 생각한 이유는 무엇인가요?"
"연봉 때문에 이 자리에 관심이 있는 것은 아닌가요?"

이런 바보 같은 질문을 던지면 당신은 형편없는 면접관이 된다. 지원자의 마음을 편하게 만들어서 대화를 원활하게 이어갈 수 있도록 해야 한다. 당신의 목표는 지원자에 대해 더 잘 아는 것이고 이는 면접 시간 동안 대립하는 분위기를 만들지 않아야 한다는 의미이다. 어려운 질문은 면접 과정의 뒤쪽으로 미뤄두고, 위의 세 가지 질문은 피하라. 다음은 본보기가 될 만한 면접 사례이다.

편안한 분위기 조성

면접의 목표는 지원자가 자격 요건과 좋은 태도를 갖고 있는지 알아보는 것이다. 면접 초반에는 위협적이지 않은 잡담으로 지원자를 대화에 끌어들이는 것이 좋다.

대부분의 지원자는 긴장한 상태이다. 결과에 많은 것이 걸려 있다. 지원자의 마음을 편안하게 만들어야 한다. 당장 본론으로 들어가기보다는, 일이 아닌 사람 대 사람으로 당신이 지원자에게 관심을 두고 있다는 점을 알게 하라. 편안한 관계를 만드는 것이 중요하다. 이 사람이 당신 밑에서 일하게 된다면, 이 면접은 수 년을 매일 보게 될 관계의 시작이 되는 것이다. 당신이 진심 어린 관심을 보인다면 채용되지 못한 지원자도 당신과 당신 회사에 대해서 우호적인 감정을 갖게 될 것이다.

회사는 일반 대중, 고객, 동종 업계, 관련 정부 기관, 직원, 회사에 일자리를 찾는 사람 등 여러 종류의 많은 사람과 관계를 맺고 있다는 것을 유념하라. 일례를 들어보자. 고급 백화점의 큰 고객이었던 한 여성이 백화점에서 아르바이트를 하면 재미있겠다고 생각했다. 그녀는 아르바이트에 지원했다가 받은 대우에 분개해서 다시는 백화점에 발을 들이지 않기로 결심했다. 이 백화점은 그녀가 연간 구매하는 수천 달러의 매출을 놓쳤을 뿐 아니라 그녀가 공유한 부정적인 경험 때문에 그녀의 친구들까지 놓쳐야 했다.

면접 시 잡담이 끝나면 이런 접근법의 사용을 고려해보라. "발렌시아 씨, 당신이 지원한 자리에 대해서 구체적으로 이야기를 하기 전에 회사에 대해서 잠깐 이야기를 할까 해요. 우리도 당신을 직원으로 적합한지 심사하고 있지만 당신도 우리를 심사하고 있으니 회사에 대해서 궁금한 것이 있다면 답해드릴게요."

이후 회사에 대해 이야기를 한다. 당신의 의도가 무엇인지를 이야기하되 통계와 같은 지루한 내용에 너무 많은 시간을 할애하지 않도록 한다. 회사와 직원의 관계에 집중한다. 이 부분에서 특이한 점이 있다면 이야기하라. 지원자가 회사와 회사 사람들에 대해 감을 잡도록 하는 것이다. 이런 논의의 목적은 지원자에게 함께하고 싶은 회사라는 느낌을 주는 것이다. 이로써 지원자가 긴장을 풀고 편안함을 느끼도록 만든다.

이제 면접의 가장 중요한 지점에 도착했다. 이 사람의 태도에 대한 단서를 줄 질문을 던져야 한다. 대부분의 팀장들은 대화의 공백을 견디지 못하고 지원자가 바로 답을 하지 못하면 끼어들어서 도와주려 한다. 친절에서 나오는 행동이긴 하지만 이는 오히려 바른 결정에 필요한 주요 정보를 얻는 데 방해가 된다.

꼭 해야 할 질문

지원자에게 해야 할 질문의 몇 가지 사례를 소개한다.

> "이전 직장에서 가장 마음에 들었던 것은 무엇입니까?"
> "이전 직장에서 가장 불만이었던 것은 무엇입니까?"
> "이전의 상사에 대해서 이야기해주시겠습니까?"
> "이전의 직장은 어떤 식으로 직업적인 성장을 도왔습니까?"
> "가능한 상황이었다면 당신은 이전의 직장을 어떻게 개편했을까요?

위의 질문들은 본보기이다. 당신에게 보다 잘 맞는 나름의 질문을 만들 수도 있겠지만, 그런 것이 없다면 여기에서 제안한 질문을 활용해보라.

　각각의 질문을 검토하고 그 답이 직원의 태도에 대한 어떤 단서를 줄 수 있는지 생각해보자. 이전 직장에서 가장 만족했던 것을 묻는 첫 번째 질문에 대한 답으로 일에서의 도전, 회사의 내부 승진 제도, 회사가 교육 기회를 권장하고 지원하는 점, 자발적인 행동을 인정하는 점을 언급한다면 건전한 직장에서 중요한 것이 무엇인지 깨달은 사람이란 의미이다.

　그렇지만 금요일 격주 휴무로 2주에 한 번씩 긴 주말을 가질 수 있었다는 점, 볼링이나 골프 등의 취미 활동을 지원한다는 점, 입사 첫해부터 유급 휴가를 준다는 점 등을 언급한다면 그 지원자는 사교 활동을 위한 장소를 찾는다는 뜻이다. 이 사람은 사교성이 뛰어날 것이다. 물론 동료들과 즐겁게 회사 생활을 하는 것은 좋은 일이다. 하지만 그것이 직장을 다니는 주된 이유가 되어서는 안 된다.

　이제 두 번째 질문, 이전 직장에서 가장 불만이었던 점에 대해 이야기해보자. 그 답이 종종 야근을 해야 하는 것, 토요일에 출근해야 하는 것, 직무에 도움이 되는 기술을 습득하기 위해 토요일을 포기하고 단과 대학에서 수업을 들으라는 압박을 받은 것(회사가 비용을 지불한다 해도)이라면 미래를 생각지 않는 바람직하지 않은 태도이다.

　그렇지만 회사에 공식적인 성과 평가 체계가 없다거나, 급여 인상이 업무 역량과 관계가 없어 보인다거나, 크게 마음에 들지 않는 점은 없지만 다른 곳에서 더 나은 기회를 찾을 수 있다고 생각했다는 언급이 들어간다면 그 지원자가 성과 지향적이고 좋은 판단력을 가졌다는 것을 암시하는 사려 깊은 대답이라고 할 수 있다.

이제 지원자의 지난 상사에 대한 세 번째 질문에 대해 생각해보자. 눈치챘겠지만 이 질문은 대답의 범위가 더 넓다. 지원자가 이전의 상사를 맹렬히 비난하고, "이런 단어를 사용하면 안 되겠지만 그 사람에 대해서 이야기하려면 개자식이라는 말을 쓸 수밖에 없어요."라는 식의 전반적으로 부정적인 언급을 한다면 괜찮은 답이라고 할 수 없다.

이전 상사와의 관계가 나빴지만 "이전의 상사와는 성향이 달랐지만 그분을 좋아하고 존경했습니다."라고 답한다면 좋지 못했던 상황에 대한 외교적인 표현이 될 것이다. 이전의 회사나 상사를 비난하는 일은 비난의 대상보다 지원자 자신에 대해 더 많은 것을 말해준다. 비난할 만한 상황이었다고 해도 그런 접근 방식은 지원자 자신의 전망을 밝게 할 리가 없다. 생각이 있는 지원자라면 과거 직장에서의 관계에 대해서 부정적인 언급을 피할 것이다.

이전의 직장이 직업적인 성장을 도왔느냐는 네 번째 질문을 통해서는 후보자가 자신의 일을 어떻게 보는지 파악할 수 있다. 직업적인 성장의 기회를 좇지 않았다고 답하는 사람이라면 일을 자신의 커리어가 아닌 돈을 버는 수단으로 생각한다는 것을 알 수 있다. 이것이 잘못된 일은 아니지만 가치 있는 정보를 제공한다. 만약 직업적인 성장의 기회가 부족한 것이 큰 불만이었다고 말한다면 그들이 일에 대해 특별한 생각을 가지고 있다는 정보를 얻게 된다. 그들은 일을 커리어를 쌓아나가는 과정으로 보고 성장을 바라는 사람일 것이다. 이전 직장에서 상당한 성장을 이루었다고 말한다면 지원자가 당신에게 직업적인 목표를 논의할 기회를 주는 것이라고 볼 수 있다.

기회가 주어진다면 이전 직장을 어떻게 개편하겠느냐는 다섯 번째 질문을 통해서는 지원자가 큰 조직에 스스로를 어떻게 적응시키는지 파악할 수 있다. 깊은 생각에서 나온 건설적 대답은 그가 팀에 적합한 기여란 무엇인지 큰 그림을 갖고 있다는 것을 알려준다. 동료를 희생시켜서 자신의 안위를 꾀하는 데 초점이 맞춰진 대답은 위험 신호이다. 이는 지원자가 지나치게 자신에게 집중한다는 것을 말해준다.

지원자의 태도에서 파악할 수 있는 것

지원자에게 "제 질문은 끝났습니다. 혹시 하고 싶은 질문은 없나요?"라고 묻는 것도 좋은 방법이다. 지원자가 하는 질문 역시 그의 태도에 대한 단서가 된다.

지원자의 질문이 다음과 같은 식이라면 어떨까?

"연간 휴무일은 며칠인가요?"
"입사 첫해에는 휴가가 며칠이나 허용되나요?"
"4주간의 휴가를 받으려면 얼마나 근무해야 하나요?"
"직원들의 취미 활동을 어느 정도 지원하나요?"
"장기근속 휴가 제도가 있나요? 몇 년이나 근무해야 휴가를 받을 수 있나요?"

이런 종류의 질문은 일을 하기보다는 일을 하지 않는 데 중점을 두는 태도를 나타낸다. 이 예들은 확연히 눈에 보이는 것들로 요점을 부각하기 위해 과장한 것이다. 지원자는 이보다 미묘하게 질문을 할 테지만 말이다.

반면 지원자들의 다음과 같은 질문은 전혀 다른 태도를 반영한다.

"직원들은 성과에 따라 승진하나요?"
"뛰어난 성과를 낸 사람이라면 평범한 성과를 낸 사람보다 급여 인상 비율이 높은가요?"
"직원들이 직무 기술을 확장시킬 수 있는 정규 교육 프로그램이 있나요?"

지원자가 당신이 듣고 싶어 하는 질문을 한다는 생각이 들 수도 있다. 만약 그렇다면 적어도 바보와 마주하고 있지는 않은 것이다. 어떤 질문을 해야 좋을지 예상할 수 있는 사람이라면 그렇지 못한 사람보다 나은 직원이 되지 않을까?

팀장이 면접 과정에 사용할 수 있는 중요한 전략으로 침묵이 있다. 지원자가 바로 답을 하지 않으면 그 침묵이 불편하게 느껴질 수 있다. 그러나 당신이 끼어드는 순간 진실한 답을 들을 가능성은 낮아진다.

인사팀에서는 할 수 있는 질문과 할 수 없는 질문을 미리 당신에게 알려주었을 것이다. 차별적이거나 불법적이기(혹은 둘 다인) 때문에 발을 들여서는 안 되는 영역을 반드시 알고 있어야 한다.

바로 떠오르는 금기 질문은 "아이들을 직접 돌봐야 하나요?"이다. 이는 꺼내서는 안 되는 수제 중 하나이며, 지원자가 근무 시간에 대해 묻는 경우 그것을 부정적인 질문으로 생각해서는 안 된다. 육아에 대한 우려에서 나온 질문일 수 있기 때문이다.

부정적으로 해석해서는 안 되는 지원자의 또 다른 질문은 의료 보험에 대한 질문이다. 의료 보험에 대한 질문은 지원자의 책임감을 보여준다 (의료 보험 혜택에 대해 묻는 것은 지원자가 안정성을 중요하게 생각하여 조직에서의 자신의 미래에 대해 계획을 세우고 있다는 의미로 해석할 수 있기 때문이다—옮긴이). 간단히 말해 태도의 문제를 나타내는 것은 질문의 전반적인 취지이다. 그 질문이 태도를 의미하는 것인지 책임감을 내비치는 것인지 적절한 판단력으로 가려낼 수 있어야 한다.

면접 과정에 대한 경험이 쌓일수록 더 노련해질 것이다. 대부분의 면접에서는 직원의 태도를 완전히 무시한다. 팀장들은 보통 지원서를 손에 들고 이렇게 말한다. "XYZ 회사에서 일을 했었군." 지원자를 앞에 두고 지원서를 갓 읽어볼 것이 아니라 지원자와 면접을 시작하기 전에 지원서를 살펴봐야 한다. 이후 근무 태도를 알아낼 수 있는 질문을 던져야 한다.

당신이 몸담은 업계의 실업률이 높다면 지원자 중에서 성과가 높은 사람들을 가려낼 수 있을 것이다. 정규직 일자리와 꼬박꼬박 나오는 월급을 간절히 바라는 사람은 어떤 일자리든 거의 가리지 않을 것이다. 그들은 자신이 왜 그 자리에 앉아야 하는지 면접관을 설득시키는 데 능숙할 것이다.

당신은 분명 궁지에 빠진 이 자격 요건에 차고 넘치는 사람들의 상황에 공감하게 될 것이다. 하지만 그들에게 역량을 온전히 펼칠 수 있는 다른 기회가 생기는 즉시 그들을 잃게 되리라는 것도 알고 있어야 한다. 첫째, 사람들은 능력에 못 미치는 일을 할 경우 업무에서 전혀 도전 의식을 느끼지 못한다. 둘째, 그들은 곧 더 나은 직장을 찾게 될 것이다.

일부 필사적인 지원자는 대부분의 팀장들이 자격 수준 이상인 사람의 채용을 꺼린다는 것을 알고 지원서에서 학력이나 경력을 숨기기도 한다. 자격 수준 이상의 지원자를 고용할 경우, 자격에 더 어울리는 자리로 승진시키지 않는 한 곧 그들을 잃게 될 것이다.

결정이 망설여진다면, 주저하지 말고 신뢰하는 동료에게 당신이 고려하고 있는 지원자의 면접을 부탁하라. 후보자를 몇 명으로 추린 뒤에는 여러 가지 견해가 도움이 될 것이다. 다른 의견을 통해 당신이 놓친 정보나 인사이트를 얻을 수 있다. 중요한 자리일수록 옳은 결정을 하는 것이 중요하다. 추가적인 견해는 당신이 옳은 결정을 할 가능성을 높여준다.

안전지대에 머무르려는 지원자

안전지대의 부진아comfort-zone underachiever, CZU란 뛰어난 자격을 갖추었지만 도전을 싫어하는 사람이다. 이런 사람이 의외로 많지만 그것을 인정하는 사람은 좀처럼 찾기 힘들다.

이들의 주된 문제는 자신의 능력에 한참 미달하는 자리에서 일을 하고 싶다고 당신을 진심으로 설득한다는 데 있다. 이들은 자격이 지나쳐서 원하는 자리에 고용되지 않는 때가 많기 때문에 이런 문제를 해결하기 위해 지원서에 자격을 모두 기재하지 않는다. 공인된 간호사이면서도 간호 업무를 하고 싶지 않아 그 분야에서 교육받았다는 사실을 밝히지 않는 식이다. 자신이 원하는 일반 사무직에 적합하게 자격 요건을 다듬는 것이다. 마찬가지로 교실에서 어린 학생들을 대하는 일을 하고 싶지 않은 교사는 자신이 가진 모든 자격을 나열하지 않는다. 이전의 경력을 숨기는 것은 좀 더 어렵다. 노련한 면접관은 경력의 공백에 주의를 기울이기 때문이다. 따라서 시설과 정원 유지 업무를 맡고 싶은 교사는 지원서에 학교에서 교원이 아닌 '관리원'으로 일했다고 적는다.

다른 사람보다 앞서가길 원하며 또 사람을 관리하는 일에 관심 있는 당신은 이런 유형의 지원자를 이해하기 어려울지도 모르겠다. 그렇다고 그들을 과소평가하지 말라. 그들은 절대 멍청하지 않다. 단지 일을 당신과 다른 시각에서 볼 뿐이다. 옳고 그름의 문제가 아니라, 각자 입장의 차이가 있을 뿐이다.

평생 사람들의 입속을 들여다보며 충치 때우는 일을 하기로 결정한 것을 후회하는 45세의 치과 의사가 있다고 가정해보자. 자신과 맞지 않는 일을 하면서 불행해하는 사람들이 많이 있다. 용기를 내 상황을 변화시키기로 한 그를 존중할 필요가 있다. 하지만 많은 사람들은 변화에 저항한다. 변화에 대한 저항의 마음과 변화가 필요하다는 것을 아는 마음은 필연적으로 내면의 감정적 갈등이 된다. 심리학자들은 이것을 '회피'라고 부른다. 이렇게 아무것도 하지 않음으로 인해 두 가지 불쾌한 대안들 사이에서 선택을 강요당하는 괴로운 상황에 스스로를 가두는 것이다.

안전지대의 부진아는 '나에게 적합한 것'을 찾으려 노력하는 중이다. 이들이 잡은 일자리는 임시적인 것일 수 있다. 이들은 재평가의 기로에 있기 때문에 이런 탐색 과정으로부터 주의를 빼앗지 않을 만한 직업을 찾고 있는 것이다. 이런 사람들은 최소한의 주의를 요하고, 생각할 시간을 주고, 상황을 정리할 수 있는 일을 찾는다. 다른 생각이 가능한, 즉 노력 없이도 정확히 할 수 있는 반복적인 성격의 일을 찾는 경우가 많다. 회사의 어떤 일은 당신의 경우 두 시간만 해도 미칠 것 같은 기분이 들지만, 이런 일을 즐기는 사람들이 있다. 이는 적합성의 문제이다.

많은 사람이 '일'이라는 단어에 좋지 않은 인상을 갖고 있다. 그들에게 일은 흡사 형벌의 한 형태이다. 직업 운동선수이고 운동이 밥벌이의 수단이라면 운동이 일이 된다. 같은 운동이라도 오락으로 하는 사람에게 그것은 놀이이다. 해야만 하는 상황과 원하는 상황 사이의 차이 때문인 듯하다. 부유한 사람들이 일을 하는 것도 그 때문이다. 그들에게 일은 '원해서 하는 것'이다.

정보는 정확하게 제공하라

직무를 설명할 때는 모든 사람이 알고 싶어 하는 기본적인 정보를 포함시켜서 지원자가 따로 질문할 필요가 없게 해야 한다. 근무 시간, 초봉, 수습 기간은 물론, 수습 기간을 성공적으로 마친 후에 급여가 인상되는지 여부를 알려주도록 하라. 복리후생제도에 대한 간략한 개요도 포함시킬 수 있다. 이런 기본적인 정보를 제공하지 않으면, 태도에 대한 단서를 얻는 질문이 어수선해지는 결과가 초래되고 채용 결정에 혼란이 있을 수 있다.

앞서 예로 들었던 발렌시아와의 면접 상황으로 가보자. 직무에 대해 이야기를 할 때는 기술적인 용어를 배제하라. 지원자가 이해할 수 있는 용어를 사용하도록 한다. 당신은 업계에서 사용하는 전문 용어나 줄임말에 익숙하겠지만 새로운 직원에게는 외국어와 다름없다. 직무기술서도 마찬가지이다. 기술적인 전문 용어로 적혀 있는 직무기술서는 지원자에게 거의 의미가 없을 것이다.

판단력과 실행력을 평가하는 법

지원자를 평가할 때 태도와 직무 기술도 대단히 중요하지만, 판단력과 실행력을 갖춘 팀원이라면 자기 주도적이며 통솔이 더 쉬울 것이다. 판단력이 없다면 그 사람은 결정의 순간에 식별할 때마다 계속 도움을 필요로 할 것이다. 실행력이 없다면 그는 당신의 시간을 과도하게 필요로 할 것이고 그러면서도 면밀한 감시의 대상이 되는 것을 분하게 여길 것이다. 이 두 특성이 없는 사람은 매번 지시를 내리고 눈을 뗄 수 없는 꼭두각시보다 나을 게 없다. 어느 쪽이든 당신의 시간을 가치 있게 쓸 만한 일은 아니다.

그렇다면 면접 과정에서 판단력을 어떻게 가늠해야 할까? 지원자에게 그들이 일을 하는 과정에서 직면할 수 있는 실제적인 상황을 제시해보라. 최선의 방향이 명확하지 않은 상황이 이상적이다. 수용 가능한 길이 여러 가지인 상황일 수도 있다. 이런 상황을 제시하고 어떻게 진행할지 묻는 것이 아니라 진행 방법에 대한 결정을 어떻게 내릴지 묻는다. 그들이 정보를 처리하고 결정을 내리는 방식을 살핀다. 그들이 정보의 공백을 확인하고 그 공백을 어느 정도까지 채우려고 노력하는지 살펴라. 이 과정의 본질은 그들의 판단 기술을 파악하는 데 있다. 이것이 지원자 선택 과정의 일부가 되어서는 안 된다. 준비와 시행 모두에 상당한 시간이 소요될 수 있기 때문에 마지막 최종 후보에게만 이 과정을 거치게 하는 것이 좋다.

실행력은 두 가지 방법으로 평가할 수 있다. 하나는 가능한 경우 지원자의 이전 관리자로부터 정보를 얻는 것이다. 이전의 관리자에게 그 사람에게 실행력이 있는지 직접적으로 묻지 말라. 과제가 주어졌을 때 그들을 신뢰할 수 있는지 질문하라. 그들이 마감 시한을 지켰는지 물어보라. 그들을 얼마나 면밀하게 관리해야 하는지 질문하라.

실행력을 평가하는 두 번째 방법은 지원자에게 그가 참여했으나 그의 기대만큼 성공적이지 못했던 프로젝트에 대해서 질문하는 것이다. 이상적이지 못했던 결과와 관련된 모든 요소에 대해 이야기하게 하라. 다시 기회가 주어지면 어떻게 결과를 개선할지 질문하라. 이런 대화 속에서 당신은 그의 실행력이 어느 정도인지 파악할 수 있을 것이다. 그가 마감을 지키기 못했다고 말한다면 마감을 놓치게 한 요소가 무엇인지 질문하라. 그의 통제권을 벗어난 외적인 요인을 확인할 수 있을지도 모른다. 지원자가 무리를 했다거나 일정을 제대로 파악하지 못했다는 대답을 내놓을 수도 있다. 대화를 이어갈수록 그의 업무 수행 능력이 신뢰할 수 있는 수준인지 보다 잘 파악할 수 있을 것이다.

팀원이 성과를 내기 위해서는 많은 요소가 필요하다. 하지만 그중 판단력과 실행력이 부족한 경우라면 당신은 해당 팀원에게 많은 시간을 할애해야 할 것이고 이는 결국 당신이 최상의 능력을 발휘해 높은 성과를 올리는 데 방해가 될 것이다.

채용 결정과 통보 시 주의사항

어떤 자리에 앉힐 사람을 여럿 염두에 두고 있다면 지원자의 오해를 사지 않도록 주의를 기울여야 한다. 모든 지원자에게 면접을 마칠 때까지 결정이 내려지지 않을 것이라고 이야기하라. 지원자들이 방식의 공정성을 인지해야 한다. 그들에게 결정이 내려지자마자 연락이 갈 것이라고 이야기하라. 결정이 내려진 당일에 그들이 결과를 통보 받도록 하라.

채용이 결정된 후에는 그 사람과 '태도에 대한 대화'를 나눠야 한다. 다음은 태도에 대한 바람직한 대화의 사례이다. 시간이 흐르면서 자기 나름의 스타일을 개발하게 되셨지만 기본적인 생각은 동일하다.

"당신을 이 자리에 선택한 이유 중 하나는 우리가 이 조직에서 원하는 유형의 태도를 당신이 보여주었기 때문이에요. 지원서와 시험을 통해 당신은 이 일을 감당할 능력이 있음을 증명했어요. 이 자리에 지원한 많은 사람이 일을 처리할 수 있는 자격 요건을 갖추었지만, 다른 사람이 아닌 당신이 선정된 이유는 바로 그 태도 때문이죠. 우리는 평범한 직원과 뛰어난 직원의 차이가 태도에 있는 경우가 많다고 생각합니다.

이 조직에 있는 모든 사람이 훌륭한 태도를 갖춘 것은 아니에요. 우리에게 '태도'라는 말은 어떤 의미를 가지고 있을까요? 우리가 말하는 태도는 자신의 몫보다 많은 일을 하고 있는지 걱정하지 않는 자세입니다. 일을 잘 해내고 있다는 것에, 일과를 마칠 때 성취감을 얻는 것에 자부심을 느끼는 태도입니다. 이는 일을 잘 해낸 것에 대한 개인적인 만족감이죠. 우리는 당신이 이런 유형의 태도를 보여줬다고 생각하며, 이런 태도가 업무 처리 능력과 함께할 때 당신이 우리 조직의 새로운 뛰어난 인재가 될 수 있다고 생각합니다."

이 짧은 이야기에서 몇 가지 표현의 이유를 분석해보자. 해당 직원이 그 자리에 대한 생각을 가장 잘 받아들일 수 있을 때는 언제일까? 새로운 자리에서 일을 시작할 때가 아닐까?

사람들은 보통 상대가 자신에 대해 갖고 있는 이미지에 맞추려고 노력한다. 그 지원자가 면접장에서 당신이 원한다고 생각하는 태도를 보여주었다면 어떨까? 걱정할 필요는 없다. 왜냐하면 그는 이제 그 태도가 회사와 팀장인 당신에게 매우 중요하다는 것을 알게 되었기 때문이다. 그는 이제 직무에서도 그런 태도를 보여주어야 한다. 그에게도 회사에게도 유리한 상황이 아닌가!

회사의 모든 사람이 훌륭한 태도를 갖춘 것은 아니라고 밝혀야 하는 이유는 뭘까? 바람직하지 못한 태도를 가진 사람들이 있다는 이야기를 숨긴다면 이 새로운 직원이 그런 사람을 마주친 순간 당신이 했던 말은 무의미해진다. 그렇지만 당신이 이 점을 언급했기 때문에 그가 좋지 못한 태도를 가진 동료를 만났을 때 당신에 대한 신뢰도는 상승한다. 그는 이렇게 생각할 것이다. "팀장이 잘못된 태도를 가진 사람들이 있다고 내게 말했었지. 나는 그런 상황을 바꾸기 위해 이 자리에 있는 거야."

새로운 직원과 태도에 대한 대화를 나눌 정확한 시점은 개인의 선호에 따라 달라지지만, 가장 이상적인 시점은 그가 채용 사실을 고지받은 후 사무실에 왔을 때이다. 출근 첫날에도 태도에 대한 이야기를 보강할 필요가 있다. 하지만 그날은 새 직원이 생각할 것이 많은 날이기 때문에 말을 조금 절제할 필요가 있다. 그는 긴장한 상태이고 만나게 될 사람들이 마음에 들지, 그들이 자신을 좋아할지 걱정하고 있을 것이다. 하지만 그 첫째 날이 자신에 대한 기대치를 받아들이기 가장 좋은 날이기도 하다.

Check Point 12

- 신입 사원이 경험, 교육, 자질 면에서는 좀 부족하지만 훌륭한 태도를 지녔다면 그는 훌륭한 직원일 가능성이 높다.
- 면접관은 지원자가 편안하게 대화할 수 있는 분위기를 조성해야 한다. 입사 면접의 목적은 지원자를 잘 파악하는 것이다.
- 팀장이 면접 과정에서 사용할 수 있는 중요한 전략 중 하나는 침묵이다. 고압적인 자세로 지원자에게 일방적으로 질문을 퍼붓기보다는 지원자의 궁금증을 풀어주고 그의 생각을 경청하기 위해 노력해야 한다.
- 직원이 직업에 대한 바람직한 견해를 가장 잘 수용하는 시기는 새로운 회사에서 일을 시작하는 때이므로 채용 직후 '바람직한 근무 태도'에 대한 이야기를 나누어라.

제13장

신입의 온보딩과 교육

∙

많은 초보 팀장들이 자신이 책임지고 있는 영역의 모든 업무를 수행할 줄 알아야 한다고 생각한다. 중요한 자리가 공석이 되면 자신이 그 업무를 직접 처리해야 한다고 느끼는 모양이다. 그런 생각에 따라 논리적으로 결론을 내리자면 조직의 최고 경영자는 회사의 모든 업무를 할 줄 알아야 할 것이다. 물론 말도 안 되는 소리이다. 미국 대통령이 연방정부의 모든 업무를 할 줄 알아야 한다고 생각하는 것과 다를 바가 없다. 백악관의 모든 일을 처리할 줄 아는 대통령이 어디 있겠는가. 굳이 수석 요리사가 아니더라도 닭고기가 상했는지 아닌지는 구분할 수 있다.

어떻게 하는지 몰라도 무엇을 하는지는 알아야 한다

정확히 어떻게 해야 하는지는 모르더라도 무엇을 해야 하는지는 알아야 한다. 당신이 직접 일의 일부를 하면서 같은 직무를 하는 다른 사람들을 이끄는 책임을 맡고 있다면 작업 수행 방식을 알 것이다.

그렇지만 다양한 업무를 수행하는 서른다섯 명의 직원을 두고 있다면 각각의 업무를 어떻게 수행하는지 알지 못할 것이다. 대신 그 방법을 아는 사람이 당신 밑에 있을 것이다. 큰 병원의 관리자는 수술을 할 줄 모른다. 하지만 그 관리자는 숙련된 외과 의사를 확보하고 고용하는 과정에 내해서 알고 있나.

많은 새로운 팀장이 자신이 할 수 없는 것들에 대해서 불편함을 느낀다. 그럴 필요가 없다. 당신은 모든 과제를 직접 하는 책임을 맡은 것이 아니라 달성 결과를 책임지는 것이다.

처음에는 이런 개념이 섬뜩하게 느껴질 수도 있지만, 거기에 익숙해지고 어떻게 그와 달리 생각할 수 있었는지 의아해지는 날이 올 것이다. 처음에 당신은 "모든 것을 알아야 해."라고 하겠지만 다양한 일을 하는 큰 조직이라면 당신이 모든 것을 다 알 수는 없다. 속 태울 필요가 없다.

떠나는 사람에게 교육을 맡기지 마라

다른 직무보다 폭넓은 교육이 필요한 직무도 있다. 하지만 경험이 많은 사람이더라도 새로운 상황에 처했을 때는 기본적인 교육이 필요하다.

새 직원은 가능한 빨리 자기 직무에 대한 교육을 받고, 회사에서 일이 어떻게 처리되는지 배우고, 전체 조직에 자신을 어떻게 맞춰나가야 할지 파악해야 한다.

출근 첫날의 직원 교육은 여러 면에서 낭비이다. 업무 첫날은 새로운 직원이 함께 일할 사람들과 안면을 트고 업무 환경에 익숙해질 기회이다. 첫날은 관찰을 하면서 보내도록 한 뒤, 둘째 날부터 실질적인 교육을 시작해야 한다. 많은 직원이 업무 첫날 집에 가서 두통이나 요통으로 고생을 한다. 분명 신경을 쓰고 긴장한 결과이다.

직원 교육에 대해서는 여러 방침이 있다. 일반적인 방침은 자리를 떠나는 사람이 새로운 직원을 교육해야 한다는 것이다. 하지만 이 방침을 그대로 따르는 것이 실수가 되는 경우가 있다. 모든 것은 직원이 왜 떠나게 되었는지, 떠나는 사람의 태도가 어떤지에 따라 달라진다.

다음은 새로운 직원을 교육하는 잘못된 방식의 사례다. 이는 최악의 판단 유형을 보여준다. 여러 영업사원과 한 명의 사무직원으로 이루어진 사무실의 팀장은 무능한 사무직원을 해고하기로 결정했다. 그는 직원에게 2주 전 해고를 예고하면서 그때까지 일해줄 것을 부탁했다. 이후 그자리를 대신할 사람을 뽑고 기존 직원에게 새로운 직원의 교육을 요청했다. 결과는 관련된 모든 사람에게 악몽이 되었다.

놀랄 일도 아니다. 회사를 떠나는 사람이 당신의 기준에 100퍼센트 부합하는 사람이 아닌 한, 그 사람에게 교육을 맡겨서는 안 된다. 무능해서 해고되는 사람에게 후임을 교육시키게 할 이유가 어디에 있는가? 그들은 교육에 전혀 노력을 기울이지 않을 것이다. 혹 노력을 한다고 해도 새로운 직원에게 자신의 나쁜 습관을 모두 물려줄 것이다. 자발적으로 회사를 떠나는 사람도 최고의 교육 담당자가 될 수 없는 것이 보통이다. 사직서를 낸 사람들은 이미 다음 자리에 집중하고 있게 마련이다. 그들이 하는 교육은 건성에 불완전할 것이다. 반면에 승진으로 자리가 비게 된 경우라면 그 전임자는 교육에 가장 적합한 인물일 것이다.

위의 사례에서 해고 통보를 한 직원이 후임을 교육시키길 원했던 팀장은 해당 사무직원의 업무에 대해 알지 못했다. 그가 직접 새로운 직원을 교육하는 것은 불가능했다. 그런 시도는 자신의 무지를 드러낸다. 따라서 그는 자신의 '약점을 덮기' 위해 해서는 안 될 극단적인 조치를 취했다. 심각한 관리 실패이다.

이 이야기를 팀장이 조직 내의 모든 일을 처리할 줄 알아야 한다는 뜻으로 받아들이지는 말라. 앞의 사례에서는 사무직원이 한 명뿐이기 때문에 달리 교육에 투입할 사람이 없었다. 팀장은 회사를 떠날 사무직원에게 신입을 교육하게 하는 쉬운 길을 택했다. 그 팀장은 새로운 직원에게 업무의 세부 사항을 설명할 수는 없더라도 사무직원에게 어떤 것을 기대하는지 정도는 정확히 설명했어야 했다.

교육 담당자의 선정

팀장은 새로운 직원의 교육 과정을 시작하기에 앞서 교육 담당자와 대화를 해야 한다. 예고 없이 불쑥 교육을 맡기는 것은 있어서는 안 될 일이다. 교육 담당자를 미리 만나 당신이 원하는 결과에 대해 논의해야 한다. 당신에게는 어떻게 하면 새로운 직원이 이전에 그 자리에 있던 사람보다 효과적으로 일을 할 수 있을지에 대한 생각이 있을 것이다. 따라서 이는 당신이 마음에 두고 있는 변화를 실현할 이상적인 기회이다. 새로운 직원이 업무를 시작하는 때보다 변화를 일으키기 좋은 때는 없다. 변화를 생각하지 않더라도 당신이 기대하는 결과에 대해서 교육 담당자와 합의를 하는 것은 중요하다.

새로운 직원이 고용되고 업무 시작일이 정해지면, 교육 담당자로 선정된 사람에게 그 사실을 고지해야 한다. 교육 담당자는 그 일을 위해 일정을 조정해야 할 수도 있다.

무슨 일이 일어나고 있는지 설명하는 일을 잘하는 교육 담당자를 선정한다. 업무를 여러 개의 구성 요소로 나누고 새로운 직원이 처음부터 이해할 수 있도록 어려운 전문 용어를 피해가며 설명할 수 있는 사람이어야 한다. 결국은 기술적인 용어가 사용될 수밖에 없겠지만 이런 '외국어'가 교육받는 사람을 압도해서는 안 된다. 첫날을 가벼운 분위기로 이끌고 싶다면 교육 담당자에게도 그 점을 알려야 한다.

첫째 날의 후반부쯤에 그들에게 잠시 들러서 교육 담당자와 교육생에게 일이 잘되고 있는지 물어야 한다. 어떤 말을 하든 그것은 중요치 않다. 중요한 것은 새로운 직원에게 관심을 보이는 일이다.

첫 주가 끝나면 새로운 직원을 사무실로 불러 대화를 나눈다. 다시 말하지만 어떤 말을 하느냐 보다는 직원의 상황에 대한 관심을 표하는 것이 중요하다. 질문을 몇 가지 던져 교육 담당자의 교육이 정확한지 판단한다. 새로운 직원이 일에 대해 파악하기 시작했는가?

시스템 개선의 계기로 삼아라

교육 기간은 발전의 씨앗을 뿌릴 시간이기도 하다. "이 업무를 새롭게 맡은 사람으로서, 당신은 다른 사람들이 가지지 못한 새로운 관점을 그 자리에 끌어들이게 될 거예요. 우리가 어떤 일을 하는지 또 왜 그런 일을 하는지 얼마든지 질문해주세요. 교육이 끝난 후에는 우리가 하고 있는 일을 개선할 방법을 제안해주세요. 우리 기존 직원들에게 잘 드러나지 않는 것이 새로운 직원인 당신 눈에 명확하게 보일 수도 있으니까요." 이는 당신이 지속적인 개선과 새로운 직원이 제공하는 가치 있는 정보를 중시한다는 메시지를 전달한다.

이때 '교육이 끝난 후'라고 강조하는 이유는 새로운 직원이 회사의 상황을 파악하기 전에 변화를 제안하지 못하도록 하기 위해서이다. 교육 초기에는 좋은 아이디어 같았지만 자신이 맡은 자리의 성격을 더 명확하게 이해하면서 생각이 달라질 수도 있다.

당신이 관리하는 모든 사람은 당신이 지속적인 개선에 진지한 입장임을 알아야 한다. 이는 새로운 아이디어에 부정적으로 반응할 가능성도 낮춰준다.

당신은 항상 "계속 이렇게 해왔는걸요."라며 스스로를 방어하는 사람들과 여러 가지 문제를 겪게 될 것이다. 이런 주장은 대개 '될 대로 되라'는 태도에서 나온다. 이런 말은 그 말을 하는 사람이 일이 왜 그렇게 되고 있는지 타당한 설명을 할 수 없거나 변화에 심각한 위협을 느끼고 있다는 것을 알려준다.

목표는 현실적으로 잡아라

교육 기간 동안에는 업무를 작은 부분으로 나눠 직무를 한 번에 하나씩 가르치는 것이 좋다. 전체 직무를 보여주면 새로운 직원은 압도되는 느낌을 받을 수 있다. 물론 우선은 해당 업무가 보다 넓은 범위의 운영에서 어떤 위치에 있는지를 비롯해 업무의 전체적인 목적을 설명해야 한다.

교육생이 업무를 시작한 후에는 도움 없이 얼마나 잘하고 있는지 파악할 수 있는 피드백 방법을 개발하는 것도 중요하다. 교육생은 교육 과정의 각 단계를 완료해나가면서 교육 담당자로부터 점진적으로 업무를 넘겨받아야 한다. 피드백 방법은 모든 직원에게 적용되어야 한다. 만족스럽지 못한 성과가 심각한 피해를 유발하기 전에 당신 눈에 띌 수 있도록 하는 체계가 개발되어야 한다. 이 과정은 팀장으로서의 성공에 대단히 중요하지만 이런 체계의 구축에는 엄격한 지침이 존재하지 않는다. 구체적인 운영 상황에 따라 큰 차이가 있기 때문이다.

피드백은 내부적이어야 한다. 불만을 느낀 클라이언트나 고객으로부터 직원의 실수에 대해서 듣는다는 것은 이미 늦었다는 의미이다. 문제가 당신이 책임진 영역을 떠나기 전에 바로잡아야 한다.

이 과정에 직원들을 참여시킬 수 있다면 훨씬 더 좋을 것이다. 퀄리티에 완벽을 기대하지는 말라. 그것은 비현실적인 목표이다. 당신 영역에서 수용할 수 있는 오차 범위가 어느 정도인지 결정하고 팀 전체가 그 목표를 이루고 넘어서기 위해 노력한다. 팀의 협력을 원한다면 목표는 반드시 현실적이어야 한다.

업무를 혼자 처리하게 된 새로운 직원은 자신이 어떤 기대를 받고 있는지 알아야 한다. 그들에 대한 최종적인 목표가 95퍼센트의 효율이라면 그들이 임시 목표를 파악하는 데 도움이 될 것이다. 30일 후에는 70퍼센트의 효율, 60일 뒤에는 95퍼센트의 효율, 90일 뒤에는 95퍼센트의 효율을 기대할 수 있을 것이다. 이는 일이 얼마나 어려운지에 따라 달라진다. 업무가 간단할수록, 최종적인 목표 퀄리티에 이르기가 쉬워진다. 일정표를 정해서 새로운 직원과 공유해야 한다.

　직원들에게 당신의 기대를 계속 알림으로써 그런 기대가 과정의 일부가 되도록 할 수 있다. 그들이 목표 수준의 효율성에 이르지 못할 것이 염려될 경우 교육 담당자에게 미리 알려서 함께 성과 개선의 길을 찾을 수 있게 해야 한다. 교육생이 당신과 교육 담당자가 징벌적이 아닌 선설적인 대응을 할 것임을 알게 해야 한다. 교육 과정 동안 새로운 직원이 당신과 교육 담당자를 규율을 내세우는 사람이 아닌 코치이자 지원자로 보게 해야 한다. 당신의 목표가 그의 성공임을 명확히 밝혀라.

　새로운 직원이 업무를 인계 받은 뒤에도 작업이 수용 가능하고 퀄리티 확인이 필요치 않은 정도에 이를 때까지는 교육 담당자가 그들의 일을 감독하도록 해야 한다. 발생한 모든 실수는 교육 담당자와 교육생이 함께 면밀하게 검토해야 한다. 교육 담당자는 새로운 직원을 공격하지 않으면서 잘못된 것에 대해 이야기할 수 있는 외교적 수완을 갖춰야 한다. 문제를 사람과 연결하지 말라. 교육 담당자는 "당신 또 실수를 했군요."라는 식으로 말을 해서는 안 된다. 대신 이렇게 말해야 한다. "아직은 100퍼센트가 아닙니다. 하지만 전 우리가 100퍼센트에 가까이 가고 있다고 생각해요. 당신 생각도 그런가요?"

교육을 끝맺으며 챙겨야 할 것들

언젠가는 수습 기간을 끝내야 한다. 대부분의 기업에서는 몇 주, 혹은 몇 달로 수습 기간을 정해두고 있다. 교육생이 도움 없이 일을 할 수 있는 능력을 보여주는 때가 당신이 교육생과 공식적인 면접을 다시 한 번 가져야 할 시점이다. 이는 신입 사원의 직장생활에서 하나의 단계가 완료되었음을 의미하므로, 팀장으로서 관심을 기울일 필요가 있다. 지금까지의 성장에 대한 만족감을 보여주고, 그 직원이 앞으로는 교육 담당자 없이 일을 할 것임을 알리고, 일의 질과 양 모두가 관리의 대상이 된다는 것을 보여줄 기회이다. 또한 직원의 첫 주가 끝나고 시작한 논의, 즉 일을 하는 방식을 개선하는 문제에 대해서 직원이 발견한 것들에 대한 논의를 계속할 좋은 기회이다. 아직 제안할 것이 없더라도 개선의 기회가 열려 있다는 것을 상기시키고, 직원의 제안에 당신이 진심으로 관심을 두고 있다는 것을 명확히 해야 한다.

교육 과정이 종료되는 때는 교육 담당자에게 인정과 보상을 주기에 좋은 시점이다. 교육 담당자가 일을 잘 해주었다면 그의 동료들에게 그 점을 알릴 기회를 찾도록 하라. 교육 담당자가 기존의 업무 외에 교육을 맡았다면 그 점에 대해 교육 담당자를 크게 칭찬해야 한다. 이로써 모든 팀원에게 추가적인 노력이 가치가 있다는 메시지도 줄 수 있다. 금요일 오후의 반차나 상품권과 같은 적절한 보상이 주어져야 한다.

- 많은 초보 팀장의 착각 중 하나는 자신이 모든 업무를 할 줄 알아야 한다고 생각하는 것이다. 하지만 팀장은 사소한 일까지 직접 책임질 필요가 없다. 성과에 대한 책임을 지면 된다.

- 회사를 떠나는 직원에게 후임자의 교육을 맡겨서는 안 된다.

- 팀장은 신입 사원에게 업무에 대해 세세하게 설명해줄 수는 없더라도 업무 기대치는 정확하게 설명해줄 수 있어야 한다.

- 팀장이 업무를 개선하기 위해 꾸준히 노력하고 있다는 사실을 팀원에게 알리면 새로운 아이디어에 대한 직원의 부정적인 반응이 줄어든다.

- 피드백은 반드시 사내에서 이루어져야 한다. 불만을 품은 고객을 통해 직원이 저지른 실수를 알게 된다면 이미 때는 늦은 것이다.

제14장

팀장이 변화를
주도해야 한다

•

팀장의 일 중에서 가장 중요한 하나는 변화를 효과적으로 관리하는 것이
다. 변화의 관리에는 변화를 받아들이고 지원하는 일, 팀원들이 변화에
저항하는 이유를 파악하는 일, 저항을 줄일 방법을 찾는 일이 포함된다.
이 모든 것을 할 수 있다면 팀장에게 가장 중요한 역량 중 하나를 숙달하
게 된 것이다.

본인부터 변화를 수용하라

조직에서 시작된 변화를 받아들이는 데 어려움을 겪는 팀장과 일해본

적이 있는가? 이런 유형의 팀장은 의견의 불일치를 공공연히 표현하고, 의사결정권자를 자신이 무슨 일을 하는지도 모르는 바보로 취급하며, 이런 변화의 대부분이 직원들에게 끔찍한 결과를 초래할 것이라고 당신을 설득하려 한다. 팀장의 입장에서는 심각한 실수이다. 직원들은 회사의 결정에 대한, 그리고 결국은 회사에 대한 신뢰를 잃게 된다.

팀장은 변화를 받아들이고 옹호할 준비를 갖추어야 할 뿐 아니라 자신의 의견과 일치하지 않는 변화도 받아들이고 지지해야 한다. 변화를 반기지 않는다는 점은 인정하는 것이 좋다(직원들은 이미 알고 있을 것이다). 하지만 변화를 적극적으로 지원할 것이고 직원들에게도 그런 지원을 기대한다고 말해야 한다.

예를 들어, 회사가 전사적 관제 시스템Enterprise Management System, EMS을 도입하기로 결정했지만 당신은 기존의 시스템으로 충분하다 생각하고 있다고 가정해보자. 새로운 결정을 지지하지 않을 때는 어떤 위험이 따를까? 첫째, 당신은 자신의 관점에서만 변화를 바라보고 있다. 회사의 다른 사람들에게 이익이 될 것을 당신이 깨닫지 못하고 있을 수도 있다. 둘째, 당신은 자신의 의견이 조직의 의견보다 중요하다는 메시지를 보내고 있다. 초보 팀장에게는 팀원들을 조직의 목표와 결정에 동조하도록 하는 것이 중요하다. 이상적인 그림은 당신이 의사결정 과정에 참여하고 고위 경영진이 당신의 생각을 묻고 당신의 의견에 귀 기울이는 상황일 것이다. 그렇다면 변화에 동의하지 않더라도 좀 더 순조롭게 변화를 수용할수 있을 것이다. 하지만 의사결정 과정에 참여하건 아니건 팀장인 당신은 회사의 정책, 절차, 규칙, 규제, 결정에 대한 당신의 지지를 적극적으로 알려야만 한다.

사람은 왜 변화에 저항하는가

제2장에서 언급했듯이, 대부분의 사람들은 본능적으로 변화에 저항한다. 심지어 직장에 확연히 좋은 변화가 도입되는 때에도 저항은 존재한다. 사람들은 무엇 때문에 변화에 그토록 저항하는 것일까? 사람들은 기본적으로 알지 못하는 것, 불확실성에 대응하는 것을 두려워한다. 변화는 일자리를 위협할 수 있다. 많은 사람이 자신에게 변화가 불러오는 책임을 수행할 역량이 없다거나, 애초에 변화가 도입되는 이유가 불분명하다고 생각한다.

변화에 대한 저항은 대단히 주관적이다. 사람마다 변화에 대한 역치가 다르다. 변화에 대해 안 좋은 경험이 있는 사람이나 변화가 위협으로 간주되는 환경에서 성장한 사람들은, 과거에 변화의 덕을 봤거나 변화를 포용하라는 교육을 받고 자란 사람보다 변화가 발생할 때 심하게 저항할 것이 분명하다.

변화에 대한 저항은 또 다른 방식으로도 주관적이다. 변화는 사람들에게 각기 다른 방식으로 영향을 준다. 예를 들어, 미셸은 발송하는 모든 소포에 대한 서류를 준비해두어서 필요한 경우 추적을 하거나 고객, 판매사, 영업사원 등이 질문을 할 때 빨리 대답을 할 수 있다. 브래드는 이렇게 하지 않는다. 그는 이것이 시간 낭비라고 생각한다. 회사가 모든 발송 소포에 대한 세밀한 기록을 요구하는 새로운 정책을 도입할 경우, 미셸은 동요하지 않을 것이다. 브래드는 이 새로운 '잡무'에 부정적인 반응을 보이고 모두에게 그 일에 대해 불평할 것이다.

팀원들의 저항을 줄이는 방법

팀의 저항을 완전히 없앨 수 있다고 생각하는 것은 현명치 못하다. 그보다는 저항의 정도를 줄이려고 노력하는 편이 보다 성공적일 것이다. 가장 좋은 전략은 직원들을 변화에 참여시키는 것이다.

무엇보다 가능한 많은 정보를 제공하는 것이 좋다. 변화에 대한 저항은 알지 못하는 것에 대한 두려움을 기반으로 하기 때문에 알지 못하는 것을 최소화시켜야 한다. 알지 못하는 것이 적을수록 저항은 줄어든다. 그렇다고 모든 정보가 잘 받아들여진다는 의미는 아니다. 하지만 팀원들이 반기지 않는 정보라도 정확한 정보를 갖고 있는 편이 정보가 없거나 부정확한 정보를 갖고 있는 것보다는 낫다. 모두 알고 있듯이, 사람들은 가능한 모든 방법을 동원해 정보를 수집하게 마련이다. 당신이 정보를 제공하지 않으면 팀원들은 다른 정보원을 찾을 것이고 그들이 찾은 정보는 부정확할 가능성이 높다. 팀의 정확한 정보원이 된다면 당신은 변화속에서 최선의 지침으로 인식될 것이다.

다음으로 변화가 왜 발생하는지 설명하고 그들에게 득이 되는 부분에 주목하게 해야 한다. 팀원들에게 전혀 득이 되지 않는 경우도 종종 있다. 변화의 결과로 고객이 혜택을 보거나 다른 부서가 승승장구할 수도 있다. 때로는 솔직하게 "이건 우리 팀에 도움이 되지 않겠지만 전체 조직을 더 성공적으로 만들 것이다."라거나 "모든 변화가 우리 팀에 득이 되는 것은 아니지만 다른 사람들이 혜택을 볼 것이다."라고 말해야 한다.

이후 팀원들에게 그룹이나 부서 내에서 변화를 어떻게 실행할지 질문하라. 더 많은 다른 사람들을 변화에 참여시킬수록 그들은 변화를 순조롭게 받아들일 것이다. 가장 저항이 심했던 직원이 변화에 참여한 후 가장 열렬한 지지자가 되는 경우도 있다. 처음부터 가장 저항이 심한 사람을 찾고 그들을 당신 편으로 만들도록 노력해야 한다. 그들의 지지가 있을 때 변화는 훨씬 쉽게 일어난다.

Check Point 14

- 팀장은 변화를 포용할 준비가 되어 있어야 하며, 스스로 변화를 주도해야 할 뿐 아니라 특정한 변화가 달갑지 않다 해도 회사가 결정한 변화를 받아들이고 이를 지지해야 한다.
- 변화에 대한 저항을 완벽하게 불식시키려 노력하기보다는 그 정도를 줄이기 위해 노력하는 것이 훨씬 더 바람직하다. 이때 최고의 전략은 직원을 변화에 참여시키는 것이다.
- 변화의 초기 단계에서 가장 저항이 심한 팀원을 팀장의 편으로 만들라. 그들의 지지를 얻게 되면 훨씬 수월하게 변화를 추진할 수 있다.

제15장

합리적으로
직원 문제를 해결하는 법

•

성과의 기준은 당신이 하고 있는 일의 종류에 따라 달라지며 관련된 업무의 다양성 때문에 같은 회사라도 부서에 따라 기준이 다를 수 있다.

당신이 관리하는 모든 직원은 자신에게 기대되는 성과 기준이 무엇인지 반드시 알아야 한다. 모호한 작업 기준으로 직원을 징계하는 것은 문제를 자초하는 일이다. 이런 조치는 그 과정에서 당신의 입지를 약화시키며 철저한 오해로 이어지기 쉽다. 성과 기준에 모호함은 통하지 않는다.

당신이 각 업무에 대한 기준을 설정하는 일을 만족스럽게 해냈다고 가정해보자. 아마도 그런 기준들은 직무기술서에 적혀 있을 것이다. 직무기술서는 그 업무에 적용되는 책임 요소를 나타낸다. 이로써 당신은 그 기준에 따라 개인을 평가할 수 있다. 이제 당신은 당신 팀 내에서 그 기준과 관련해 사람들이 어떻게 일을 하고 있는지 지속적으로 파악할 수 있는 방법을 가지고 있을 것이다. 고객이나 다른 부서의 불평이 없는 한은 어떤 성과든 용인된다는 식으로 일을 해서는 안 된다. 외부로부터 경고 신호를 받을 때쯤이면 이미 심각한 피해가 발생했을 수도 있다.

기대치를 인식시켜라

팀원의 성과에 대한 당신의 태도는 대단히 중요한 문제이다. 팀원들이 일에 처음 발을 들일 때부터 명확한 태도를 보여야 한다. 교육 과정 중이거나 후라면 직원은 자신에 대한 기대가 어떤 것인지 정확히 알아야 한다. 교육 기간 중에는 부여되는 업무의 질과 양이 낮을 것이다. 따라서 교육 기간 중에는 교육생의 실수가 부서 밖까지 미치지 않도록 상황을 관리해야 한다.

적절하고 효과적인 징계에는 피드백이 중요하다. 성과가 합의된 기준에 못 미칠 경우 당신이 빠르게 파악할 수 있도록 시스템을 설계해야 한다. 가능한 빨리 사실을 인지해 즉시 문제를 해결할 수 있어야 한다는 뜻이다. 이어지는 다음 글에서 공정한 징계 절차에 대해 다루기 전에, 다음과 같이 가정해보겠다. 당신은 성과에 대한 명확한 기준을 설정했으며 팀원들은 이를 충분히 인식하고 이해하고 있다. 또한 당신은 업무 성과가 기준치에 미달한다는 사실을 파악할 수 있는, 적절한 피드백 시스템을 갖추고 있다고 말이다.

문제는 성과이지 사람이 아니다

관리의 오랜 규칙 중 하나는 직원 징계가 사사로이 이루어져서는 안 된다는 것이다. 해고하는 경우라도 직원을 모욕해서는 안 된다. 문제는 성과이지 사람이 아니라는 것을 직원이 이해하도록 해야만 한다.

경험이 많고 적음을 떠나 대단히 많은 관리자가 미흡한 성과에 대한 논의를 인신공격으로 몰아간다. 대부분의 경우 악의적인 의도는 아닐 것이다. 이런 유형의 접근 방식은 충분한 심사숙고를 거치지 않고 나온다.

다음과 같은 말로 시작되는 논의는 형편없는 결과로 치닫는다.

"당신은 지나치게 실수가 많아요."
"대체 뭐가 문제죠? 당신처럼 일을 망치는 사람은 지금껏 본 적이 없어요."
"당신 성과는 기준에 한참 미달이라 뭐라 할 말이 없을 정도예요."

정말 터무니없는 말들이지만 이런 식의 공격이 직장에서 매일같이 벌어진다. 목표물은 맞혔을지 모르겠지만 이로써 당신은 문제를 필요 이상으로 악화시켰다.

이런 접근 방식을 직원들은 인신공격으로 느낀다. 공격을 받으면 자신을 방어하는 것이 당연한 반응이다. 직원의 방어벽은 분명 높아질 것이다. 이제 문제로 되돌아가려면 대화의 쌍방이 이 장벽들과 싸워야 한다. 직원들의 뜻을 선의로 해석하도록 하라. "우리 둘 다 당신의 성공을 바라고 있잖아요. 그러니 당신이 내고 있는 결과를 개선할 방안에 대해 이야기를 나눠볼까요."라고 말하면 좋을 것이다.

기준 미달의 성과는 일을 하는 방법을 오해한 결과로 보고 이를 해결하도록 한다. 직원이 교육 과정에서 놓친 것이 있을 수도 있고 이것이 시스템의 결함을 낳아 합의된 기준에 못 미치는 성과를 유발했을 수도 있다. 이런 접근 방식을 통해 직원에게 그 사람 개인이 아닌 성과에 대해 이야기하고 있다는 것을 알린다.

팀원이 먼저 말을 꺼내도록 하라

독백이 아니라 대화가 필요하다. 자기 말만 늘어놓는 팀장들이 많이 있다. 이는 보통 상대방의 분노로 이어진다. 직원이 대화에 참여하도록 해야 한다. 그렇지 않으면 문제를 해결하지 못할 가능성이 높다.

주의를 기울이고 선을 넘지 않도록 조심하라! 지나치게 배려하고 조심스러운 태도를 취하느라, 팀원으로 하여금 자신의 뛰어난 성과 덕분에 월급이 인상될 것이라 오해하고 의기양양 사무실을 나서게 만드는 팀장들이 있다. 팀원이 자신의 성과가 기준에 미달한다는 것을 반드시 이해하도록 해야 한다. 이때 말을 어떻게 하느냐가 대단히 중요하다.

팀원을 당신 사무실로 부를 때는 그가 마음을 편히 갖도록 해야 한다. 당신에게는 큰 문제가 아닌 것처럼 보일지도 모르지만 팀원은 상사의 사무실에 오게 된 것만으로도 겁을 먹을 수 있다. 따라서 상대를 편안하게 만들기 위해 가능한 모든 일을 해야 한다.

처음부터 팀원을 대화에 참여하도록 격려한다. 이런 식의 말로 대화를 시작하는 것이 좋다. "이제 우리와 일한 지 3개월이 됐죠? 이제는 성과에 대해서 얘기를 해야 될 때가 온 것 같아요. 알다시피, 나는 당신이 이 일을 잘 해내는 데 큰 관심을 갖고 있어요. 지금 일이 어떻게 진행되고 있다고 생각하나요?"

이런 접근 방식으로 기준에 부합하지 못하고 있는 팀원이 스스로 그 주제를 꺼내게 할 수 있다. 팀원이 기대되는 기준에 대해서 전혀 모르는 경우가 아닌 한, 특정한 기준에 부합하고 있지 않다는 사안에 놀라는 경우는 거의 없다. 혹 팀원이 그 점을 알지 못한다면 당신에게 정말로 심각한 문제, 즉 교육과 소통의 문제가 있는 것이다.

팀원이 상황을 설명할 때 당신은 대화의 방향을 기준이 충족되지 않은 문제 쪽으로 돌려야 한다. 예를 들어 "우리가 경험이 많은 직원들을 대상으로 정해둔 기준에 본인이 가까워지고 있다고 생각하나요?"와 같은 질문을 던지는 것이다. 팀원이 긍정의 답을 한다면 "당신이 경험 많은 직원과 같은 수준으로 업무를 수행하고 있다고 생각하나요?"라는 질문을 던져라. 여기서도 긍정적인 답을 한다면 그 팀원은 현실을 파악하지 못하는 것이다. 업무의 질에 대한 논의로 이어질 수 있는 반응을 얻을 때까지 이런 식의 질문을 계속해야 한다.

모든 방법을 동원해도 팀원이 핵심 주제에 이르지 못하면 당신이 직접 그 주제를 꺼낼 수밖에 없다. 계속해서 일이 잘 진행되고 있다고 이야기하는 팀원에게 "업무의 질에 대한 의견 잘 들었어요. 제가 보기에는 그렇지 않은데 말이에요. 우리 두 사람의 생각이 다른 이유가 뭘까요?" 이후 그 문제에 대해 논의한다.

대화를 진전시키면서는 직원이 무엇을 예상해야 하는지 파악하도록 해야 한다. 서로 합의한 내용에 대한 피드백을 받아 나중에 오해가 남지 않도록 하는 것도 중요하다.

대화의 결론을 문서로 기록하고 직원 파일에 넣는 것도 좋은 방법이다. 많은 팀원을 관리하고 있다면 특히 중요한 절차이다. 지금부터 6개월 뒤면 대화의 세부적인 부분을 기억하지 못할 수도 있으니 말이다.

태도에 대해 징계하는 어려움

직원 성과에 대한 문제 중에서 사람과 분리할 수 없는 것들이 있다. 직원 업무의 질이나 양에 대해 이야기할 때는 이 장에서 논의된 방법을 이용해 일에 대한 비판과 그 사람에 대한 당신의 견해 사이에는 차이가 존재한다는 것을 직원에게 분명히 알려야 한다. 하지만 태도에 관한 특정 문제에 있어서는 그 둘을 구분하는 것이 상당히 어렵고, 구분할 수 없는 경우도 많다.

일 처리는 만족스럽게 하지만 제시간에 출근하지 않는 직원이 있다고 가정해보자. 위에서 말한 사람처럼 성과가 만족스럽고 계속 함께 일하기를 원하지만 문제가 있는 직원을 징계하는 것은 만족스런 성과를 내지 못하는 직원을 징계하는 것보다 훨씬 어렵다. 이런 상황에서 일어날 일은 명백하다. 직원이 매일 늦게 출근하는 것을 허용하면 그 사람의 성과가 아무리 좋다 해도 출근 시간을 지키는 다른 사람들의 사기가 떨어지는 것을 막지 못할 것이다(유연 근무제를 사용하는 사무실에는 적용되지 않는다).

만족스런 성과를 올리는 직원과 이 문제를 이야기할 때 적합한 접근 방식은 모든 직원이 출근 시간을 지키지 않을 때 당신이 겪는 관리상의 문제를 설명하는 것이다. 그런 상황은 용인될 수 없다. 게다가 직원 자신이 문제를 만들고 있다. 이후 세부적인 사항에 대해 이야기를 하고 해결 방법을 찾기 시작한다.

해당 직원이 해결하기 어렵거나 해결이 불가능한 반복적인 문제를 겪고 있다는 것을 알게 될 수도 있다. 일반적인 사례로 육아 문제를 들 수 있다. 때로 보육 시설의 제한적인 정책이나 정책 변화로 직원이 제때 출근하지 못하게 되는 경우가 있을 수 있다. 아이가 아픈 경우, 아이를 다른 시설에 맡겨야 할 수도 있다. 아픈 아이를 맡길 곳을 찾지 못하면 직원은 제시간에 출근할 수가 없다. 직원의 근무 시간을 변경해 이런 종류의 문제를 해결해야 할 수도 있다. 출근 시간을 30분 늦추면 문제를 해결할 수 있을지도 모른다.

지각하는 직원의 문제를 더 자세히 살펴보기로 하자. 이런 일은 자주 발생해서 당신도 언젠가는 직면하게 될 문제이기 때문이다.

만족스럽게 업무를 수행하는 성실한 직원들 대부분은 당신의 지적에 긍정적인 반응을 보일 것이다. 해당 직원은 다음 열흘 정도는 제시간에 출근을 할 것이다. 이때 당신은 관리가 성공했다는 기쁨을 느낄지도 모르겠다. 하지만 압박감이 약해지면 이 직원은 다시 늦기 시작할지도 모른다. 이런 일을 가볍게 받아들이고 직원에게 예기치 못한 상황이 계속 발생했다고 생각해서는 안 된다. 모두가 매일 제시간에 출근하는 데 대한 당신의 기대를 팀원들 모두가 반드시 인지하고 있어야 한다.

처음의 대화 이후 또 그런 일이 발생하면 당신은 다시 그와 대화를 가져야 한다. 처음처럼 긴 시간을 투자해 모든 세부 사항을 다루는 대화일 필요는 없다. 최근의 지각에 타당한 이유가 있고 두 번째 대화 이후 대화가 더 필요하지 않을 수도 있다. 직원이 약 6개월 동안 늦지 않고 출근을 하는 정도에 이른다면 당신이 그 사람의 업무 패턴을 바꾸었기 때문에 심각한 문제는 사라졌다고 생각해도 틀리지 않을 것이다.

지각에 대한 직원 징계 상황만큼 어려운, 직원의 업무 시간 사용에 관한 사례를 살펴보자. 예컨대 당신이 한 컨설팅 회사에서 일한다고 해보자. 하급자인 켈리는 경영자 코칭 일을 한다. 그녀는 클라이언트의 회사로 가서 고위 경영자들과 일대일로 일을 하면서 그들의 경영 기술을 향상시키고 프로젝트 실행에 대해 조언한다. 그녀는 한두 달 동안 클라이언트사에서 일주일에 하루씩 근무를 한다. 당신은 클라이언트들로부터 항상 켈리에 대한 좋은 피드백을 받아왔다. 그녀는 항상 찾는 사람이 많다. 당신은 그녀를 최고의 직원이라고 생각한다.

이후 상황이 변한다. 좋은 평가를 주던 클라이언트와 새로운 클라이언트들로부터 점심시간 이외에는 5~10분이던 그녀의 휴식 시간이 한 시간 이상이 되고 있다는 피드백이 들어오기 시작한다. 이런 말을 들은 당신은 두어 주가 지난 후 켈리와 만나 그녀에 대한 불만이 접수되고 있다고 이야기한다. 그녀가 담당한 고위 경영자에게 소홀히 하면 그녀와 회사가 프로답지 않다는 평가를 받게 된다는 것과 클라이언트사는 그녀의 일에 큰돈은 지불하고 있음을 설명한다. 또한 클라이언트사의 경영자들은 그녀가 파견되는 시간을 기준으로 일정을 잡는다는 것도 설명한다.

켈리는 그렇게 긴 시간 휴식을 취했다는 것을 단호히 부정한다. 당신은 마음을 열고 그녀가 일과 연관된 것이든 개인적인 것이든 문제를 털어놓도록 하기 위해 노력하지만, 그녀는 계속해서 모든 것이 완벽하며 그렇게 긴 휴식 시간을 가지는 것은 상상도 할 수 없다고 말한다. 당신은 행동 계획을 만든다. 5~10분의 시간이 필요할 때(그녀는 흡연자이다) 클라이언트에게 고지하고 시계를 본 뒤 현재 시간이 몇 시인지 몇 시에 돌아올지 이야기하기로 정한다.

당신은 문제가 해결됐다고 생각했지만 아니었다. 클라이언트들로부터 계속 같은 불만이 제기된다. 켈리와 몇 번 더 대화를 가졌지만 아무 소용이 없다. 당신은 이야기할 상대가 필요하다면 회사가 비용을 지불하고 외부 상담사를 찾아가는 것이 좋겠다는 제안까지 한다. 그녀는 당신의 제안을 거절한다. 같은 행동이 되풀이된다. 당신은 마지막 기회를 준다. 같은 문제로 불만이 다시 접수되면 그녀를 해고하겠다고 이야기한다. 불만이 몇 건 더 접수되었고 켈리는 해고된다.

많은 사람이 위 사례를 관리 기술의 실패로 본다. 하지만 그렇지가 않다. 모든 인사 문제가 조정을 통해 해결될 수 있는 것은 아니다. 여기에 제시된 사례에서 당신은 상황을 바로잡기 위한 모든 일을 했다. 켈리가 어떤 문제를 갖고 있는지 털어놓을 자리를 마련했고, 그녀가 따를 행동 계획을 만들었고, 그녀에게 행동을 변화시킬 기회를 여러 번 줬다. 당신이 한 조치가 모두 효과가 없었기 때문에 유일한 해법은 다른 사람으로 그녀의 자리를 채우는 것이었다. 그녀는 과거에 귀중한 직원이었지만 어쩔 수 없었다.

기타 다루기 힘든 문제들

　업무와 관련되지 않은 일을 하면서 인터넷 서핑에 지나치게 많은 시간을 보내는 직원, 계속해서 점심시간을 넘기는 직원, 무단으로 결근하는 직원 등 비슷한 성격의 다른 문제들도 있을 수 있다. 당신은 노동을 착취하는 입장에 있는 것도 아니고 누구나 가끔은 문제를 겪는다. 중요한 것은 당신과 조직의 입장에서 관리가 필요한 문제를 일으키는 상습범을 효과적으로 처리하는 것이다.

　팀장이 다루기 가장 힘든 문제 중 하나는 개인의 위생 문제이다. 예를 들어 당신 부서에 불쾌한 냄새를 풍기는 젊은 여성이 있다고 가정해보자. 다른 직원들은 뒤에서 그녀에 대해 이야기를 하고 있다. 더 큰 문제는 사람들이 그녀를 피하고 있다는 점이다. 이것은 받아들일 수 없는 문제이다. 그녀와의 잦은 소통이 필요하기 때문이다. 이렇게 그녀의 체취가 업무상의 문제로 발전했기 때문에 당신이 나서야 한다.

　직접 나서기보다는 인사팀의 누군가가 그 직원에게 이야기를 하도록 하는 것이 좋다. 곤란한 상황을 피하기 위해서가 아니라 그 여성이 당신을 볼 때마다 계속 그 불편한 대화를 떠올리게 되는 곤혹스런 상황에 처하지 않기 위해서이다. 인사팀의 다른 사람에게 일터와 먼 곳에서 그녀에게 이야기를 하도록 함으로써 문제를 해결하고, 그 문제 이외에는 만족스런 해당 직원도 지킬 수 있다. 이런 민감한 문제에서 큰 당혹감을 줄 경우 직원을 잃을 수도 있다.

성과 개선을 위한 간단한 도구

문제 직원에게 성과 개선에 필요한 것이 무엇인지 명확하게 파악하게 하는 간단하지만 효과적인 도구가 있다. 상황이 좋지 않을 때에는 완벽한 명확성이 특히 중요하다. 가장 큰 효과를 내기 위해서는 팀원과 일대일 만남을 갖는 동안 이 도구를 활용하는 것이 좋다.

백지 한 장만 있으면 된다. 보통의 복사지면 충분하다. 봉투에 넣을 때처럼 종이를 3분의 1로 접었다 편다. 접힌 부분에 가로선을 그린다. 이제 당신 앞에는 비슷한 크기의 세 부분으로 나뉜 백지가 있다.

팀원에게 그를 위한 개선 계획을 만들 것이라고 설명한다. 가장 윗부분에 '강점'이라고 적는다. 중간 부분에는 '개선이 필요한 영역', 맨 아래에는 '목표'라고 제목을 적는다. 이제 팀원에게 세 부분을 채우는 것을 도와달라고 요청한다. 당신은 각 부분에서 당신이 원하는 바를 잘 알고 있어야 하지만 팀원의 의견도 중요하다. 팀원이 귀중한 인사이트를 제공할 수 있다.

팀원의 의견을 바탕으로 계획을 만든다. 팀원의 제안을 적절히 거르는 것이 당신이 할 일이다. 당신이 동의하지 않는 것을 팀원이 제안할 경우 그의 제안을 대화의 촉매로 사용하라.

팀원은 팀 내에서 일을 잘하는 능력이 자신의 강점 중 하나라고 말하지만 당신은 그렇게 생각지 않는다고 가정해보자. 당신은 "왜 그렇게 말했는지 얘기해줄 수 있어요?"라고 말할 수 있다. 그의 말로 당신의 견해가 바뀔 수도 있고 그렇지 않을 수도 있다. 그렇지 않다면 당신의 관찰과 동료들의 피드백을 근거로 팀 내에서 효과적으로 일하는 능력을 '개선이 필요한 영역'에 넣고 싶다고 말한다. 건설적인 어조를 유지하고 이 활동의 목표가 그의 성공을 돕는 것임을 강조한다. 성공을 위해서는 직원이 자신이 해야 할 일이 무엇인지 정확하게 이해하고 있어야 한다.

개선이 필요한 영역을 확인한 뒤에는 이 문제들과 관련된 구체적인 목표를 목표 영역에 넣는 데 합의한다. 예를 들어 팀이 진행하는 사업이 종료될 때마다 익명의 동료 평가를 진행해 5점 만점에 3.5점을 얻는 것 등으로 말이다. 각 목표는 목표 달성의 일자가 정해져 있어야 한다.

목표는 오해의 여지가 남지 않도록 단순하고 명확하게 설정한다. 최소 과실률이나 최대 누락일 등으로 가능한 한 정량화시킨다.

개선이 필요한 영역을 평가할 때 자신에게 대단히 엄격한 태도를 고수하면서 강점을 확인하는 것을 주저하는 직원도 종종 있다. 그런 직원은 흔히 당신이 생각지 못한 주제를 꺼낸다. 이 경우 당신이 잘 이끈다면 위협적이지 않은 건설적인 대화가 될 수 있다.

물론 이 활동에서 가장 중요한 부분은 목표이다. 목표를 통해 직원은 합의된 시간 안에 자신이 달성해야 할 것이 무엇인지 명확하게 파악할 수 있다.

계획에 대한 합의가 이루어지면 당신과 직원이 종이 하단에 날짜를 적고 서명을 한다. 이제 직원에게 사본을 주고 진전을 검토하기 위해 만날 날짜와 시간을 구체적으로 정한다. 다음 만남은 한 달 이내에 이루어져야 한다. 상황이 특히 심각하다면 그보다 빠른 시간 안에 만날 것을 권한다.

이제 상황은 한결 수월해졌다. 두 사람이 다시 만났을 때는 직원이 개선되고 있는지 훨씬 분명하게 알 수 있을 것이다. 목표와 성과를 검토하는 것은 직관적인 과정이 될 것이다. 이상적이라면 직원이 모든 목표를 달성했을 것이다. 그렇더라도 이런 과정을 한 번 더 밟아서 해당 팀원이 궤도에서 이탈하지 않도록 해야 한다. 두 번째에도 모든 목표를 달성했다면 세 번째 과정을 거치는 것도 좋다. 다만 이번에는 만남 사이의 간격이 더 길어질 것이다.

직원이 개선을 보인다면 만남의 간격을 늘린다. 개선이 되지 않거나 악화된다면 기간을 단축한다.

개선 계획을 몇 차례 업데이트 하고 후속 만남을 가진 후에도 충분한 진전을 볼 수 없다면 당신이 취할 행동은 명확하다. 그 직원은 지금의 자리가 역량에 맞지 않는다는 것을 분명히 보여준 것이다. 그 때문에 이것을 강력한 도구라고 하는 것이다. 정확히만 사용한다면 이 방법은 오해의 여지를 남기지 않는다. 개선을 보이는 팀원도 있고 진전이 필요한 팀원도 있다. 이 방법을 통해 직원의 성과가 충분히 개선되지 않을 경우 다른 것을 시도해볼 필요가 있다는 깨달음을 얻을 가능성이 상당히 높아진다.

경고는 미리미리

매우 만족스러운 실적을 내던 직원의 성과가 급격히 악화되었다고 가정해보자. 당신은 이 문제에 대해 해당 팀원과 지속적으로 소통을 하고 있다. 당신은 이 팀원을 해고하는 것은 원치 않는다. 하지만 팀원이 당신의 말을 진지하게 받아들이지 않고 있다는 것을 알게 됐다. 이런 상황에서는 그 해의 급여를 동결하고 그 이유를 충분히 설명하는 것이 좋다. 팀원에게 성과가 개선되지 않으면 급여 인상이 없다는 것을 미리 알려야 한다. 그런 경고를 하거나 그런 조치의 가능성을 언급한 뒤에는 반드시 말을 지켜서 신뢰를 잃지 않도록 해야 한다. 바로 지금이 위에서 설명한 개선 계획 과정과 일대일 만남의 방법을 사용할 때이다.

당신이 사용할 수 있는 다른 징계 방법으로 직원의 지위를 임시 채용 상태로 바꾸는 것이 있다. 그 사람의 성과 악화가 반드시 교정되어야 하며 그 직원에게 일을 바로잡을 모든 기회를 주고자 한다는 점을 명확히 밝혀라. 기준에 못 미치는 성과를 계속 허용할 수 없다는 것을 분명히 해야 한다. 직원 지위를 임시 채용 상태로 바꾸는 것은 그 직원의 일자리가 위험에 처해 있고 성과의 개선이 반드시 필요하다는 것을 더없이 명확하게 하는 조치이다.

회사에 새로 들어온 직원은 회사의 기본 정책에 따라 혹은 개별 사례에 따라 임시 채용 상태로 일을 시작하는 경우가 많다. 많은 기업이 90일간의 수습 기간을 둔다. 이 기간 동안 만족스런 성과를 보인 직원은 수습 사원 신분에서 정직원으로 지위의 변화가 일어난다. 수습 기간을 성공적으로 마친 것을 인정해서 급여를 약간 인상하는 것이 관례이다. 그 시점에서 성과가 미흡하다면 직원은 해고를 예상해야 한다. 다시 말하지만 직원이 그 결정에 놀라는 상황이 만들어져서는 안 된다. 그런 상황이 발생했다는 것은 당신이 직원과의 소통을 잘 해내지 못했다는 의미이다.

- 애매한 성과 측정 기준에 근거해 직원을 징계하면 안 된다. 공정한 성과 측정 기준을 마련하는 것이 무엇보다 중요하다.

- 적절하고 효과적으로 징계를 하는 데는 피드백이 결정적으로 중요한 역할을 한다. 업무 성과가 기준 미달이라면 문제의 즉각적인 개선을 위해 이런 사실을 신속히 직원에게 알려야 한다.

- 징계를 내리더라도 직원을 모욕해서는 안 된다. 팀장이 직원 개인이 아닌 업무 성과를 거론하고 있다는 사실을 팀원이 알게 해야 한다.

- 형편없는 업무 성과를 이유로 직원을 징계하기 전에, 먼저 직원이 회사가 설정한 기대치를 확실히 인지하고 있는지 확인하라.

- 팀장이 상황을 바로잡기 위해 모든 조치를 취했음에도 불구하고 팀원의 행동이 개선되지 않는다면 최후의 해결책을 고려해야 할 것이다.

제16장

최후의 수단은
정당해야 한다

•

팀장의 기억에 영원히 남을 한 순간이 있다면 팀원을 처음으로 해고해야 했던 때일 것이다. 절대 유쾌한 일은 아니다. 해고는 하는 쪽이나 당하는 쪽 모두에게 충격적인 경험이다. 그동안 당신이 일을 제대로 했다면, 이는 해고 통지서를 받아 들 사람에게 전혀 예상치 못한 상황은 아닐 것이다. 평소 해당 직원과 마음을 터놓고 소통했고 그를 성과 개선 과정에 참여시켰다면 자신의 역량이 그 자리에 미치지 못한다는 점을 깨달았을 테니 말이다. 이 과정을 세부적으로 논의하기 전에 기본적인 사항들을 살펴보자.

첫째, 직원이 부정직하거나 폭력적인 경우가 아닌 한 갑작스런 해고는 용인되지 않는다. 대부분의 기업은 즉시 해고가 적용되는 사안에 대한 엄격한 지침을 갖고 있다.

둘째, 화가 났을 때 충동적으로 해고를 논해서는 안 된다. 설령 팀원이 당신을 견딜 수 없을 정도로 자극하여 '누가 위에 있는지 보여주고 싶은' 마음이 들더라도, 감정에 무릎을 꿇어서는 안 된다. 이때 굴복한다면 결국 후회하게 될 것이다.

이 장을 읽는 당신은 해고에 들이는 시간과 고민조차 아까운 특정인들을 떠올릴지도 모르겠다. 그렇다면 관점을 전환하라. 누군가를 해고하는 것은 관리자의 가장 중요하고도 어려운 책무 중 하나이다. 그 일을 잘 해내는 데 시간을 투자하는 이유가 자신의 역량을 향상시키기 위해서라고 생각하라.

대부분의 기업들은 해고 절차에 대한 지침을 갖고 있다. 해고 절차에 대해 잘 모른다면 당신의 상사나 인사팀에 문의하라. 과도한 성급함으로 실수를 범하는 것보다는 과도한 신중함으로 실수를 하는 편이 훨씬 낫다. 간혹 왜 저 사람에게 아무런 조치가 취해지지 않고 있는지, 사무실에 있는 모든 직원들이 의아해할 때까지 절대 해고는 하지 않겠다는 철학을 갖고 있는 팀장들도 있다. 하지만 이런 접근 방식을 취하는 팀장은 조직을 잘 관리하고 있다고 볼 수 없다.

정량적 기준에 근거하라

당신이 관리직에 있는 동안 직면하게 될 해고의 상황은 주로 성과 부진이나 회사 기준에 부합하지 않는 직원의 무능력 혹은 자발성의 부족과 관련 있을 것이다. 때로 직원이 그 자리에 어울리지 않는 경우도 있다. 당신의 노력에도 불구하고 직원을 애초에 잘못 채용했거나 잘못 승진시킨 경우도 있다. 교육 기간에는 만족스러운 성과 수준에 이르렀지만 이후 직무에서 요구하는 성과 수준까지 발전하지 못하는 경우도 있다.

문제가 있는 직원을 두고 해고를 먼저 떠올려서는 안 된다. 해고와 채용은 비용이 많이 드는 일이다. 성과가 부진한 직원을 어쩔 수 없이 내보내야 할 때는 퇴직금, 재취업 시가지의 보험 혜택, 전직 지원 등 해고에 따르는 비용이 발생한다. 그 외에도 그 사람을 대체할 인력을 구하는 데 시간을 할애해야 한다. 따라서 그 직원의 성과를 수용되는 수준까지 끌어올리기 위해 가능한 모든 일을 하는 것이 우선이다.

처음에는 교육이 잘 이루어졌고 직원이 업무 내용을 명확하게 이해했다고 만족했을지 모른다. 그렇다면 어떤 문제가 있었던 것일까?

먼저 직원의 적성 검사, 입사 지원서, 기타 초기 채용 자료를 다시 살펴 놓친 것이 있는지 확인해야 한다. 해당 직원과 만나 현재의 성과 수준, 요구되는 성과 수준, 또한 거기에 이를 방법을 논의한다. 그에게 개선의 여지가 있는지 아니면 그가 기존의 성과를 수용 가능한 수준으로 보는지 평가한다.

이 단계에서는 두 가지 결과 중 어떤 것으로 나아갈지를 결정한다. 첫 번째 가장 바람직한 결과는 어떻게든 그의 성과를 끌어올려 함께 일하는 것이다. 두 번째 결과는 그가 설령 해고되더라도 감사한 마음을 갖도록 하는 것이다.

이런 결과를 만들어내는 데 가장 중요한 것은 소통이다. 이 경우에는 매우 직접적인 소통이 필요하다. 직원에게 그의 자리가 위태롭다는 것을 명확하게 알려야 한다. 완곡한 어법을 사용할 때가 아니다. 또한 당신은 누구보다 그의 성공을 바라며 그가 노력한다면 지원을 아끼지 않겠다는 점을 분명히 표현하는 것도 중요하다.

지금은 목표와 합의된 행동 계획을 문서로 남겨야 할 때이다. 대단한 건 필요치 않다. 종이 한 장이면 충분하다. 당신과 직원은 성과 개선을 위해 취할 단계에 합의하고, 그것을 조치가 마무리되는 날짜와 함께 적는다.

모호하지 않고 명확해야 한다. "허용되는 일일 평균 실수의 횟수는 다섯 번이다. 이달 말에는 그 기준을 일일 세 번으로 줄일 것이다." 이런 정확한 명시는 두 가지 목적에 부합한다. 직원이 목표를 달성할 경우 문제를 해결하고 직원을 내보내지 않을 수 있다. 실패하면 최후의 절차를 시작할 준비를 갖추게 되는 셈이다.

행동 계획에는 추가적인 교육 시간, 멘토 배정, 비슷한 자리에 있으면서 특별히 성과가 높은 다른 사람을 하루 동안 관찰할 기회 등과 같은 것들을 포함시킬 수 있다. 기록으로 남기는 목표는 구체적이어야 한다. 성과의 정량적 수준과 달성해야 할 일자를 포함시킨다.

여기 대화가 끝나기 전에 해야 할 일이 세 가지 더 있다.

1. 사본을 만들어 직원이 서명을 하고 가져가도록 한다.
2. 두 사람이 진전에 대해 논의하기 위해 다시 만날 정확한 일자와 시간을 정한다.
3. 직원이 도움을 원할 경우 그전에 언제든 이야기를 들을 준비가 되어 있다는 것을 알린다.

해당 직원과의 다음 만남은 가까운 시일 안에 이루어져야 한다. 한 달을 넘기지 않도록 한다. 다음 만남에서는 행동 계획과 목표의 리스트를 업데이트하고 직원의 서명을 받는다. 이때 다음 만남의 일자와 시간을 미리 정해야 한다.

개선이 없다면, 다음 만남 때까지의 시간을 단축해야 한다. 진전의 징후를 보인다면 다시 만날 때까지 시간을 좀 더 주는 것이 좋을 수도 있다. 이 과정은 직원이 기준에 부합하는 성과를 올리거나 해고될 때까지 계속된다.

이 과정이 이어지면 결국 두 가지 중 하나의 결과가 나온다. 미흡한 직원의 성과가 적정한 수준으로 개선될 수도 있고 그렇지 않을 수도 있다. 성과가 개선되지 않는다면 당신은 그리고 아마도 직원 역시 그가 현재의 자리에 적합하지 않다는 점을 명확히 알게 될 것이다. 이 과정에 들인 시간은 그만한 가치가 있다. 이제 그를 내보내야 한다는 것이 확실해지기 때문이다. 직원에게도 그가 그 자리와 맞지 않는다는 점을 분명히 알리는 효과가 있을 것이다.

그에게 더 잘 맞는 자리를 찾도록 돕는다는 측면에서 본다면 결국 해당 직원을 내보내야 할 때 당사자로부터 '감사의 인사'를 듣게 될 것이다. 이런 당신의 노력을 통해 다른 팀원들은 당신이 모든 팀원의 성공을 위해 최선을 다한다는 것을 느끼게 될 것이다.

팀원들에게는 계속 정보를 제공해야 한다. 거기에는 그들이 일을 잘하고 있을 때 인정해주는 것도 포함된다. 특별히 지적을 한 게 없으니, 자기가 잘하고 있다는 사실을 어련히 알리라 생각하는 팀장들이 너무나 많다. 하지만 보통은 그렇지가 않다. 직원들은 당신이 자신들에게 관심을 두지 않는다고 생각할 것이다.

팀장 스스로 던져야 할 질문

해고를 고려하는 것은 성과를 끌어올리거나 적절한 기준에 부합할 희망이 전혀 혹은 거의 없는, 만족스럽지 못한 직원이라는 완벽한 확신이 선 다음이어야만 한다.

문제 직원을 다루는 데는 다른 다양한 대안들이 존재한다. 해고의 마지막 난계를 밟기 선에 스스로에게 다음의 질문을 던져보라.

- 이 직원이 당신의 팀 내 현재 비어 있는 다른 자리를 맡을 수 있는가?
- 다른 영역에서 충원이 필요할 경우, 이 직원이 그 자리에서 회사에 기여할 수 있는가?
- 지금의 상황은 직원이 맞지 않는 자리에 고용된 경우는 아닌가? 다른 곳에 유용할 수 있는 직원을 해고한다면 회사에 해가 되지 않을까?
- 당신 회사는 직원이 오명을 쓰지 않고 다른 영역으로 옮겨갈 수 있을 만큼 규모가 큰 회사인가?

직원이었던 사람이 회사를 나가면 그는 회사의 입장에서 일반 대중이 된다. 회사의 대외적 호감도를 실추시키지 않는 방식으로 이 상황을 처리할 수 있을까?

직원이 해고를 원치 않았던 상황이더라도 절차를 정당하게 진행해서,

직원으로 하여금 자신에게 충분히 기회가 주어졌고 팀장에게는 더 이상의 선택지가 남지 않았다는 점을 인식하며, 결국 그 자리가 자신의 재능과 부합하지 않는다는 점을 깨닫게 해준 당신에게 감사의 인사를 하게 만들 수 있는가?

겁쟁이가 되어서 누군지 확실치도 않은 윗사람들에게 책임을 전가하는 다음과 같은 팀장의 말을 들어보라. "내가 보기에 하루에 다섯 번의 실수는 그리 나쁘지 않아. 하지만 '위에서'는 실수를 세 번으로 줄이지 않으면 나더러 자네를 내보내라는 거야." 이런 말은 당신이 꼭두각시에 불과하다는 뜻이다. 위에서 조종하는 대로 움직일 뿐 당신 자신의 의지는 없다는 것을 의미할 뿐이다.

성과가 미흡한 직원의 결과를 문서로 남기는 것 또한 대단히 중요하다. 물론 모든 직원이 대상이 되어야 한다. 회사에 공식적인 성과 평가 체계가 있다면 적절한 보호를 받을 수 있을 것이다.

기록은 중요하다. 해고당한 직원이 회사를 상대로 소송을 제기하는 일이 많아지고 있기 때문이다. 스스로에게 이렇게 자문해야 한다. "해고를 할 수밖에 없다면, 이 결정이 옳다는 것을 완벽하게 입증할 수 있을까?"

유연성과 일관성

지나친 결근 때문에 해고해야 하는 직원도 있을 것이다. 회사마다 병가 지침이 다 다르기 때문에 어느 정도의 결근을 수용해야 하는지를 정하는 것은 불가능하다. 월 1일의 월차나 누적해서 연간 12일의 연차를 허용하는 고정 지침을 갖고 있는 회사가 있는가 하면, 개인의 상황을 기준으로 팀장의 재량을 허용하는 회사도 있다. 이런 방법은 엄격한 규칙을 따라야 하는 경우보다 관리하기가 어렵다.

공식적인 지침이 없는 경우 회사 전체에 일관적이지 못한 결정이 내려질 심각한 위험이 있다. 예를 들어 너그러운 팀장은 거의 모든 결근을 수용하고 유급으로 처리하는 반면, 다른 팀장은 더 엄격하고 결근일의 급여를 공제할 수 있다. 공식적인 지침이 없다는 것은 부서들과 팀장들 사이의 커뮤니케이션이 원활하다는 것을 전제로 해야 하며, 이때 회사 전체에 걸쳐 거의 같은 기준이 적용된다는 것을 보장해야 한다.

조직 변동으로 인한 감축

인수와 합병, 다운사이징 등의 조직 변동은 흔히 벌어지는 일이다. 이런 경우 회사는 인수나 합병으로 인한 변동은 없을 것이라 공언하지만 얼마 지나지 않아 인사이동이 뒤따르기 마련이다. 조직 개편이 있고 일부 직원은 해고된다. 인수 이후 사람들 사이에서는 자리를 지키기 위한 싸움이 벌어진다. 살아남는 사람도 그렇지 못한 사람도 생긴다. 살아남지 못한 사람이 꼭 자리에 적합하지 않은 사람은 아니다. 모기업에 포지션이 겹치는 이가 있거나, 기존에 조직에서 너무 높은 위치에 있었거나, 연봉이 너무 높아서 해고되는 경우도 있다.

인수나 합병의 상황에 처했다면 모회사가 인간적이길 바라는 수밖에 없다. 사람들을 내보내야 한다면 이 사람들에 대한 책임을 인정하는 방식을 사용해야만 한다. 적정 기간 동안 급여를 계속 지급하고, 새로운 자리를 찾는 동안 사무 공간을 지원하고, 개인적인 경력 상담을 제공하는 것 등이 충격을 완화하기 위해 사용할 수 있는 방법들이다.

이런 상황에서 팀장인 당신이 뭔가 새롭고 좋은 소식을 팀원에게 전달하게 될 가능성은 거의 없다. 도리어 해고할 사람을 당신이 택해야 하는 상황에 처할 수도 있다. 직원의 10퍼센트를 감축하라거나 급여의 20퍼센트를 삭감하라는 지시가 내려올 수도 있다. 성과와 아무 관련이 없는 때가 많기 때문에 더욱 어려운 결정이다. 당신이 할 수 있는 일은 그 작업을 가능한 인간적인 방식으로 하는 것뿐이다.

이런 바람직하지 못한 과제에 직면했을 때는 모든 결정 이후 남아 있게 될 직원에 초점을 맞춰야 한다. 이 직원들은 당신이 떠나는 팀원을 대하는 방식을 면밀히 관찰할 것이다. 조직의 정책이 허용하는 한 가능한 사려 깊고 인간적인 태도를 취함으로써 떠나는 직원의 기여를 높이 평가하고 있다는 메시지를 보내야 한다. 이런 태도는 팀에 남게 될 직원의 기여에도 가치를 두고 있으며 장기적으로 해고가 미칠 부정적 영향을 최소화하겠다는 강한 의지도 전달할 수 있다.

이 경우 인원 감축이 기업 인수의 결과임을 모두가 알고 있기 때문에 당신도 해고를 거기에 결부시킬 수 있을 것이다. 이로써 최소한 떠나는 사람들의 체면을 세울 수 있다. 자리를 지킬 수 없는 경우에는 체면을 지키는 것이 얼마간의 위로가 된다. 당신이 가진 영향력을 최대한 발휘해서 조직이 이 사람들에게 도움을 줄 수 있도록 해야 한다.

내보낼 직원을 고를 때 연공서열에 따르는 것은 좋은 방법이 아닌 경우가 많다. 하지만 많은 기업들이 '공정성'을 위해(그리고 소송을 피하기 위해) 이 방법을 사용한다. 가장 최근에 고용한 사람을 먼저 해고한다면 최소한 아무도 그 시스템이 개인의 신상 문제와 얽혀 있다는 불평은 하지 않을 것이기 때문이다.

다운사이징 역시 직원들을 공포로 몰아넣는 단어이다. 이에 대해서 정확하게 할 수 있는 말은 항상 바람직한 결과를 얻지는 않는다는 것뿐이다. 우리가 이야기할 것은 두 가지 기본적인 요소, 즉 직원으로서의 생존과 팀장으로서 당신에게 요구될 수 있는 역할이다.

이런 상황에서는 당신에게 조언해줄 상사마저 자기 생존을 염려하면서 당신을 지켜볼 판이다. 구조조정이 주는 불안감은 조직 전체에 영향을 미친다. 자신만은 다운사이징이라는 바이러스에 면역이 있다고 생각했던 많은 관리자와 중역들도 큰 충격에 휩싸인다.

최선의 조언은 "당신이 식은땀을 흘리는 모습을 직원들에게 보여주지 말라."는 것이다. 자신의 능력에 자신감을 가지도록 하라. 당신의 생존에 대한 질문은 당신 상사에게 쌓여 있는 많은 문제 중 하나에 불과하다. 상관의 사무실로 가서 당신의 생존 전망에 대해 알아내려고 하는 대신 다른 접근법을 취하라. "힘든 시간이 되리라는 것을 알고 있습니다. 할 수 있는 한 최선을 다해서 도와드리고 싶다는 제 마음을 알아주셨으면 합니다."라고 말하는 게 어떨까?

다운사이징 중에 당신의 생존을 보장해줄 수 있는 사람은 없다. 하지만 당신이 자기 자리를 놓고 징징대면서 상사의 어깨에 짐을 더 얹어주기보다는 해법의 일부가 되는 편이 생존 확률을 높일 것이다.

팀장인 당신은 결국 사람들에게 일자리를 잃게 되었다는 안 좋은 소식을 전해야 한다. 앞선 논의들이 여기에도 적용된다. 남게 될 직원들이 당신의 행동을 주시한다는 점을 명심하고 해고를 위한 개인적인 접촉에 대한 인간적인 방법을 찾는 것이 중요하다.

설령 살아남는다 해도 일자리를 지켜내지 못한 많은 친구와 동료들 때문에 자신의 행운을 행운으로 느끼기 힘들 것이다. 생존에 대해서 죄책감을 느낄 수도 있다. 이것은 인간적인 팀장의 지극히 자연스러운 반응이다.

떠나는 직원에 대한 배려

지금까지 우리는 해고에 이르는 상황들에 대해서 이야기했다. 이제는 해고 과정에서 당신이 통제할 수 있는 시점에 초점을 맞추기로 하자.

대부분의 팀장들은 이 드라마를 금요일 오후 늦게 무대에 올리는 것을 선호한다. 근무 시간이 끝나면 모든 동료들이 사무실을 떠난다. 해고될 직원이 자리를 즉시 비워줘야 할 경우라면 이 시간을 택함으로써 다른 사람들 앞에서 '자리를 정리하는' 굴욕을 맛보지 않게 할 수 있다. 또한 해당 직원은 주말을 이용해서 다른 일자리를 찾을 준비를 하고, 실업수당을 신청하고, 필요한 일을 처리할 수 있다.

해고 시점까지의 미지급금은 면담이 끝난 후 그에게 즉시 지급되어야 한다. 해고만으로도 큰 정신적 충격이다. 마지막 월급이 언제 입금될지 걱정하는 것은 괴로움을 가중시킬 뿐이다. 퇴직금(회사 정책으로 정해져 있다면) 역시 동시에 지급해야 한다. 사용하지 않은 연차나 월차도 계산에 넣어야 한다.

상대의 입장에 서야 한다. 당신이 최선을 다해 노력했음에도 불구하고 그는 여전히 부당하다고 느낄 수 있다. 미지급금을 모두 받을 때까지 그는 "변호사를 고용해서 돈을 다 받아내야겠어!"라고 생각할지도 모른다. 모든 문제를 미리 처리해서 직원이 이런 생각을 하지 않도록 만들어야 한다.

떠나게 된 직원에게 보여야 할 배려가 하나 더 있다. 그를 해고하겠다는 계획을 가능한 비밀에 부쳐야 한다. 물론, 인사팀이나 총무팀에서는 알아야 한다. 하지만 꼭 필요한 관리직 직원 외에는 그 문제를 비밀로 해야 한다.

이 드라마의 마지막 장면은 팀장인 당신에게 가장 불편한 시간일 것이다. 긴장이 극에 달한 마지막 면담 때문이다. 이 면담은 단 두 사람 사이에서 이루어진다. 단 해고당한 직원이 무례한 행동을 할 수 있다는 염려가 든다면 이 면담에 다른 동료를 포함시킬 수 있다. 인사팀 직원이나 동료 팀장이 좋은 후보이다. 면담의 내용이 쟁점이 될 가능성이 있을 때도 이런 식으로 제3자를 참여시킨다. 동료와 함께하든 아니든 면담이 끝난 직후 그 내용을 요약해서 필요한 경우 면담의 세부 내용을 상기할 수 있도록 하는 것이 좋다.

해고나 계약 해지 면담을 시작하는 좋은 방법은 일어났던 일을 간략하게 검토하는 것이다. 길게 끌면서 상대의 모든 실수를 나열하는 일은 피하라. 다음과 같은 정도면 적당할 것이다.

"알고 있겠지만, 당신이 맡고 있는 자리에는 충족시켜야 할 기준이 존재해요. 지난 몇 주간 제가 언급해왔듯이, 당신의 성과는 그 기준에 못 미치고 있어요. 안타깝지만, 그 성과 기준에 부합하게 하려는 우리의 노력은 성공하지 못했죠. 당신의 노력이 부족했던 것이라고는 생각지 않아요. 하지만 어쨌든 실패했죠. 그동안 나눈 대화로 미루어 짐작한다면 뜻밖의 일은 아니라고 생각해요. 오늘부로 계약을 해지해야겠어요. 정말 유감입니다. 저 역시 당신이 잘해내길 바랐지만 그렇지 못했죠. 그러니 이제는 현실을 직시해야 해요. 여기 마지막 급여와 퇴직금, 남은 연차 보상에 대한 지급 명세서가 있어요. 곧 역량에 더 적합한 새 직장을 찾길 바랍니다."

개별적인 상황에 따라 표현은 달라질 수 있지만 위의 내용에는 꼭 필요한 말이 빠짐없이 담겨 있다. 안 좋은 소식에 사탕발림을 해서도 지나치게 직설적으로 전달해서도 안 된다. 상황에 맞게 편하게 느껴지는 말을 찾아야 한다.

다행히도, 월급봉투에 해고통지서를 끼워넣는 시대는 지나갔다. 그것은 매우 비인간적인 관행이었다. 수천 명 모두가 일시적으로 해고되거나 회사가 문을 닫아서 모두가 직장을 잃는 정도라야 이해할 수 있는 방법이다. 그런 상황은 개인의 성과와 관련이 없다. 성과를 달성하지 못하거나 회사의 기준을 충족시키지 못했다는 이유로 해고를 당할 때라면 그것을 처리할 방법은 일대일 방식뿐이다. 팀장인 당신은 직접적인 대치를 피하고 싶겠지만 이것은 당신이 맡은 책무의 일부이며 직접 해야만 하는 일이다. 대부분의 기업이 이런 최종 면담을 징계 절차의 마지막 단계로 삼고 있으며 고용법 역시 이를 적절한 일로 보고 있다.

객관성에 확신이 필요하다

깊이 생각해보면 만족스럽지 못한 직원을 계속 남겨두는 것은 회사에게만 공정치 못한 처사가 아니라 그 직원에게도 부당한 일이라는 점을 깨닫게 될 것이다. 아무도 그의 일 처리에 만족하지 못한다면 정해진 기준에 부합하는 혹은 그 이상의 성과를 내는 팀원들에게도 불공평한 일이다.

해고가 그 자리에 맞지 않는 직원에게 베풀 수 있는 최고의 호의로 밝혀지는 경우가 많다. 당시에는 그렇게 보이지 않겠지만, 이후 그 직원은 그것이 최선의 결정이었고 장기적으로는 본인에게도 좋은 일이었음을 알게 될 것이다.

누군가를 해고할 수밖에 없었던 일을 뼈저린 실패로 받아들이는 팀장들이 있다. 그런 사람들에게는 이 통계가 도움이 될 것이다. 한 연구에 따르면, 해고당한 사람 열 명 중 일곱 명이 다음 직장에서 성과와 급여 모두 더 나아지는 결과를 얻었다. 이전의 직장이 잘 맞지 않았고 해고를 통해 자신에게 더 잘 맞는 일자리를 구했다는 의미이다.

가장 중요한 이야기로 이 장을 마무리하기로 하자. 당신에게는 해고가 정당하다는 확신이 있어야만 한다. 최대한 객관적인 입장이라는 확신이 있어야 한다. 거기에 의심이 든다면 더 경험이 많은 팀장이나 인사팀 직원에게 조언을 구하라. 직원을 해고해야 한다는 것을 알았을 때는 그것이 뜻밖의 일로 받아들여지지 않도록 사려 깊고, 인간적이고, 배려심 있는 방식으로 일을 처리하도록 하라.

- 직원이 부정직한 행동을 했거나 폭력적인 경우를 제외하고, 직원을 갑작스럽게 해고하는 것은 있을 수 없는 일이다.

- 해고를 우선적인 해결책으로 삼아서는 안 된다. 먼저 정확한 교육이 이루어졌는지, 직원이 자신의 업무 내용을 명확하게 파악했는지 확신할 수 있어야 한다.

- 업무 성과가 불만족스러워서 팀원과 면담을 하는 경우 계속 그러한 상태에 머무른다면 해고할 수밖에 없다는 사실을 미리 알리는 한편, 그에게 두 번째 기회를 줘야 한다.

- 팀장이 해고당하는 팀원에게 지켜야 할 배려 중 하나는 관련자들과 의논하는 경우를 제외하고는 이를 비밀로 하는 것이다.

- 해고는 그 결정이 정당할 뿐만 아니라 팀장 자신이 최대한 객관적인 태도를 취했다는 점을 확신할 수 있어야 한다.

제17장

관리자로서 알아두어야 할
법적 문제

●

초보 팀장은 법적 책임을 피하기 위해 연방, 주, 지방 정부가 마련해놓은 현재의 고용법, 관행, 규제에 대해서 알고 있어야 한다. 하지만 전문가가 될 필요는 없다. 그것은 인사팀의 일이기 때문이다. 당신이 할 수 있는 것과 그렇지 않은 것이 무엇인지 의심이 들 때, 혹은 직장 내 성희롱에 해당하는 것이 무엇인지 확실치 않을 때라면 그에 대해서 알아봐야 한다.

초보 팀장이 피해야 하는 주요한 법적 함정과 팀장으로서의 법적 책임이 어떤 것인지 간단한 개요를 알아두는 것이 당신에게 유용할 것이다. 주로 성희롱, 장애, 약물 남용, 사생활, 육아 휴직, 병가, 직장 내 폭력을 둘러싼 법적 문제에 초점을 맞춰야 한다. 다시 말하지만 법 전문가가 될 필요는 없다. 하지만 법의 시각에서는 무지가 변명이 되지 못한다. 팀장들이 법을 무시하거나 법규를 따르는 조치를 취하지 않았기 때문에 고소를 당해 엄청난 금액을 지불하는 기업이 너무나 많다.

성희롱

성희롱은 성별에 근거한 달갑지 않은 행동이 개인의 업무에 영향을 줄 때 일어난다. 미국 고용기회평등위원회Equal Employment Opportunity Commission, EEOC에 따르면 성희롱은 원치 않은 성적 접근, 성 접대의 요구, 개인의 업무 성과와 관련되거나 적대적이거나 공격적인 업무 환경을 조성하는 성적 언어 또는 신체적 행동으로 규정된다. 기업은 성희롱 행동을 막거나 교정하기 위한 조치를 취했다는 것을 증명할 수 없는 한 적대적인 환경에 대해 책임이 있다. 이는 당신이 기본적으로 부서 내 성희롱에 대해서 용인했거나, 인지하지 못했거나, 아무런 조치를 취하지 않는 경우 회사가 법적 책임을 질 수 있다는 의미이다. 긍정적이고 안전한 업무 환경을 만들지 못하고 조직의 자산과 명성을 이런 식으로 위험에 처하게 하는 것은 당신의 커리어에 좋지 않다.

직장 내에서의 성희롱을 막고 조기에 인지하기 위해서는 다음의 위험 징후에 대해 알고 있어야 한다.

- 성적 농담을 하는 것
- 키스하는 소리를 흉내 내는 것

- 성을 주제로 이야기하는 것
- 직장 동료에게 '자기', '예쁜이'와 같은 애칭을 사용하는 것
- 특정 성별에 대한 경멸적인 발언을 하는 것
- 부적절한 이미지를 컴퓨터나 휴대전화 화면상에 올리거나, 사무실 혹은 작업 공간에 게시하거나, 그런 이미지가 담긴 옷, 커피잔, 음료컵 등을 사용하는 것
- 다른 사람이 부적절하다고 느끼는 모든 형태의 접촉(부적절한 악수까지 포함)
- 특정 성별의 구성원에게 중요도가 낮은 임무를 배정하는 것
- 모든 직원에게 동등한 승진 기회를 주지 않는 것
- 성별을 이유로 특혜를 주는 것

위험 징후의 목록에서 볼 수 있듯이, 성희롱은 확연히 드러나는 행동일 수도 있지만 미묘한 방식으로 일어날 수도 있다.

많은 기업이 직원들에게 짧은 온라인 교육을 실시한 뒤 이를 인지했고 규정을 지킬 것이란 약속을 문서로 남기게 한다. 시험을 보는 경우도 있다. 직원에게 시험을 치르고 서약서를 남기도록 하는 것은 정부에 그 회사가 직원을 교육시키기 위해 최선을 다했음을 보여준다. 팀장으로서 당신은 자신의 통제 범위에 있는 모든 것을 동원해 직원들에게 어떤 형태의 성희롱도 용인되지 않는다는 것을 인식시켜야 한다. 팀장인 당신이 모든 성희롱 사건을 즉시 보고해야 한다. 이렇게 하지 않는다면 당신과 당신 조직은 위험에 처하게 될 것이다.

장애와 차별

미국 장애인법The Americans with Disabilities Act, ADA은 장애인에 대한 차별을 금지하고 있다. '장애'라는 용어는 하나 이상의 주요한, 일상생활을 현저하게 제한하는 신체적 정신적 결함을 가지거나 그런 결함을 가진 것으로 간주되는 것을 뜻한다.

입사 지원자에게 그가 지원한 업무에 특정한 신체적 혹은 정신적 요건이 있다는 말은 할 수 있지만 같은 자리에 지원한 모든 사람에게 그 내용을 언급해야 한다. 그 후에야 지원자에게 그 책무를 수행할 의향과 역량이 있는지 질문할 수 있다. 오늘날 대부분의 기업은 장애인의 니즈에 부합하기 위해 최선을 다하고 있다. 기업은 이런 노력을 사회의 책임 있는 구성원으로서 기업이 맡은 역할의 필수적인 부분으로 이해하고 장애가 있는 직원을 인재 풀의 중요한 일부로 본다.

당신이 맡은 부서에는 장애인에 대한 어떤 차별과 괴롭힘도 없어야만 한다. 다음의 사례는 장애를 근거로 한 차별에 관한 것이다. 대형 금융기관의 한 지점에서 두 명의 은행원이 지점장 승진 후보에 올랐다. 두 사람은 은행 업무 역량, 재임 기간, 성과 평가 등이 동일했다. 후보자 중 한명인 헨리는 뛰어난 고객 서비스 능력을 갖추고 있었다. 고객들은 헨리가 도움이 되는 전문적인 직원이라고 입을 모았다. 모두가 다른 후보자인 마샤보다 우위에 있는 헨리가 승진하리라 짐작했다. 그 예상은 빗나갔다. 그는 장애 때문에 승진을 하지 못했다.

채용 결정을 한 지점장은 다음과 같은 추론을 했다. 그는 일이 끝난 후나 주말에 지점장이나 다른 직원들과 갖는 사교 활동이 지점장 업무의 중요한 부분이라고 말했다. 사교 활동(래프팅, 자전거, 배구 등)은 신체적인 활동이었다. 헨리는 이런 활동에 참여하지 못하기 때문에 지점장은 마샤를 승진시키기로 결정했다. 결국 헨리는 소송을 제기해 승소했다.

술이나 약물 문제

대부분의 기업들은 사규집employee handbooks에 직원이 근무지에서 저지를 경우 즉시 해고의 사유가 될 수 있는 행동을 나열해두고 있다. 약물이나 알코올 사용은 그 목록의 가장 위에 있다. 그렇지만 약물과 알코올을 남용하는 사람들은 1973년 제정된 연방 재활법Rehabilitation Act 하에서 신체적 장애가 있는 것으로 간주되므로 차별로부터 보호를 받게 된다. 팀장은 다음의 사항을 반드시 알고 있어야 한다.

첫째, 술이나 약을 복용하거나 취해 있다는 이유로 사람을 비난할 수 없다. 직원에게 술을 마셨거나 약물을 복용했는지 물어볼 수는 있지만 직원이 부인할 경우 질문을 하게 만든 증상을 설명해야 할 법적인 책임은 당신에게 있다. 업무 중에 잠을 자거나, 발음이 불분명하거나, 가구나 집기에 부딪히거나, 업무의 질이나 생산성에 문제를 보이는 등의 증상이 있을 수 있다. 가장 안전한 방법은 직원의 행동에만 초점을 맞추는 것이다. 직원이 그런 식으로 행동할 타당한 이유가 없다면, 당신은 그 사람과 다른 모든 이들의 안전을 위해 해당 직원을 귀가시킬 수 있다. 이때 그 직원이 직접 운전을 하지 않도록 해야 한다. 귀가 중에 그 직원에게 어떤 일이 생기거나 사고라도 날 경우 당신과 회사가 법적 책임을 져야 한다.

둘째, 약물이나 알코올 남용의 문제가 있는 것으로 의심되는 직원에 대한 정보를 공유해서는 안 된다. 이것은 명예훼손 소송을 당할 빌미가 될 수 있다. 그런 정보를 공유할 수 있는 사람은 당신의 상사, 인사팀, 자격을 갖춘 상담사뿐이다.

셋째, 대부분의 미국 주법은 직원의 재활 방안을 찾는 것을 당신과 조직의 의무로 규정하고 있다. 당신은 직원이 직원 지원 프로그램의 전문가와 만나 적절한 지도를 받도록 해야 한다. 그 사람의 행동이 개선되지 않거나 그 사람이 재활 프로그램에 등록하지 않을 경우 징계 절차를 시작할 수 있다.

팀장은 조직의 정책과 관련 법률을 파악하고 있어야 한다. 팀장의 역할을 맡은 직후 인사팀에 이런 정보를 요청해야 한다.

사생활

대부분의 기업은 정당한 이유가 있다고 생각되는 경우, 직원의 근무지를 점검하거나, 음성 메일을 청취하거나, 이메일과 컴퓨터 파일을 열람할 법적 권리를 갖고 있다. 그럼에도 불구하고 우리 사회는 모든 개인이 사생활 관련하여 합리적인 수준의 권리을 갖고 있는 것으로 여긴다. 그러므로 직원에 대한 정보 중 다른 사람에게 공개되어도 좋은 정보가 어떤 것인지 알아야 한다. 예를 들어 약물 검사 결과, 급여 정보, 금전 대차와 같은 신용 정보는 공개할 수 없다.

돌봄 휴가와 병가

가족 및 의료 휴가법Family and Medical Leave Act, FMLA은 근로자에게 매년 최대 12주의 무급 휴가를 보장한다. 현재 이 법은 종업원 50인 이상의 업체에만 적용된다. 이 법에 따르면 고용주는 적격한 직원에게 무급 휴가를 허용해야만 한다.

- 직원의 출산 및 육아 · 간호 휴가
- 직원의 자녀 입양을 위한 휴가
- 배우자, 자녀, 부모의 **중병** 간호를 위한 휴가
- 중병으로 일을 할 수 없는 직원의 병가
- 직원의 배우자, 자녀, 부모가 군 또는 예비군으로서 복무 중이거나 소집된 결과로 발생한 적격한 상황의 휴가

법에 따라 직원이 복귀했을 때 직원의 자리나 그와 비슷한 자리가 보장되어야 한다. 또한 직원은 가족 휴가 중에 의료 보험의 적용을 받아야 한다. 여기에 적용되기 위해서는 회사에서 약 12개월 근무한 경력이 있어야 한다.

이것은 일반적인 정보이므로 인사팀으로부터 가족 및 의료 휴가법에 대한 최신 정보를 입수해야 한다.

직장 내 폭력

직장 내 폭력은 매우 흔한 문제로 모든 조직과 팀장이 신경 써야 하는 문제이다. 직장 내 폭력에는 언어폭력, 위협, 괴롭힘, 물리적 폭력, 컴퓨터 시스템에 접근해 피해를 입히는 것과 같은 수동적 공격 행동이 있다.

모든 조직과 팀장은 폭력이 없는 환경을 유지하기 위해 가능한 모든 일을 하고 있다는 것을 보여주어야 한다. 다음의 위험 징후는 당신 부서 혹은 조직 내에 폭력이 존재한다는 것을 알려준다.

- 직원이 자신의 견해를 표명할 기회가 거의 혹은 전혀 없다.
- 새로운 역량을 계발하기 위한 교육이 제공되지 않는다.
- 관리가 소홀하다. 여러 연구가 이것이 직장 내 폭력의 수위를 높이는 가장 큰 원인임을 보여주고 있다. 폭력은 무능한 팀장이 있는 곳에 찾아오는 경우가 많다.
- 직원에 대한 존중이 부족하다.
- 직원에게 직장 폭력의 이력이 있다.
- 직원이 심각한 개인적 문제를 갖고 있다.
- 약물 남용의 문제가 있다.
- 직원의 외모, 대인 의사소통, 기타 행동에 눈에 띄는 변화가 있다.
- 직원들이나 직원 그룹 간의 심각한 경쟁을 장려하는 환경 때문에 일부 직원이 패배감을 느낀다.
- 보안 시스템이 적절히 운영되지 않아 '왕따'를 가려내지 못한다.

당신 부서 내의 폭력적인 사람을 직접 다뤄야 할 경우라면, 침착함을 유지하고, 위협적인 언어를 사용하지 않도록 하며, 상대가 이야기를 할 수 있는 분위기를 조성하고, 회사의 보안에 유의해야 한다. 위협적인 상황을 혼자 다루려고 하지 말라.

안전한 환경을 만드는 것도 팀장의 역할이다

팀장에게는 안전하며 서로를 존중하는 근무 환경을 만들고 유지해야 하는 중요한 책무가 있다. 당신의 언행들은 본보기가 되어 팀원들로 하여금 허용되는 행동과 그렇지 않은 행동을 가리는 데 큰 영향을 미칠 것이다. 이 장에서 논의된 문제 중 어떻게 해야 할지 확신이 서지 않는 일이 있을 경우 확실히 알고 있는 사람에게 반드시 도움을 청해야 한다.

Check Point 17

- 초보 팀장은 법적 책임을 피하기 위해 고용에 관한 현행 법률, 규정, 관행 등을 제대로 파악해둘 필요가 있다.
- 팀장은 회사에서 성희롱이 어떤 형태로든 절대 허용될 수 없다는 사실을 팀원에게 명확하게 전달하는, 가능한 모든 조치를 강구해야 한다.
- 팀장은 자신의 부서에서 장애인에 대한 어떤 형태의 차별이나 희롱도 허용해서는 안 된다.
- 팀장은 팀원의 사생활을 보호할 의무가 있다. 따라서 팀원에 대한 정보 중 누설할 수 없는 정보를 구별해야 한다.

성공적인 팀장의 업무에는 건설적이고 조화로운 관계를 만들어 여기에서 파생되는 기회를 인식하고 관리하는 일도 포함된다. 세대가 다르고 이해관계도 다른 개인과 조직이 각기 다른 목소리를 내며 공존하는 회사에서 어떻게 서로의 성향을 이해하며 목표를 일치시키고 성공의 확률을 높여갈 것인가? 시대와 기술 변화에 따른 새로운 조직 관리 이슈와 함께 살펴보자.

제3부

MZ세대와 원격으로도 효율적인 협업을

소통의 원칙

제18장

비밀을
만들지 마라

•

초보 팀장이건 경력이 긴 팀장이건, 다른 사람이 알지 못하는 것을 알고 있는 데에서 은밀한 즐거움을 느끼는 경우가 많다. 이들은 특정 정보를 다른 사람에게 주지 않으면 그들은 이에 대해 알지 못할 것이라고 생각한다. 하지만 당신이 사람들에게 상황을 알리지 않으면, 그들은 다른 정보원으로부터 정보를 얻거나 추측할 것이다. 이는 두 가지 방식으로 당신에게 불리하게 작용한다. 팀원들이 다른 정보원에서 얻은 정보가 부정확할 수도 있으며, 그들이 정확치 않은 가정을 할 수도 있다. 더 심하면 팀원들이 부정확한 정보나 가정을 토대로 행동을 취할 수도 있다.

직속 팀원과 정보를 공유하지 않으려 하는 바람직하지 못한 팀장들이 있다. 그들은 정보를 자신만 알고 있으면 더 많은 통제력과 권한을 가질 수 있을 것이라고 생각한다. 착각이다. 가장 강한 팀장은 팀원들과 정보를 공유해서 팀원들에게 자기 주도적인 역량을 부여하는 사람이다.

적시에 정확한 정보를 제공함으로써 신뢰를 강화시킬 수 있다. 이로써 팀원들은 당신을 믿을 수 있는 정보의 원천으로 보게 될 것이다. 조직의 효율성도 강화된다. 정확한 정보를 제공함으로써 팀원들이 스스로 합리적인 결정을 내릴 가능성을 높일 수 있다. 도움을 받지 않고 합리적인 결정을 내릴 수 있는 능력은 권한 부여의 핵심이다. 따라서 좋은 정보의 제공은 이 책 전체에서 이야기하는 명확성의 목표와 마찬가지로 권한 부여 과정의 일부이다.

"사람은 사실을 기반으로 움직이지 않는다."라는 말을 들어본 적이 있을 것이다. 이것은 팀장이라면 항상 명심해야 하는 중요한 사실이다. 사람들은 사실이 아닌 사실에 대한 인식을 기반으로 행동한다. 사실과 인식이 근본적으로 일치하는지 확인하는 것은 팀장의 핵심적인 임무 중 하나이다.

조직 내에서 벌어지는 일 중에 비밀로 해야 할 일은 거의 없다. "세부사항이 해결될 때까지 몇 주간은 공개하지 말아야 해."라는 식으로 비밀이 알려지는 것은 그저 타이밍의 문제일 뿐이다.

팀장이 직원들에게 불필요한 비밀을 가지면서 즐거움을 느낀다면 문제의 가능성이 있다고 봐야 한다. 팀장 회의에서 논의된 내용에 대해 직원들이 부정확한 추측을 하고 그런 잘못된 가정을 바탕으로 행동한다면 일이 잘못된 방향으로 진행되고 당신과 팀이 서로 반대되는 목적을 가지고 일을 하게 될 수도 있다. 잘못 아는 것을 바로잡는 일은 처음부터 사실을 알려주는 것보다 훨씬 어렵다.

모든 정보를 팀원과 공유해야 하는 것은 아니다. 일시적으로 때로는 영구적으로 일부 정보의 공개를 보류하는 데에는 타당한 이유가 있다. 정보를 공개할지, 공개한다면 언제 공개할지에 대한 판단은 팀장이 맡은 역할의 중요한 부분이다.

정보 독점은 소문과 추측을 낳는다

많은 조직이 정기적으로(예를 들어 매주 월요일 오전 8시 30분에) 팀장 회의를 갖는다. 이것은 월요 팀장 회의로 알려신다. 월요일이 휴일이어서 회의를 화요일 아침에 갖는 경우가 아닌 한 매주 월요일 회의가 열린다. "이번 주 월요 회의는 화요일에 열립니다."라는 공지를 본 적이 있을 것이다.

이 회의가 보통 한 시간이 걸리는데 이번 주에는 당신과 다른 팀장들이 두 시간 후에 돌아왔다면, "오늘 무슨 일이 있었나 본데? 무슨 일일까?"라거나 "회의가 길어졌어. 무슨 큰일이 생긴 게 분명해."라고 생각하거나 말하는 직원이 있을 것이다. 실제로는 지역 공동모금United Way(사회사업 자금을 모으기 위한 모금 운동 – 옮긴이)의 임원이 조직 변화에 대해 설명하기 위한 시간을 요청한 것일 뿐인데 말이다. 회사는 지역사회의 중요한 구성원이기 때문에 공동모금에서는 기업을 대상으로 지원을 확보하기 위한 일을 한다. 이것은 회사에 직접적인 영향을 주지는 않지만 홍보 활동의 일환이다. 이렇듯 공동모금에 대한 회의는 회사에 부정적 영향이 전혀 없는데도 당신이 소통을 하지 않는다면 큰일이 일어났다고 생각하는 직원이 생긴다.

누구나 무슨 일이 일어났는지 알고 싶어 한다. 당신은 아마도 주도적으로 일을 하고 스스로 결정을 내릴 줄 아는 팀원들을 고용했을 것이다. 그들에게 이렇게 일하는 데 필요한 정보를 제공하지 않는 것은 당신에게도 당신의 목표를 달성하는 데에도 도움이 되지 않는다.

여러 직원 설문 조사에 따르면 그들이 가장 원하는 정보 중 높은 순위에 오른 것은 '나에게 영향을 미치는 변화'이다. 더구나 사람들은 자신에게 영향을 주지 않는 것까지 알고 싶어 한다. 아는 것이 없을 때는 나름의 가정을 한다. 그런 가정은 틀릴 때가 많고 심지어는 사실과 전혀 동떨어져 있는 때도 있다.

팀원이나 경영진의 경우 지나치게 적은 소통보다는 지나치게 많은 소통이 더 낫다.

당신 부서에 열다섯 명의 팀원이 있고 다섯 명씩을 책임지는 과장이 있다고 가정해보자. 이 세 명의 과장들에게는 각각의 업무가 배정되어 있다(이런 구조는 하위 관리 단계의 전형적인 형식이다). 주간 팀장 회의를 마치고 돌아오면, 세 명의 과장을 당신 사무실로 불러서 회의에서 있었던 이야기를 간략하게 전달한다. 이후 그들은 다섯 명의 직원에게 정보를 제공한다. 이 과장들이 그 내용을 비밀로 하게 해서는 안 된다. 그들도 반드시 직원들과 소통을 해야 한다.

이런 방식을 꾸준히 취한다면 다른 부서의 친구들에게 "우리 팀장은 회사 상황을 잘 파악할 수 있게 해줘."라는 말을 하는, 자율권을 가진 팀원들을 갖게 될 것이다. 그렇게 하지 않는다면 떠돌아다니는 수많은 잘못된 정보들을 바로잡아야 할 것이다. 물론 이것도 당신이 발견할 수 있는 한에서나 가능하다.

제19장

인사팀과 협력 관계를
유지하라

●

인사팀은 관리직을 시작하는 당신에게 가장 든든한 아군이다. 인사팀은 채용, 코칭, 교육, 개발, 직원 지원 프로그램, 복지 혜택, 급여 관리, 징계 절차, 승진, 업무 평가, 까다로운 상관 다루기, 계약 해지, 관리 업무에 관련된 모든 법적 문제 등 초보 팀장에게 익숙하지 않은 많은 영역에서 도움을 줄 수 있다. 인사팀과 인사팀원들이 당신에게 해줄 수 있는 것이 무엇인지 잘 파악해두는 것이 좋다. 당신의 성공과 팀의 성공을 위해서는 인사팀과 긴밀한 협력 관계를 구축해야 한다.

채용에 적극적으로 관여하라

채용 시에 인사팀과 얼마나 상호작용을 해야 하는지는 선발 과정에 당신의 재량이 얼마나 허용되는가에 따라 달라진다. 많은 회사의 경우 지원자에 대한 초기 심사는 인사팀이 담당하게 하고 최종 결정은 관련 팀장에게 맡긴다. 전체적인 선발 과정은 최종 선정이 부서 혹은 담당 팀의 수준에서 이루어질 때 강화된다. 팀장이 채용에 전혀 관여하지 않거나 그 선택에 만족하지 못하면, 새로 채용된 직원은 자신이 원인이 아닌데도 어려운 상황의 희생자가 된다. 다행히 대부분의 기업들은 담당 부서가 3~5명의 우수한 지원자 중에서 최종 선택을 하게 한다.

때로 상사가 초보 팀장을 채용 과정에서 제외시키는 경우가 있다. 이런 배제는 좋은 의도였더라도 결국 심각한 실수가 된다. 앞으로 이야기하겠지만 채용은 팀장의 가장 중요한 책무 중 하나이다. 초보 팀장은 채용 기술의 개발을 빨리 시작할수록 좋다. 경험이 있는 팀장은 초보 팀장을 채용 과정에 참여시켜 그가 자신의 책임하에 둘 사람을 선택할 수 있도록 해야 한다.

팀장은 다른 사람이 선택했거나 배정된 사람들보다는 스스로 택한 사람의 성공에 훨씬 더 몰두한다. 팀장이 "나라면 이런 멍청한 녀석은 고용하지 않을 거야."라는 생각을 해서는 안 된다. 팀장이 채용 과정에서 배제되면 이런 생각을 하게 될 수 있다.

인사팀에서 일하는 사람들은 자신을 직원 채용 전문가로 생각하지만, 그들이 아무리 자격이 있는 사람이라고 생각해도 팀장이 원치 않는 사람이라면 아무 소용이 없다. 인사팀의 추천에 어떻게 반응하느냐는 중요한 문제이다. 당신은 그들의 추천을 진지하게 받아들여야 한다. 이는 당신과의 대화를 통해 인사팀이 그 자리에 필요한 것이 무엇인지를 충분히 이해하고 있어야 한다는 의미이다. 인사팀이 그것을 알지 못한다는 것은 필요한 정보를 주지 않은 당신에게 책임이 있다. 그들이 모든 직무기술서에 접근할 수 있다고 해서 회사의 모든 일에 대해 전문가가 될 수 있는 것은 아니다. 당신은 자신이 책임지고 있는 영역 안의 일에 대해 전문가이며 무엇이 필요한지 알아야 한다.

사람 관리의 가장 중요한 정보원

승진 문제도 인사팀과 연관된다. 여러 가지 이유에서 사람들을 자기 조직 내 사람을 승진시키길 원한다. 당신은 그들과 그들의 성과를 가장 잘 알고 그들은 당신의 방식에 가장 익숙하다.

회사 내 다른 영역에서 당신이 원하는 직원을 찾아야 할 때라면 인사팀 사람들이 도움이 될 것이다. 예를 들어 그들은 그 사람이 채용될 때 수집한 데이터와 그 이후 수집된 대부분의 정보를 보여줄 수 있다. 대부분의 경우 인사팀은 당신이 승진시키고 싶은 사람이 소속된 부서와 상의해서 당신 혼자서는 구하기 힘든 중요한 정보를 얻는다. 일부 기업에서는 인사팀이 직원의 복지 프로그램을 관리하기 때문에 어려움을 겪고 있는 팀원을 대신해 당신이 인사팀과 접촉할 수도 있다.

이전에 사람을 관리해본 적이 없다면 인사팀은 당신에게 귀중한 정보원이다. 인사팀에 조언을 구할 수도 있고 이전에 경험해보지 못했던 관리의 문제를 상의할 수 있다. 인사팀은 사람들을 관리하는 데 대한 책과 논문들을 보관하는 곳이기도 하다.

많은 회사의 경우 인사팀은 교육 프로그램을 관리한다. 인사팀은 당신 자신과 팀원을 위한 교육 기회에 빨리 익숙해지는 데 도움을 줄 수 있다. 양질의 교육이 있어도 당신이 이런 기회가 있다는 것을 알지 못한다면 소용이 없다.

인사팀은 회사 전체를 위해 일하기 때문에, 당신이 상관과 의논하기 꺼려지는 '사람 문제'가 있다면 인사팀과 이야기할 수 있다. 채용 때만이 아니라 교육과 관리를 위해서도 인사팀의 도움을 구할 수 있는 것이다.

인사팀은 당신의 커리어 계발을 위한 사원으로서, 관리 기술 향상을 위해 당신이 받을 수 있는 강좌나 프로그램을 추천할 수 있다. 인사팀은 승진 기회에 대한 상담자가 되어줄 수 있으며 당신이 승진 문제에 대한 실행 계획을 개발하는 데도 도움을 줄 수 있다. 인사팀이 승진 후보를 추리는 데 도움을 줄 수 있는 것과 마찬가지로 당신에게 관심을 둔 다른 팀장들에게도 똑같이 할 수 있다는 점을 명심해야 한다.

많은 조직들이 인사팀을 직원들이 자신의 상사와 의논하고 싶지 않은 어떤 문제가 있을 때 찾아갈 수 있는 곳으로 활용한다. 이는 직원이나 회사 모두에게 귀중한 서비스가 될 수 있다. 인사팀이 이런 기능에 대해서 적절한 교육을 받았다면 이상적일 것이다.

인사팀의 지원이 적절히 이루어지지 않을 때는 신중하고 외교적이고 빈틈없는 태도를 취해야 한다. 특히 인사팀에 이의를 제기해야 하는 경우라면 신중을 기하고 사실을 철저히 확인해야 한다. 누구든 자신이 일을 잘 해내지 못했다는 지적을 반길 리가 없다. 그들에게 반기를 들려면 철저한 준비와 완벽한 논거가 필요하다. 그들에게 접근할 때는 대립적인 태도가 아닌 협력적인 태도를 취해야 한다.

이런 접근 방식이 효과가 없다면 그들과 직접 부딪치거나 문제를 확대하는 일의 가치에 대해 신중하게 평가해야 한다. 당신이 야기한 긴장이 장기적으로 당신에게 가치가 있는지 신중하게 확인해야 한다. 인사팀은 마음먹으면 당신의 삶을 대단히 피곤하게 만들 수 있다.

간단히 말해, 인사팀은 전반적인 관리 업무는 물론 개인적인 문제에도 도움을 줄 수 있다. 능력 있는 인사팀으로부터 좋은 평판을 얻는 것은 훌륭한 자산이다. 따라서 조직의 그 부분과 거리를 좁혀야 한다.

Check Point 19

- 인사팀은 초보 팀장이 익숙하지 않은 많은 영역에서 팀장에게 도움을 줄 수 있으므로 인사팀과 좋은 관계를 구축할 필요가 있다.
- 팀장은 자신이 직접 채용 결정을 내렸을 때 그 결정에 대한 책임을 지기 위해 더욱 노력하게 된다.
- 팀장은 승진 문제에 대해서도 인사팀과 의사소통을 해야 한다. 인사팀은 승진시키고자 하는 직원이 일하는 부서와 상의해 팀장이 놓친 중요한 정보를 입수해줄 수 있는 능력을 갖고 있다.

제20장

조직과 팀원에게
충실하라

●

회사에 대한 충성심은 최근에 인식이 많이 안 좋아진 주제이다. 충성이 여전히 존재하기는 하지만 훨씬 드물며 노력을 많이 해야 주어지는 것으로 보이는 경향이 있다. 회사를 옮겨 다니는 일은 흔하다. 오늘날에는 노동의 일시적인 속성이 강해지면서 회사를 옮겨 다니는 일이 흔해졌고 조직에 대한 충성심은 약화되고 있다.

　회사가 충성을 받을 만한 자격이 있다고 입증될 때까지 충성을 보류해야 한다는 태도가 우세하다. 노력 없이 충성을 요구해서는 안 된다. 회사는 모든 사람(관리자와 직원)이 자격이 있다고 느낄 때라야 비로소 충성을 얻을 수 있다. 따라서 충성심이 부족한 조직이라는 것은 서로에 대한 신뢰나 충성심이 없기 때문에 팀워크가 없다는 것을 의미한다.

냉소적인 태도는 도움이 되지 않는다

안타깝게도 요즘은 기업에서 충성심을 찾아보기 힘들다. 기업 인수가 있고 '인수된 기업에 대한 구조조정이 없다'는 발표가 있는 경우, 이 말을 믿는 사람은 찾기 힘들다. 이런 발표 자체가 대규모 구조조정과 그로 인한 실직의 첫 단계로 인식되는 것이 보통이다. 이런 인식은 정반대되는 약속을 하고 불과 몇 개월 만에 이루어지는 대대적인 해고의 많은 사례들을 근거로 형성된 것이다.

탐욕스럽고 무자비하며 근시안적인 많은 조치들이 취해졌다. 관련된 기업의 생존이 달린 구조조정과 인수도 있었다. 사람들은 구조조정을 하는 회사에서 친구들이 해고되는 것을 지켜봤다. 냉소적인 이사회와 탐욕스런 협잡꾼, 회사를 구하고자 하는 주주들이 얽혀 있다. 그와 동시에 아무도 믿지 못하는 팀장과 직원들이 있다. 이런 상황에서 어떻게 해야 하는 것일까?

조직에 충성심을 보이는 것은 종종 순진함의 징후로 해석된다. 이런 해석이 타당한 경우가 많다. 그러나 충성이 부당한 평가를 받고 있다면, 충성을 보류해야 할 때도 내주어야 할 때도 있다는 결론에 이를 수도 있다.

냉소적인 태도를 취하고 절대 충성심을 보이지 않아야 할까? 아니면 자격이 없다는 것이 입증될 때까지는 충성심을 보여야 할까? 우리는 후자를 추천한다. 거기에는 그럴 만한 이유가 있다. 냉소적인 태도는 조직에게 피해를 줄 뿐만 아니라 당신 자신에게도 피해를 입힌다. 냉소적이고 믿음이 없는 태도를 취하면 당신은 부정적인 사람이 된다. 냉소적인 코미디언은 뛰어난 연기자가 될 수 있다. 그러나 냉소적인 팀장은 팀에 의욕을 고취시키는 좋은 본보기가 될 수 없다.

따라서 조직뿐 아니라 상사와 팀원에게도 충성하는(과하지 않은 합리적인 정도로) 것이 좋다. 회사를 비판하지 말아야 한다는 이야기가 아니다. 당신 친구와 지인들 사이에서 당신은 그 조직과 관련이 있는 유일한 사람일 것이다. 당신의 말과 생각은 그 사람들이 당신 회사에 대해서 아는 전부가 된다. 조직에 대해 부정적이고 비판적이라면 그런 인상은 당신이 아는 사람뿐만 아니라 다른 사람에게도 전해진다. 그 결과는 당신에게 도움이 되지 않는다.

합리적인 정도의 충성이란 당신이 이끄는 사람들을 쓰레기 취급하지 않는다는 의미이기도 하다. 그럴 만한 충분한 이유가 있다고 생각되더라도 그런 유혹은 피해야 한다. 남을 헐뜯는 말은 당신이 경멸하는 대상보다 오히려 당신에 대해 더 많은 것을 말해준다. 조직과 사람들의 말을 믿고 그들의 행동을 선의로 해석하라. 조직이 충성을 받을 만한 자격이 없다는 결론에 이르렀을 때라면 자리를 옮겨야 할 때이다.

Check Point 20

- 냉소적인 태도로 회사에 대한 충성을 거부하기보다는 기본적으로 회사에 충성을 다하는 것이 더 바람직하다.
- 충성을 다한다는 것은 회사 밖에서 자신의 회사를 비난하지 않고, 자신이 관리하는 직원을 하찮게 취급하지 않는 것을 말한다.
- 이유를 따지지 말고 회사와 직원에게 충성하라. 충성할 만한 가치가 없다고 생각하는 것보다 충성할 만하다고 생각하는 것이 훨씬 바람직한 태도이다.

제21장

성과를 이끄는
동기부여의 기술

•

일부 팀장들은 동기부여를 '최소한의 노력으로 내가 원하는 것을 하게 만드는 것'으로 생각한다. 그것은 권위를 뜻하는 것이지 동기부여가 아니다. 그것은 자리에 따르는 당신의 힘을 이용해 사람들로 하여금 그들이 원해서가 아니라 어쩔 수 없이 일을 하게 하는 것이다.

동기부여는 해야 할 일을 억지로 하게 하는 것이 아니라 원해서 하게 하는 것이다. 훌륭한 팀장은 직원들에게 동기를 부여할 방법을 찾고 그런 동기를 조직의 니즈와 버무려 직원들이 성공할 수 있는 환경을 만드는 데 시간을 할애한다. 무엇이 직원들에게 동기를 부여하는지 파악하는 데에는 여러 가지 방법이 있다. 직원늘의 행농을 관찰할 수도 있고 몇 개월에 걸쳐 직원들을 파악할 수도 있고 설문지를 이용할 수도 있다. 또 다른 방법도 있다. 직접 물어보는 것이다.

자기 동기부여

가장 효과적인 동기부여는 자기 동기부여이다. 조직의 성공을 진심으로 바라는 직원들도 있겠지만 사람들은 주로 자신의 이득에서 동기를 부여받는다. 유능한 팀장은 팀원의 이득과 조직의 목표를 일치시키는 기교를 발휘한다.

개인의 이해와 일치하는 일을 할 때는 지속적인 동기가 가능하나, 억지 강요가 필요치 않다. 팀장의 주된 임무 중 하나는 팀원의 마음을 '해야만 한다'에서 '하고 싶다'로 변화시키는 것이다.

좋은 팀장은 사람들의 반응이 어떻게 다른지 알아냄으로써 그 일을 한다. 자기 동기부여가 된다 해도 일을 완벽하게 해내는 쪽으로 동기가 부여되는 사람이 있는가 하면 그럭저럭 상황을 모면하는 쪽으로 동기가 부여되는 사람도 있을 것이다. 팀원들은 각기 다른 방식으로 반응을 하며 당신은 그들이 어떤 것에 어떻게 반응할지 알 정도로 그들을 파악하고 있어야 한다.

승진 가능성을 통해 자기 동기부여가 되는 사람도 있다. 현재의 성과와 승진 사이의 관계를 파악하면 그들은 바로 능력을 최대로 발휘하기 위해 노력한다. 팀장으로부터 인정받고자 하는 사람들도 있다. 만족스런 성과가 인정을 받는 방법이기 때문에 그들을 그 길을 따른다. 동료들과 선의의 경쟁을 하는 사람들도 있다. 이런 유형의 사람은 몸담은 분야에서 최고가 되고자 하며 그 목표를 달성하기 위해서 열심히 노력한다.

단순히 돈을 벌기 위해 일하는 사람들도 많다. 그들에게 더 많은 돈을 버는 방법은 좋은 성과를 내서 다음 연봉 협상 때 인상분을 최대화하는 것일 터다. 또한 자신이 잘하는 영역에 큰 자부심을 느끼며 일하는 직원도 있고, 상황에 따라서는 실직을 당하지 않기 위해 열심히 일하는 직원도 있을 것이다.

일부 직원들은 일에 대한 자신의 태도에 가족을 끌어들이는데 이는 위에 언급된 이유 중 하나(돈을 좇는 것)와 관련 있는 경우가 많다. 가족들에게 필요한 만큼 더 많은 돈을 지원할 수 있기를 원하는 것이다.

제9장에서 논의되었듯이 목표를 명확하게 한다면 팀원들이 스스로 동기부여를 활용할 가능성을 높일 수 있다. 자신이 달성해야 하는 목표를 명확히 이해하고 당신이 제시한 범위 내에서 자신이 적합하다고 생각하는 대로 일을 진행하는 것이 허용된다면 팀원들은 훨씬 더 적극적으로 참여하게 될 것이다.

공동 성과의 매력

우리 대부분은 인식하든 안 하든 자기 자신보다 큰 무언가의 일원이 되는 기회를 통해 동기부여를 받는다. 회사 생활의 가장 즐거운 기억은 회사 내의 다른 사람과 협력해 혼자서는 할 수 없는 일을 성취한 것과 관련이 있을 것이다.

오랜 상부상조의 전통에 대해서 생각해보라. 공동체의 구성원들 여럿

이 며칠 동안 힘을 합쳐 한 집의 헛간을 짓는다. 이 일은 혼자 할 수 있는 일이 아니다. 혼자 한다면 그보다 많은 시간이 든다. 도움이 절실한 가정을 위한 모금 활동, 새로운 소프트웨어나 신제품을 개발하는 프로젝트 팀, 공동의 노력이 중요한 군 복무, 스포츠 시합에서 팀원들의 재능을 효과적으로 발휘해 좋은 성적을 거둔 일 등 비슷한 경험을 당신도 해보았을 것이다.

팀으로서의 노력이 만들어낸 긍정적인 결과가 개인이 달성할 수 있는 것보다 크다는 것을 팀원들이 알 수 있는 환경을 만든다면, 그들은 더 강하게 동기부여가 되면서 자신이 하는 일에서 보다 큰 의미를 찾을 것이다.

동기를 부여하는 팀장의 역할

직원의 성과를 극대화하는 방법을 배우는 것은 팀장의 일상 업무에서 끊임없이 계속되어야 하는 중요한 부분이다. 직원들이 이직하면서 새로운 사람이 팀에 들어오게 될 것이다. 팀장은 그들에 대해 파악해야 한다. 이 사안에서 당신의 의무는 특히 강조할 필요가 있다. 팀원들은 이해받기를 원한다. 그들은 자신이 맡은 과제가 의미 있는 결과로 이어지고 있다는 느낌을 원한다. 그들은 일을 마치기 위한 생산 부품이 아닌 하나의 중요한 사람이기를 바란다. 그들에 대한 진심 어린 관심은 당신이 하는 모든 일을 빛나게 한다. 그들을 이해하고 인정하라는 것이 부모와 같은 사람이 되라는 뜻은 아니다. 일의 결과와 관련된 부분에서라면 당신의 원칙을 굽히지 말아야 한다.

직원에 대한 관심과 이해는 나약함의 표시가 아닌 관리 역량의 표시이다. 거칠고 독재적인 팀장은 한동안은 만족스런 결과를 달성할지 모른다. 하지만 긴 안목으로 보면 이 전략은 팀장 스스로에게 불리할 것이다. 그가 얻는 성과는 대부분이 두려움에 기인한다. 그의 팀원들은 상황을 모면할 수 있는 최소한만을 하려 할 것이다.

자신이 공정하며 관심과 이해심 넘치는 상사가 되면 필요한 상황에서 엄격하게 행동할 수 없을까 봐 걱정하는 팀장들이 많다. 이는 사실이 아니다. 잘 드러내지 않는 권위가 훨씬 더 큰 효과를 낸다.

특히 기술과 외교적 수완이 필요한 부분이 있다. 일부 직원은 가족으로 인해 스스로 동기부여가 되어 있다는 점을 명심하라. 이들 중에는 가족에 대한 당신의 관심을 호의적으로 받아들이는 사람이 있지만, 개인적인 질문을 사생활 침해라고 생각하는 사람도 있을 것이다. 그렇다면 이런 모순적 상태를 어떻게 다루어야 할까? 직원이 직접 가족에 대한 정보를 공개하면 가족에 대해 물을 수 있다. 대화를 통해 배우자, 자녀, 취미, 기타 관심사에 대해 알게 될 것이다. 이런 유형의 직원이라면 "자네 아들 팀은 어젯밤 유소년 야구 게임에서 성적이 어땠어?"와 같은 질문을 건넬수 있다. 이것은 직원의 허락하에 그에 대해 알아가는 대표적인 사례이며, 모든 사람이 같은 것에 동기부여가 되지는 않는다는 개념과도 부합한다.

반대로, 사생활에 대해 절대 자진해서 이야기하지 않는 직원이라면 사생활 문제에 대한 그의 분명한 입장을 침해하지 말아야 한다.

팀장은 때때로 새로운 직원에 관심을 기울이느라 기존의 숙련된 직원을 소홀히 대하는 경향이 나타나기도 한다. 물론 새로운 직원이 일과 환경에 적응하게 하는 것도 중요하지만 잘하는 직원을 당연하게 여겨서는 안 된다. 뛰어난 성과를 올리는 사람은 자신의 높은 성과가 얼마나 눈에 띄고 인정을 받는지 알아야 한다.

개인적 목표와 조직의 니즈

목공에 대해 잘 아는 사람이라면 '도브테일링'dovetailing(열장이음)이 무엇인지 들어보았을 것이다. 서랍의 모서리와 같이 두 개의 나무를 연결할 때 사용할 수 있는 가장 강력한 방법이다. 이음새의 '이'를 맞물리게 하는 형태가 길어지면서 폭이 넓어지는 비둘기꼬리의 모습과 비슷하다고 해서 붙여진 이름이다. 도브테일링에서는 두 개의 다른 나무 판이 이어져 강한 연결을 만든다.

이와 같은 접근법을 사용하는 강력한 관리 방법이 있다. 두 개의 다른 요소를 합쳐 강력한 연결을 만드는 것이다. 두 요소는 개별 팀원의 야망과 조직의 니즈이다. 팀원의 직업적 목표와 개인적 목표를 조직의 니즈에 부합하게 만들 수 있다면 헌신적인 직원을 얻을 수 있다.

도브테일링에는 두 가지 간단한 단계가 포함된다. 첫째, 팀의 구성원들에 대해 알아가는 것이다. 자신의 직업적·개인적 목표와 관심사를 당신에게 털어놓도록 만들어라. 급하게 서둘러서 되는 일이 아니다. 팀원들과 건전한 신뢰를 구축하고 난 뒤에야 이런 유형의 관심사를 물을 수 있다. 좋은 경청자가 되는 것만으로도 이들에 대해 알 수 있다. 유대가 형성되면서 직원들은 일과 관련이 없는 활동에 대해서도 이야기하는 경

- 도브테일링

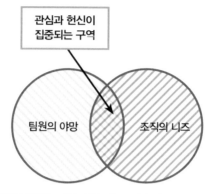

관심과 헌신이
집중되는 구역

팀원의 야망

조직의 니즈

팀원의 직업적 · 개인적 목표를 조직의 니즈와 합치시킨다

우가 생길 것이다. 그들이 공유하는 이야기에 주의를 기울이도록 하라.

"직업적 목표는 무엇인가요? 지금부터 3년 후에는 무슨 일을 하고 싶어요?" 이런 종류의 질문은 이야기를 시작하기에 매우 유용하다. 대부분의 직원은 당신이 보이는 관심을 기쁘게 받아들일 것이다. 그들이 마음을 놓을 수 있도록 당신이 질문하는 이유를 솔직하게 밝히도록 하라. 당신이 항상 팀원의 관심사와 야망을 조직의 니즈와 합치시킬 방법을 찾고 있다고 이야기하라.

두 번째 단계는 이런 개인적인 야망을 조직이 달성하고자 하는 니즈와 부합시킬 기회를 포착하는 것이다. 위 그림은 이 개념을 보여준다.

예를 들어, 팀원 중 한 명이 스페인어를 공부하고 있다는 것을 당신이 알았다고 가정해보자. 그리고 몇 주 뒤 당신의 회사가 곧 남미에 있는 어느 회사와 전략적 제휴를 맺을 예정이란 이야기를 듣게 되었다. 당신의 팀원이 그 계획에 참여한다면 모두에게 이익이 될 것이다. 팀원은 스페인어 실력을 활용할 수 있을 것이고, 회사는 전략적 파트너와 소통할 수 있는 능력이 향상될 것이다. 당신은 흥미로운 새 프로젝트에 참여하게 될 것이다.

혹은 당신이 마케팅 관련 업무를 하고 있는데 시장 데이터 수집 및 분석 업무를 하는 팀원 중 한 명이 언젠가 정보 기술 쪽으로 방향을 전환하고 싶다는 이야기를 했다고 가정해보자. 정보 기술 부서와 직원 간 상호작용이 필요할 경우 그 직원에게 맡기면 좋을 것이다. 그녀는 관심 분야에 노출될 기회를 얻어 기뻐할 것이고 당신은 헌신적인 직원을 얻게 된다. 결국 그녀를 IT 쪽으로 보내야 하는 날이 올지도 모른다. 하지만 어쨌든 당신은 그녀가 이동할 때까지 헌신적이고 열성적인 팀원을 얻을 수 있다.

도브테일링을 많이 할수록 헌신적인 팀을 얻게 될 것이다. 팀장이나 리더로서의 가장 중요한 책임인 직원 개발의 문제를 함께 해결할 수 있게 될 것이다.

직함의 가치를 이용하라

너무나 많은 조직이 직함의 가치를 과소평가한다.

직함에는 아무런 비용도 들지 않는다. 따라서 조직 내에서의 공정성만 유지된다면 자유롭게 직함을 사용할 수 있다. 단 한 부서는 직함을 자유롭게 사용하게 하고 다른 부서는 보수적으로 사용하게 하는 식으로 공정성이 저해되는 일은 피해야 한다.

금융업계는 이런 관행으로 유명하다. 다른 업계의 일부 임원들은 이런 관행을 비난하지만 나는 은행들이 자신이 어떤 일을 하고 있는지 정확히 알고 있다고 생각한다. 은행 고객은 일반 직원을 상대할 때보다 개인 대출 부문 부사장을 상대할 때 훨씬 큰 만족감을 느낄 것이다. 개인 대출 부문 부사장의 배우자는 대출 부서 평직원의 배우자보다 분명 더 열렬한 지지를 보낼 것이다. 이렇듯 직함의 자유로운 사용을 통해 회사 밖에서 은행의 이미지를 끌어올릴 수 있다. 은행에서 부사장과 평직원이 하는 일은 크게 다르지 않다. 하지만 더 긍정적인 자아상과 더 강력한 자기 동기부여가 되는 사람은 누구일까? 답은 뻔하다.

회사 내 서열이 높아지면 회사의 정책에 영향력을 행사할 기회도 생길 수 있다. 단 직함을 부여할 때는 질서가 있어야 한다. 사무직으로 입사한 신입 직원에게 높은 직함을 줄 수는 없는 일이다. 눈부신 직함은 뛰어난 성과에 대한 인정의 역할을 해야 하기 때문이다.

현명한 직함의 사용으로 회사 전체의 사기를 극적으로 높일 수 있다. 직함은 직원에게 자존감과 인정받았다는 느낌을 주는 데 큰 도움이 된다. 회사가 임금을 동결해야 할 경우라면, 핵심 직원에게 새로운 직함을 주는 방법을 고려해보라. 긍정적인 반응에 놀라게 될 것이다. 연봉을 올려주고 싶지만 그럴 수 없다면 그만큼의 인정이 필요하다. 이때 새로운 직함이 연봉 인상을 대체하는 것이 아니며 지금 당신이 할 수 있는 최선이 그것이란 점을 분명히 밝혀야 한다. 직원은 연봉 인상이 불가능한 상황임을 이미 알고 있었을 것이다. 하지만 새로운 직함을 통해 직원은 당신이 자신의 성과를 인정하고 있다는 것을 확실히 느낄 것이다.

누구나 자신이 중요한 사람이라는 인정을 받고 싶어 한다. 직원들도 마찬가지이다. 당신이 그런 감정을 느끼게 해준다면 그 이상의 보상을 얻게 될 것이다.

지위를 나타내는 상징들

지위를 나타내는 상징적인 것들을 활용해도 동기부여가 가능하다. 이는 확실한 효과를 갖는다. 비즈니스 세계에서 이것만큼 광범위하게 응용된 방법은 찾을 수 없을 것이다.

임원 전용 화장실은 조롱거리가 되기 일쑤이지만 여전히 효과적인 특전이다. 사무실이나 업무 공간의 크기, 가구의 질, 시정 주차, 회사가 지급하는 클럽 회원권, 회사의 임원용 차량, 회사의 전세기 등 지위의 상징에는 인간의 상상력 이외에 다른 한계가 없다.

이 모든 것의 뒤에는 야심을 키우게끔 사람들을 고무시키려는 의도가 있다. 지위의 상징들은 그 자체로는 별 의미가 없지만 그 직원이 특정한 수준에 도달했다는 조직 내의 인정이라는 중요한 의미를 갖고 있다. 이런 것들은 가지고 있지 않은 사람들보다 가지고 있는 사람들에게 훨씬 더 가치가 있다. 이런 옛말이 있다. "돈이 중요치 않다고 말하는 사람들은 왜 전부 돈이 많은 사람들일까?" 지위를 나타내는 상징에도 똑같이 적용되는 말이다.

회사가 지위를 나타내는 상징들에 대해 지나치게 신경 써서도 안 되겠지만 일단 직원이 누릴 수 있게 한 뒤라면 이를 갈망하는 직원을 절대 비난하지 말아야 한다. 대부분의 사람들에게 중요한 것은 그 상징을 손에 넣는 것 자체가 아니라 그것이 다른 사람에게 상징하는 바이다. 당신이 무엇을 획득했는지 아무도 몰라준다면 많은 상징물들이 내팽개쳐질 것이다.

한편 특정한 지위의 상징을 얻고자 하는 것도 좋지만 적당함이 중요하다. 지나치게 중요한 것으로 여긴 나머지 이를 생각만큼 빨리 얻지 못한다는 이유로 좌절하는 불상사가 일어나면 안 된다.

지위를 나타내는 상징물이 만족스러운 급여 프로그램이나 적절한 관리 방식을 대체할 수는 없다. 안타깝게도 일부 팀장과 기업은 그렇게 생각하지 않는다. 그들은 직원들을 적절히 대우하지 않거나 경쟁사보다 낮은 급여를 준 뒤 지위의 상징물로 그것을 상쇄하려고 한다. 이런 태도는 직원에 대한 모욕이다.

지위를 나타내는 상징물은 케이크 위의 장식과 같다. 케이크는 아니다. 단, 인간의 행동에 대한 통찰과 지식을 함께 이용한다면 지위를 나타내는 상징은 가치 있는 도구가 될 수 있다.

성취욕이 강한 직원들이 있다. 보통은 안전, 급여, 근무 조건, 지위, 보상 등의 니즈가 이미 충족된 사람들이다. 이런 직원들은 의사결정에 관여하기를 원하고, 자신의 역량과 재능을 더 계발하고자 하며, 어려운 프로젝트나 과제를 찾고, 조직 내에서의 승진을 원한다. 그들의 이런 니즈를 충족시켜준다면, 당신은 자기 동기부여가 확실하고 생산성이 매우 높은 직원을 얻게 될 것이다.

동기부여의 주관성

초보 팀장들은 보통 강하게 동기부여가 되어 있다. 좋은 일이긴 하지만 그들은 자신들에게 동기가 되는 것들이 직원들에게도 동기부여가 될 것이라 생각하는 실수를 저지른다. 꼭 그렇지는 않다. 팀원들에게 동기부여가 되는 것들은 크게 다를 수 있다는 점을 명심해야 한다. 당신의 신념이나 가치 체계를 다른 사람들에게 강요하지 않도록 하라. 지금 동기를 부여할 수 있는 것이 몇 달 뒤에는 그렇지 않을 수 있다는 점을 기억해야 한다. 오늘은 특정한 목표 달성이 동기가 될 수 있지만, 다음 달에 남보 내출을 받아 새 집을 산다면 직업의 안정성, 즉 안정적인 일자리와 높은 급여가 동기가 될 것이다. 팀원들에게 동기를 부여할 수 있는 것이 무엇인지 함부로 추측하지 말라. 추측이 아닌 사실을 찾아내고 그에 따라 행동해야 한다.

Check Point 21

- 동기부여는 직원이 외부의 강요에 의해서 억지로 일을 하는 것이 아니라 자발적으로 일하고 싶게 만드는 것이며, 이는 팀장의 주요 업무 중 하나다.
- 직원에게 동기를 부여하는 요소는 천차만별이므로 팀장은 각각의 직원에게 동기를 부여하는 요소가 어떤 것인지 파악할 수 있어야 한다.
- 직함을 현명하게 사용한다면 직원의 사기를 극적으로 높일 수 있다. 직원에게 직함은 자신의 가치에 대한 인정을 말해주는 척도로 간주되기 때문이다.
- 지위를 나타내는 상징은 인간 행동에 대한 통찰을 바탕으로 부여될 경우에만 귀중한 도구가 될 수 있다.

제22장

서로의 위험 성향
이해하기

•

개인과 조직의 위험 성향에 대한 이해의 폭을 넓히는 연구가 이루어졌다. 이 연구는 위험 성향을 정량화하고 리스크 지수Risk Quotient, RQ를 결정할 수 있는 방법을 제공한다. 이 연구는 짐 매코믹의 저서 《리스크의 힘》The Power of Risk에도 소개되어 있다.

위험 감수의 유형

당신은 새로운 팀장 자리를 받아들이면서 일정한 위험을 감수하기로 결정했다. 우선, 당신은 성공에 대한 보장이 없는 상태에서 새로운 도전을 받아들이기 위해 좋은 성과를 올리고 있던 자리를 떠났다. 이는 승진을 약속한 사람들과 조직에 익숙하고, 충분히 평가가 가능한 기회가 주어진다면 당신은 커리어와 관련된 위험을 기꺼이 감수한다는 의미이다. 새로운 자리로의 승진을 받아들일지 결정하는 데 걸리는 시간은 위험 감수 유형을 어느 정도 알려준다. 그 자리를 즉시 수락했다면 약간 대담한 편이지만, 제의가 올 것을 알고 미리 장단점을 분석할 충분한 시간을 가진 것일 수도 있다. 승진을 받아들이는 데 상당한 시간이 필요했다면 위험 감수에 더 신중한 유형일 가능성이 높다.

리스크 지수를 평가하는 법

《리스크의 힘》은 수백 명의 사람들을 대상으로 이루어진 연구를 통해 완성된 위험 분석 도구를 소개한다. 간단한 과정이다. RQ를 판단하려면 1~10까지의 척도로 자신을 평가한다. 1은 다음의 위험 영역에서 대단히 위험 회피적인 것, 10은 대단히 위험 추구적인 것이다. 점수는 정수일 필요는 없다. 4.6이나 5.7과 같은 점수도 상관이 없다.

- 신체적 리스크: 부상의 위험이 있는 활동. 오토바이, 급류 타기, 암벽 등반, 스카이다이빙 등 ____
- 경력상의 리스크: 직장의 변화, 새로운 책무, 승진 추구와 같은 위험 ____
- 재정적 리스크: 투자, 금전 대차에서의 위험 감수 성향 ____

- 사회적 리스크: 알지 못하는 사람에게 자신을 소개하거나 당황할 위험이 있는데도 익숙하지 않은 사회적 상황에 참여하는 것과 같은 위험 ____
- 지적 리스크: 어려운 주제에 대해 공부하거나 자신의 신념과 배치되는 정보를 찾거나 지적 도전 의식을 북돋우는 책을 읽는 것과 같은 일 ____
- 창의적 리스크: 그림, 글쓰기, 색다른 디자인을 선호하는 것과 같은 위험 ____
- 관계 리스크: 적극적으로 새로운 인간관계를 추구하거나 결과에 대한 확신이 없으면서도 누군가와 시간을 보내거나 관계에 몰입하는 것과 같은 위험 ____
- 감정적 리스크: 감정적으로 취약한 상태를 기꺼이 받아들이는 것 ____
- 영적 리스크: 증명이 불가능하거나 완벽하게 이해하지 못하는 개념을 기꺼이 신뢰하는 것 ____

아홉 가지 위험 유형에 대한 당신의 점수를 모두 더하고 9로 나누어 평균을 구하라. 그 숫자가 당신의 RQ이다.

서로의 리스크 지수를 공유하고 비교하라

이제 당신의 RQ를 체크했지만 그게 어떤 의미인지는 아직 확실히 알지 못할 것이다. 연구 결과 이 위험 감수도 분석을 완료한 300명 이상의 사람들의 평균 RQ은 6.5였다. 남자의 평균은 6.7로 약간 높고 여성의 평균은 6.3이다. 당신의 RQ를 이 결과와 비교하면 당신의 위험 성향이 다른 사람들에 비해 어느 정도인지 알 수 있을 것이다. 이는 다른 사람들과 보다 효과적인 상호작용을 하는 데 도움을 줄 수 있다. 당신의 RQ가 6.5라는 평균 점수보다 훨씬 높다면 당신은 대부분의 사람들과 다르게 세상을 본다는 것이다. 당신은 위험과 불확실성을 더 편하게 받아들인다. 이는 가치 있는 특성일 수 있지만 위험 회피적인 사람을 겁먹게 만들 수도 있다. 따라서 이런 인식을 갖고 있는 것이 중요하다.

반대로 RQ가 6.5 이하인 사람 역시 자신이 대부분의 사람들과 다른 관점을 가지고 있다는 것을 알아야 한다. 당신은 많은 사람에 비해 조심성이 많고 신중하다. 당신은 유력한 증거가 더 많아야 결정을 할 수 있고 편견을 가지고 행동하는 사람들을 부주의한 사람으로 볼 수 있다.

팀원들에게 RQ를 판단할 수 있는 기회를 주는 것도 좋다. 흥미로운 자기인식 활동으로 만들고, 불편하게 여기지 않는다면 동료들과 서로의 RQ를 공유하게 하라. 여러 가지 면에서 건설적인 활동이 될 수 있다. 첫째, 위험 성향이라는 주제를 개인적 특성의 중요한 요소로 부각시킨다. 둘째, 어떤 상황에 대한 시각이 동료들과 다를 수 있다는 점을 보다 잘 이해하게 하는 계기도 될 수 있다.

위험 성향에 대해 인식하면 좋은 점

  팀원의 위험 성향에 대한 인식은 여러 가지 면에서 더 나은 팀장이 되는 데 도움을 줄 수 있다. 업무를 분배할 때 고려하는 요소에 팀원의 위험 성향을 추가하라. 많은 분석과 데이터 수집이 필요한 업무라면 위험 성향이 낮은 팀원에게 배정하는 것이 더 나은 선택이라는 것을 알 수 있다. 시간이 부족해서 빠른 속도로 진행시켜야 하는 업무라면 위험 성향이 높은 팀원에게 맡기는 편이 낫다는 것도 알 수 있다. 무엇보다 업무를 배정하거나 프로젝트 팀이나 부서를 구성할 때 각 팀원의 위험 성향 정도를 유념해야 한다.

  사회학 분야에는 팀장인 당신에게 도움이 되는 중요한 개념이 있다. 바로 '집단 사회화'라는 개념이다. 여기에서는 집단, 팀, 부서, 회사 내에서 어떤 특성(위험 성향을 비롯한)이 높거나 낮은 수준이 지배적이라면 그 특성이 확대된다고 말한다. 다시 말해 당신이 평균보다 위험 성향이 높은 사람들로만 프로젝트 팀을 구성할 경우, 팀의 전체적인 위험 성향이 개인 위험 성향의 평균보다 더 높아진다는 의미이다. 기본적으로 서로의 성향을 고무시키는 효과 때문이다.

  대담하고 공격적인 태도가 요구되는 경우라면 그런 효과를 만들어내고 싶을 수도 있다. 위험 성향이 높은 사람들로만 이루어진 팀을 만든다면 원하는 확대 효과를 얻게 된다.

  마찬가지로 전체 평균에 비해 위험 성향이 낮은 팀원들로만 팀을 꾸린다면 평균보다 위험 성향이 낮은 팀을 만들 수 있다. 팀이 직면한 문제의 성격을 근거로 이런 팀을 원하게 될 경우도 있다.

집단 사회화의 이론으로 보면 위험 성향이 평균보다 높은 사람들과 평균보다 낮은 사람들을 한 팀이나 부서에 둘 때 서로의 성향을 완화시킬 수 있다는 것을 알 수 있다. 이는 집단의 위험 성향이 균일하게 높거나 낮은 경우에 나타나는 확대 효과를 피할 수 있다는 의미이다.

당신이 원하는 것이 바로 이런 상태일 수도 있다. 평균 이상의 위험 성향을 가진 사람들과 평균 이하의 위험 성향을 가진 사람들이 함께하도록 함으로써 의도적으로 건전한 긴장을 유도하는 것이다. 이처럼 자연스럽게 서로에 대한 점검이 이루어진다면 업무에는 가장 이상적인 상황일 것이다. 철저하고 체계적이면서도 과도한 분석에 사로잡혀 수용할 수 없을 정도로 속도가 느려지거나, 결정과 추진을 망설이는 결과를 피할 수 있기 때문이다.

단, RQ는 변한다는 것을 명심하라. RQ는 직장 생활과 사생활에서 겪는 성공, 좌절 등의 사건에 영향을 받는다. 예를 들어, 자녀가 성인이 되어 더 이상 부모에게 의지하지 않는 중년에 이르면 위험을 좀 더 편하게 받아들이게 되는 모습을 관찰할 수 있다. 그래서 이 시점에 커리어에 변화를 주는 사람들을 보는 것은 드문 일이 아니다. 현재 어떤 팀원의 RQ가 4.5라고 해서 1년 후에도 같으리라고 가정하지는 말라. RQ는 올라갈 수도 내려갈 수도 있고, 같은 수준을 유지할 수도 있다.

위험 성향에 우열은 없다

당신은 위험 성향에 대해 특별히 생각해보지 않고 이미 개별 팀원의 자질이나 특성에 대해 파악을 끝냈을 수도 있다. 아마도 당신은 팀원 각각의 대략적인 RQ를 추정할 수도 있었을 테고 그것은 이 장의 앞부분에서 소개한 과정을 통해 평가한 RQ와 크게 다르지 않을 것이다. 이렇게 팀원에 대한 높아진 인식은 팀장인 당신에게 큰 도움이 된다.

이런 인식을 활용할 때 명심해서 할 점은 위험 성향이란 이상적인 수준이나 더 나은 수준이 존재하지 않는다는 것이다. 위험 성향이 낮은 사람들은 위험 성향이 높은 사람들이 하기 힘든 방식으로 기회에 신중하게 접근하기 때문에 팀에 가치 있는 기여를 할 수 있다. 그런 사람들은 더 신중하고 체계적이다. 위험 감수를 꺼리는 경향이 강하기 때문에 연구와 데이터에 비중을 둘 가능성이 높다. 행동에 치우친 사람이라면 그들에게 불만을 느끼겠지만 위험 성향이 낮은 사람들은 근거를 중시하는 태도를 통해서 나름의 공헌을 하고 있는 것이다.

반면 위험 성향이 강한 사람들은 행동을 앞세우는 경우가 많아 어떤 계획을 착수시키는 데 꼭 필요하다. 목표는 팀원의 위험 성향을 바꾸는 것이 아니라 그에 대해 인식해서 그 사람에게 어떻게 동기를 부여하고 그 사람의 재능을 어떻게 활용할지 파악하는 것이다. 팀원의 개별적인 위험 성향에 대해 진지하게 생각지 않는다면 모두가 거의 비슷하다는 잘못된 가정에 이를 수 있다.

이제 두 명의 팀원에게, 신규 지점을 만들기 위해 시내에서 벗어나 일하는 임시 과제가 주어졌다고 해보자. 한 팀원은 위험 성향이 강하고 다른 사람은 그렇지 않다고 가정하자. 이는 위험을 보다 편안히 받아들이는 팀원에게는 더할 나위 없이 흥미로운 기회일 것이다. 그는 바로 새로운 환경을 파악하고 새로운 사람들을 만나며 새로운 식당을 방문하고 새로운 문화적 기회를 누리거나 새로운 오락거리를 찾는 등의 흥미로운 일을 생각하기 시작했을지도 모른다.

반면 위험 성향이 낮은 사람들은 집에서 떠나 있어야 하고 알지 못하는 곳에 가야 하며 새로운 각종 서비스 제공업체를 찾아야 하고 어떤 동네를 피해야 하는지 모르는 등의 문제에 대해서 생각할 것이다.

각 팀원이 보이는 열의의 수준에는 분명 큰 격차가 있을 것이다. 각 팀원의 RQ를 고려하지 않았다면 이것이 당혹스럽게 느껴질 것이다. 두 팀원 모두 이 일시적인 업무를 받아들이도록 설득할 수는 있겠지만 설득에는 RQ를 기반으로 하는 다른 접근법이 필요하다.

설득과 소통에서의 위험 인식

어떤 사람과 어떻게 소통을 할지 그에게 어떻게 동기부여를 할지 평가할 때는 그 사람의 위험 성향을 염두에 두어야 한다. 개인의 위험 성향에 대한 인식은 팀 이외의 조직 구성원과 일을 할 때에도 중요하다. 조직 내여러 고위 경영진의 위험 성향 수준에 대해 생각해보라. 각각의 위험 성향을 1에서 10까지의 척도로 평가한다. 1은 대단히 위험 회피적인 것이고 10은 대단히 위험 추구적인 것이다.

어떤 프로젝트에 대해 누군가를 설득할 때 이를 어떻게 활용할 수 있을까? 위험 성향이 낮은 임원 앞에서라면 관련된 위험을 줄이는 데 필요한 모든 단계를 설명해야 할 것이다. 위험 성향이 높은 임원이라면 그 아이디어가 나타내는 기회에 초점을 맞추면 좋을 것이다. 위험 성향이 높은 임원 앞에서는 위험 성향이 낮은 임원에게 했듯이 위험 감소를 위한 단계를 긴 시간에 걸쳐 설명하는 것으로 그의 관심을 끌 수 없다.

이런 이유들 때문에 당신의 RQ와 다른 사람의 RQ를 파악하고 그들을 어떻게 비교해야 할지 인식하는 일이 중요한 것이다.

RQ를 판단하는 과정을 거치고 그 결과를 공유하지 않는 한 특정 개인의 구체적인 RQ는 알 수가 없다. 일반적인 생각은 할 수 있겠지만 융통성이 없는 가정은 위험하다. "아직 구체적으로 마음에 두고 있는 것은 없어요. 단지 앞으로 발생할 수 있는 일에 대비하고 싶어서 질문하는 것뿐이에요. 당신이 새로운 기회를 제안받을 때 가장 중요하게 생각하는 정보는 무엇인가요?"와 같은 질문이 평가를 더 분명하게 하는 데 도움을 줄 수 있다. 이런 질문에는 속임수란 없다. 동료를 더 잘 이해해서 그와 함께 더 효과적으로 일을 해나가기 위해 노력하고 있는 것이다.

개인의 위험 성향을 파악하는 데에서 재미를 느껴보라. 이에 대한 인식은 당신의 성공을 돕는 강력한 기반이 될 수 있다.

Check Point 22

- 팀원의 위험 성향에 대한 인식은 업무를 배분하거나 팀을 꾸리는 데 도움이 된다.
- 리스크 지수는 시간에 따라 바뀔 수 있으며 사건이나 상황에 영향을 받는다.
- 팀원 간 서로의 리스크 지수를 공유하는 것은 동료를 더 잘 이해하고 효과적인 협업을 하는 데 유용할 수 있다.

제23장

혁신을 장려하는
문화 만들기

●

비즈니스의 속도는 계속 빨라지고 있다. 기술이 더 빠른 속도를 가능케 했다면 국내외의 치열한 경쟁은 이 빠른 속도를 필수적인 것으로 만들었다. 이메일, 휴대전화, 문자 메시지, 화상 회의, 당일 배송이 등장한 것은 그리 오래전 일이 아니다. 이외에도 사업이 이루어지는 속도를 가속시킨 수많은 도구들이 있다. 기업이 외국의 경쟁 업체들과 효과적으로 경쟁하는 법을 배워야 했던 것도 몇십 년밖에 되지 않은 일이다.

오랜 시간 여러 층으로 이루어진 점진적인 관리 구조와 방법도 모든 조직이 함께 사용하고 있을 때는 효과적이었다. 하지만 기술과 커뮤니케이션의 도구가 더 빠른 의사결정을 뒷받침하게 되자 낡은 방법을 업데이트해야 했다. 당신은 팀장으로서의 커리어를 계속하는 동안 의사결정이 이루어지고 행동이 취해지는 속도가 계속 빨라지는 것을 목격하게 될 것이다. 상황이 점점 빠르게 변화하기 때문에 당신의 리더십 스타일도 그에 보조를 맞추는 것이 중요하다.

중앙집중식 의사결정이 필요한 구조와 문화는 더 이상 지속 가능성이 없다. 그 어느 때보다 빠른 속도의 비즈니스 세계에서 파생되는 문제들에 대응하려면 보다 낮은 레벨에서 좋은 결정이 내려져야 한다. 조직은 민첩해져야 한다. 간단히 말해, 당신이 모든 결정을 내리는 구조를 만든다면 당신과 당신 팀은 성공할 수 없다.

팀원이 잘못된 결정을 내렸을 때

조직의 목표를 명확히 한다면 팀원들이 내리는 결정의 질은 높아질 것이다. 그렇다면 조직의 목표를 명확히 밝히기만 하면 팀원들은 항상 당신과 동일한 결정을 할까? 그렇지 않다. 팀원들이 때로 잘못된 결정을 할까? 그렇다. 팀원들이 때로 더 나은 결정을 할까? 그렇다.

그렇다면 여기 질문이 하나 있다. 당신이 와이파이가 없는 비행기에 탑승했거나 휴가 중에 스쿠버 보트를 타고 있거나 혹은 어떤 이유에서든 클라이언트와의 회의가 불가능하다고 가정하자. 구체적인 사항은 중요치 않다. 문제는 당신과 연락이 닿지 않는다는 것이다. 아니, 당신과 연락이 닿기는 하지만 팀원 한 명이 당신이 요구한 그대로 일을 하고 있고 주도적으로 앞장서고 있다. 그는 이용 가능한 정보를 바탕으로 당시로서는 좋아 보이는 결정을 내린다. 그러나 얼마 지나지 않아 상황이 변하고 그것은 좋지 않은 결정으로 밝혀진다. 좋지 않은 결정일 뿐 아니라 비용이 많이 드는 결정이고 심지어 당신에게 안 좋은 영향을 미칠 것 같다. 자, 이때 당신은 어떻게 반응해야 할까?

사무실로 전화를 걸어 일을 엉망으로 만들었다고 그를 질책해야 할까? 결정을 내리려는 시도 자체가 잘못이었다고 말할까? 다음에는 의사결정을 하기 전에 당신에게 와야 한다고 말해야 할까?

이들 중 하나의 반응을 보였을 때, 다음에 다시 주도권이 주어지면 그 팀원은 어떻게 반응할까? 아마 그는 혼자 조치를 취하지도 결정을 내리지도 않을 것이다. 이것이 당신이 정말 의도하는 바인가? 당신은 앞으로 그가 주도직으로 일을 하지 않기를 바라는가?

잘못된 결정에 대한 당신의 반응이 질책이나 비난이라면 당신은 스스로의 역량을 약화시키고 있는 것이다. 주도적으로 일을 하고, 임기응변을 키우고, 회사의 주인처럼 생각하고, 기업가 정신을 가지라는 당신의 모든 격려는 무효가 될 것이다. 해당 팀원에 대한 당신의 격려가 무효화될 뿐 아니라 그 상황을 알게 될 모든 팀원들이 주도적인 태도를 취하려 하지 않을 것이다.

불가피하게 이런 상황이 벌어지면 당신은 비난의 말을 삼키고 장기적인 관점을 취해야 한다. 주도적인 자세와 분권화된 의사결정을 계속 장려해 팀의 민첩성과 효율을 높이려면 다음의 단계를 밟아야 한다.

1. 관련 팀원(들)과 상황을 검토한다.
2. 비난하지 않는다.
3. 당신의 목표가 모든 사람이 경험으로부터 배우고 실수를 반복하지

않는 것이라고 설명한다.

4. 대화의 방향을 다음번에는 더 나은 결과를 얻기 위해 다르게 할 수 있는 것이 무엇인지에 대한 것으로 돌린다.

5. 팀원들에게 같은 실수를 다시 해서는 안 된다고 못 박되, 팀원들이 주도적으로 일을 한 부분은 높이 평가하고 계속 그렇게 해주기를 바란다는 점을 분명히 한다.

이런 단계를 따른다면 당신은 팀원들에게 권한을 부여하는 일에 진지하다는 명확한 메시지를 보내게 될 것이다. 결과가 잘못됐음을 처음 알았을 때 화를 참아낸 일이 당신에게 이득으로 돌아올 것이다.

상사에게 상황을 설명하고 그가 잘못된 결과 뒤에 있는 더 큰 그림을 이해하도록 하는 것이 좋다. 팀원이 요구받은 대로 행동했고 그런 상황을 통해 얻은 가르침이 가치가 있다는 점을 강조하라. 이상적이지 못한 결과는 바람직하지 않지만, 그것이 흔치 않은 상황에서 빚어졌고 팀원의 성장을 도왔다는 점을 기억하라.

결과보다 노력에 보상하라

치열한 경쟁으로 인해 조직은 민첩성과 빠르게 움직이는 능력 외에도 회사를 더 성공적으로 만들 새로운 제품, 서비스, 방법을 고안하는 등의 혁신 역량을 갖추어야 한다. 스마트 스피커나 자율 수행자와 같은 신제품 도입처럼 극적인 혁신도 있지만 어디까지나 예외적인 것들이다. 대부분의 혁신은 훨씬 더 점진적이다. 무언가를 하는 더 나은 방법을 발견할 때마다 당신은 혁신을 이루고 있는 것이다.

지속적인 개선이 없다면 조직은 성공은커녕 존립을 이어가기도 힘들 것이다. 때문에 혁신은 중요하다. 당신 회사의 방법, 서비스, 제품이 지난 5년간 어떻게 변화했는지 돌아보라. 이 모든 변화가 성공적으로 경쟁할 수 있는 회사의 역량을 지키고 키우는 데 꼭 필요한 혁신의 한 형태였다.

혁신은 위험을 수반한다. 그 의미상 위험은 불확실한 결과를 의미한다. 결과가 확실하면 위험이란 성립되지 않는다. 그렇다면 팀원들의 아이디어가 모두 성공적일 수는 없다는 것을 알면서 어떻게 팀원들에게 혁신을 장려할 수 있을까? 그 답은 결과보다는 노력에 보상하는 것이다. 결과에만 보상을 한다면 팀의 혁신적인 노력은 기대하기 힘들 것이다. 결과가 실망스러울 때는 잘못된 의사결정이나 조치를 다룰 때와 비슷한 단계를 따라야 한다.

1. 관련 팀원(들)과 혁신을 위한 노력의 상황을 검토한다.
2. 비난하지 않는다.
3. 당신의 목표가 모든 사람이 경험으로부터 배우고 다음에 더 나은 결과를 얻는 것이라고 설명한다.
4. 대화의 방향을 다음번에는 더 나은 결과를 얻기 위해 다르게 할 수 있는 것이 무엇인지에 대한 것으로 돌린다.
5. 이번 노력이 기대만큼 성공적이지는 못했지만, 팀원들의 혁신 의도를 높이 평가하고 팀원들이 계속 그렇게 해주기를 바란다는 점을 분명히 한다.

왜 부정적인 결과에 집중해야 할까? 긍정적인 결과에 대한 대응은 쉽기 때문이다. 관련된 모든 사람이 축하와 보상을 받을 것이다. 조직의 혁신을 결정하는 것은 부정적이거나 성공적이지 못한 결과에 어떻게 대응하는가에 달려 있다.

과정에 가치를 둔다는 메시지를 전달하라

어떤 형태든 인센티브 제도에 따르는 문제는 그것을 제공해야 당신이 장려하는 것을 얻게 된다는 데 있다. 영업팀장에게 특정 상품의 커미션을 올리면 어떤 일이 일어나는지 물어보라. 영업팀은 그 제품을 더 많이 판매할 것이다. 혁신에서도 마찬가지이다. 문제는 혁신 과정은 본질적으로 불완전하다는 것이다. 성공에만 보상을 한다면 실패에 대한 두려움 때문에 혁신적인 시도는 감소할 것이다.

해법은 결과가 어떻든 시도에 대해 인정하는 보상 체계를 갖추는 것이다. 이상하게 심지어는 불온하게 들릴 수도 있다. 비즈니스라는 아이디어 자체가 승자에게 보상을 주는 것이다. 하지만 혁신을 낳는 문화를 만들기 위해서는 그와는 다른, 어쩌면 반직관적인 접근법이 필요하다. 근거가 충분하고 잘 실행된 혁신 시도라면, 어떤 이유에서 바라는 결과를 달성하지 못했더라도 바라는 결과를 달성한 혁신에 보상하는 것과 같은 방식으로 인정하고 포상을 해야 한다.

이런 방식이 불편하게 느껴진다면 이렇게 생각해보라. 주로 운이 좋아서 성공한 사람이나 팀이 있는 반면 실제로는 일을 더 잘했지만 시장의 상황이나 경쟁 환경과 같이 그들의 통제를 벗어나는 환경 때문에 성공하지 못한 개인이나 팀도 있다. 누구나 쉽게 그런 사례들을 떠올릴 수 있을 것이다. 성공한 사람이나 팀에만 보상을 하는 것이 다음의 혁신을 얼마나 좌절시킬지 생각해보았는가?

실제 상황에서 성과 평가, 보너스, 보상, 표창을 고려할 때 비록 성공하지는 못했지만 구상과 실행이 훌륭했다면 성공한 시도와 동일하게 취급해야 한다는 의미이다. 혁신에 표창을 주는 프로그램이 있다면 두 가지 범주가 있어야 한다. 성공적인 시도와 관련된 혁신은 혁신상을 받아야 한다. 완벽한 성공에 이르지 못했지만 구상과 실행이 뛰어난 시도라면 노력상을 받아야 한다.

구상과 실행이 형편없는 시도를 성공과 같이 간주하라는 뜻은 아니다. 잘못된 결정이나 잘못된 실행 때문에 성공하지 못했다면 그것은 실패로 취급해야 마땅하다. 성공과 동등하게 인정을 받을 자격이 있는 것은 팀의 통제를 벗어난 요인에 의해 성공하지 못한 혁신 시도이다. 프로젝트 도중에 자금 유입이 취소되었거나 예기치 못한 갑작스런 외부적 변화가 통제를 벗어난 상황의 예가 될 것이다.

성공한 팀원이 성공적이지 못한 팀과 동등한 대우를 받는 이런 접근법에 불만을 갖지는 않을까? 그럴 수도 있다. 그런 일이 일어난다면, 그 역시 다음에는 자신의 책임이 아닌 이유로 성공하지 못한 팀의 일원이 될 수 있다는 점을 상기시켜라.

혁신을 장려하려면 원하는 결과를 얻지 못하더라도 항상 혁신에 가치를 둔다는 명확한 메시지를 전달해야 한다. 이런 메시지가 제대로 전달된다면 당신은 실패보다는 진전을 더 많이 경험하게 될 것이고 당신 팀은 일에 더 즐겁게 참여하게 될 것이다.

Check Point 23

- 중앙집중식 의사결정 구조는 더 이상 지속 가능성이 없다.
- 팀원의 잘못된 결정에 대한 비난이나 질책은 팀장 스스로의 역량을 약화시키는 길이다.
- 결과보다는 노력에 보상하라. 그렇지 않으면 혁신을 기대하기 힘들 것이다.
- 운이 좋아 성공하는 경우가 있는 반면 개인의 통제를 벗어나는 환경 때문에 성공하지 못하는 경우도 있다. 팀원들에게 이 점을 상기시켜라.

제24장

성공의 확률을
높여라

•

팀장으로서의 책무에서 가장 큰 부분은 일을 더 잘할 방법, 즉 더 빠르면서 비용이 적게 들고 효율적으로 할 방법을 찾는 것이다. 성공하지 못한 때보다 성공한 때가 훨씬 더 많아야 한다. 이는 항상 개선의 기회를 염두에 둬야 한다는 것을 의미한다. 항상 적절한 실행 능력이 필요하다는 의미이기도 한다.

사격에 비유해보자. 조준을 하기 전에 방아쇠를 당기면 성공 못하고, 조준만 하고 방아쇠를 당기지 못해도 성공 못할 것이다. 조준을 잘하고 사격을 해야 한다. 방아쇠를 당긴 후에도 즉 총알이 총에서 표적까지 이르는 동안에도 조준을 더 정확하게 조정할 수 있다면 표적을 맞추는 횟수가 얼마나 늘어날지 생각해보라. 이것이 지능적 위험 감수의 목적이다.

지능적으로 위험을 감수하는 법

위험 감수는 우려의 시선을 받기 쉽다. 좋지 못한 결과에 이를 수 있기 때문이다. 그러나 적절하게 이루어진 위험 감수와 형편없이 이루어진 위험 감수 사이에는 큰 차이가 있다. 가능한 많은 성공을 이루는 것이 목표이기 때문에 당신은 '똑똑하게' 위험을 감수해야 한다. 이것이 지능적 위험 감수 개념의 배경이 되는 생각이다.

위험이란 결과가 불확실한 모든 조치를 의미하기 때문에 당신이 직장에서 하는 대부분의 일에는 위험이 수반된다. 성공적인 결과를 내는 비결은 위험(시도, 계획, 아이디어, 과정 등)을 요령 있게 관리하는 것이다.

지능적 위험 감수는 긍정적 결과의 가능성을 높이고 부정적 결과의 가능성을 낮추는 데 중점을 둔다. 여기에는 다음의 6단계가 포함된다.

1. 위험 요소의 확인
2. 결과 가능성 계산
3. 성공 수단 확보
4. 결과 가능성의 업데이트 평가
5. 실패 가능성의 점검
6. 결정과 진행

위험 요소를 구체적으로 확인하라

간단하게 보이지만 매우 중요한 단계이다. 어떤 조치를 취할지 결정하기 전에 당신이 정확히 어떤 위험을 감수하고 있는지 확인해야 한다. 어떤 위험이 있는지 기록으로 남기되 가능한 한 간결하게 한다.

위험 확인의 좋은 예는 다음과 같다. "18개월 안에 해외 매출을 40퍼센트 높이기 위한 일에 25만 달러를 투입한다. 여기에는 두 명의 직원을 채용하거나 인사 이동시키는 일이 포함된다." 위험 확인의 좋지 못한 예는 다음과 같다. "해외 매출을 40퍼센트 높인다." 전자의 경우 감수하고 있는 위험, 고려하고 있는 조치, 그 시도의 목표가 훨씬 더 명확하게 드러난다.

마찬가지로 좋은 사례를 하나 더 살펴보자. "자동 재고 관리 시스템에 18만 5,000달러를 투자해 손상과 재고 손실을 8퍼센트 줄인다."

같은 아이디어지만 좋지 못한 사례는 다음과 같다. "재고 손실을 감소시키는 재고 관리 시스템을 구입한다."

요점이 이해되는가? 입수할 수 있는 정보를 바탕으로 가능한 구체적으로 위험을 확인해야 한다.

결과의 가능성을 계산하라

다음으로 결과의 범위와 각 결과의 가능성을 결정한다. 비용이 대단히 많이 드는 계획을 고려하는 것이 아니라면 이 단계를 너무 복잡하게 만들지 말라. 대부분의 경우 최상의 결과, 중간 정도의 결과, 최악의 결과를 확인하는 것으로 족하다.

해외 매출 확대와 관련해 위에서 확인한 위험을 예로 들면 가능한 결과는 다음과 같은 것이 된다.

- 최선의 결과: 해외 매출의 40퍼센트 증가
- 중간 정도의 결과: 해외 매출의 20퍼센트 증가
- 최악의 결과: 해외 매출이 증가하지 않음

다음으로 시장 상황, 경제의 활력, 경쟁, 해당 계획을 위해서 필요한 인력의 질, 기타 고려하기로 선택한 다른 요소들에 대한 철저한 평가를 바탕으로 각 결과의 가능성을 비율로 표시한다. 다음과 같은 형태가 될 것이다.

- 최선의 결과: 해외 매출의 40퍼센트 증가. 가능성 30퍼센트
- 중간 정도의 결과: 해외 매출의 20퍼센트 증가. 가능성 50퍼센트
- 최악의 결과: 해외 매출이 증가하지 않음. 가능성 20퍼센트

여기에서 볼 수 있듯이, 가능성의 총합은 100퍼센트이다. 당신의 평가 결과도 총합이 100퍼센트가 되어야 한다.

이 과정을 통해 지금까지 배운 것이 무엇인지 정리해보자. 당신은 고려하고 있는 위험, 시도, 아이디어, 계획이 성확히 어떤 것인지 병시했다. 그것만으로도 가치 있는 일이다. 당신이 평가하고 있는 것에 정확히

집중하도록, 평가하고 있지 않은 것에 주의를 빼앗기지 않도록 해주기 때문이다. 또한 시도에 따라 나올 수 있는 결과를 확인하고 각각의 가능성도 예측했다. 이렇게 함으로써 당신은 상당한 정신적 훈련을 하고 있는 것이다. 나머지 단계 없이도 당신은 이미 무엇을 고려하고 있는지, 또 무엇을 얻고자 하는지에 대해서 깊이 생각하는 시간을 갖고 있기 때문에 이미 그 과정에서 가치를 얻고 있는 셈이다.

성공 수단을 확보하라

이것은 지능적 위험 감수 과정의 가장 중요한 단계이다. 가능성을 향상시키는 가장 중요한 방법은 성공 강화의 수단을 확인하는 것이다. 성공 강화의 중심은 '성공 가능성 강화 방법'Possibility Of Success Enhancement Measures(약자로 'POSEM'이라 쓰기도 하는데 이 단어는 잠을 자고 있지 않으면서도 잠을 자고 있는 것처럼 눈을 속일 수 있는 동물, 주머니쥐opossum와 발음이 비슷하다)을 개발하는 것이다.

POSEM은 고려하고 있는 계획에서 바람직한 결과의 가능성을 높이고 바람직하지 못한 결과의 가능성을 낮추기 위한 모든 노력을 말한다. 앞선 사례에 해당하는 POSEM의 예로는 다음과 같은 것들이 있다.

- 비슷한 시도를 해서 성공을 거둔 사람들을 채용한다. 이 경우 해외 영업 경험이 있는 사람들을 찾는 것을 의미할 수 있다. 판매하는 제품이나 서비스에 대한 경험이 있다면 더 좋을 것이다. 접근하려는

같은 해외 시장에 대한 경험이 있다면 더 좋을 것이다. 채용한 사람들의 경험을 충분히 활용하는 것이 중요하다.

- 시장 조사에 투자해서 이 팀이 고려하고 있는 각 나라의 잠재력과 경쟁에 대해 권위 있는 분석 결과를 얻는다.
- 고려 중인 시장에서 활동하는 현지 유통업체나 서비스 제공업체와 협력해 그들의 현지 지식과 네트워크로부터 이득을 얻는다.

오늘부터 당신도 POSEM을 확인하고 실행할 수 있다. 거의 매일의 일에 포함된 위험을 감소시킬 방법을 찾는 것은 모든 팀장이 맡고 있는 역할이다. POSEM은 당신이 창의력을 발휘하고, 넓게 생각할 수 있는 기회이다. 이를 만들 때는 틀에서 벗어난 생각을 할 수 있어야 한다. 떠오른 모든 아이디어를 사용하지는 못하겠지만 넓게 생각하지 않는다면 좋은 아이디어를 놓칠 수 있다. 자신에게 '만약'이라는 가정으로 시작되는 질문을 던져라. "만약 우리에게 최고의 인재가 있다면?", "만약 우리에게 독특한 인사이트가 있다면?", "만약 우리가 경쟁업체와 차별화되는 강점을 만들 수 있다면?" 이후 이런 일을 어떻게 해낼 수 있을지 자신에게 질문하라.

많은 POSEM이 조사 작업을 수반한다. 결과 평가를 할 때는 당신이한 모든 가정에 대해 생각해보라. 이제 입증할 필요가 있다고 판단되는 가정들에 대해 생각해보라. 더 나은 정보를 가지는 것은 더 나은 결정을 하는 데 도움을 준다. 단, 가능한 모든 질문에 답을 얻을 때까지 결정을 미루는 함정에 빠져서는 안 된다. 모든 답을 얻었을 때라면 기회는 이미 당신을 지나쳐 갔을 것이다.

결과 가능성의 업데이트 평가

강력한 POSEM을 확인했고 그것을 실행할 계획을 갖고 있다면 그것들은 결과에 긍정적인 영향을 줄 것이다. 때문에 예상되는 각 결과의 가능성을 업데이트해야 한다. 설명을 위해 위에 열거한 세 가지 POSEM을 확인해 예상 결과의 가능성에 영향을 준다고 가정해보자.

- 최선의 결과: 해외 매출의 40퍼센트 증가. 가능성은 30퍼센트에서 50퍼센트로 증가
- 중간 정도의 결과. 해외 매출의 20퍼센트 증가. 가능성은 50퍼센트에서 40퍼센트로 감소
- 최악의 결과: 해외 매출이 증가하지 않음. 가능성은 20퍼센트에서 10퍼센트로 감소

보다시피 가능성의 총합은 여전히 100퍼센트이다.

POSEM이 상당한 영향을 미쳤다. 해외 매출을 목표만큼 증가시킬 수 있는 가능성을 크게 높였다. 이것이 지능적 위험 감수 과정의 힘이다.

실패 가능성의 점검

고려하고 있는 위험, 노력, 아이디어, 계획을 진행시킬지 결정하기 전에 실패 가능성을 점검해야 한다. 실패 가능성 점검은 최악의 결과를 견

딜 수 있는지 자문하는 것을 의미한다. 일어날 수 있는 최악의 일은 무엇이며 거기에서 살아남을 수 있는가?

우리가 논의하고 있는 앞의 사례에서 최악의 결과는 25만 달러를 투자하고도 해외 매출을 높이지 못하는 것이다. 문제는 이것이 감수할 수 있는 결과인가이다. 조직이나 당신의 커리어를 망친다면 감수할 수 없는 결과라고 보는 것이 맞다. 실망하더라도 감수할 수 있다면 이 단계는 통과다. 이제 당신은 지능적 위험 감수의 마지막 단계로 이동할 준비가 되었다.

결정과 진행

이제 당신은 고려하고 있는 정확한 위험, 노력, 아이디어, 계획과 바람직한 결과의 가능성을 높일 수 있는 방법을 확인했다. 다양한 결과의 가능성을 정량화하고 그 아이디어의 실패 가능성도 점검했다. 이제 당신이나 의사결정에 관련된 사람들이 결정을 내릴 때이다. 결정을 하기 전에 한 가지 고려해야 할 중요한 요소가 있다. 더 많은 POSEM을 확인하고 실행하는 일을 멈추지 말라. 우리는 의사결정 과정을 이미 총에서 떠난 총알을 표적 쪽으로 조종하는 능력과 동일시하면서 지능적 위험 감수에 대한 논의를 시작했다. POSEM의 확인과 실행을 계속함으로써 당신은 총알을 표적으로 조종하는 것과 같은 효과를 얻는다. 창의력이 있고 부지런하다면 바람직한 결과의 가능성을 계속 끌어올릴 수 있다.

이제 결정의 시간이다. 앞으로 나아가기를 선택할 수도 있고 아닐 수도 있다. 진행하지 않기로 하는 것이 최선의 결정일 수도 있다. 어떤 결정을 하든 충분한 정보와 심사숙고를 바탕으로 결정했다는 것을 안다면 자신감 있게 결정을 할 수 있을 것이다. 이것이 팀장이 급여를 받는 이유이다.

Check Point 24

- 성과를 내는 비결은 위험을 능숙하게 관리하는 데 있다.
- 어떤 조치를 취할지 결정하기 전, 당신이 정확히 어떤 위험을 감수하고 있는지 확인하고 기록으로 남겨라.
- 모든 가정에 대해 생각해보되, 모든 답을 얻을 때까지 결정을 미루지 말라. 그동안 기회는 당신을 지나쳐 간다.

제25장

조직 내 세대 차이 극복하기

•

초보 팀장들의 연령은 다양하다. 20대에 팀장이 된 사람이 있는가 하면 30대나 40대, 심지어는 50대나 60대에 처음 팀장이 된 사람도 있다. 팀 장과 팀원 사이의 나이 차이에 관련해서 세 가지 상황이 있을 수 있다.

1. 나이 든 팀장이 젊은 직원들을 관리한다.
2. 젊은 팀장이 나이 많은 직원들을 관리한다.
3. 나이 든 혹은 젊은 팀장이 다양한 연령(일부는 나이가 적고, 일부는 많고, 일부는 동년배인)의 그룹을 이끈다.

젊은 팀장이 나이 든 직원들을 관리할 때는 종종 충돌이 일어난다. 나이 많은 사람들이 젊은 팀장과 일을 하는 데 분개하는 경우다. 이런 문제는 주로 나이 든 직원의 태도와 젊은 팀장의 충동적인 성향에 기인한다. 따라서 여기에서는 자신보다 나이가 많은 직원들을 관리하는 젊은 팀장이 부딪히는 문제를 먼저 다루겠다.

젊은 팀장이라면 자신의 성향보다 좀 더 점진적인 접근 방법을 쓰는 것이 좋다. 당신은 직원들이 당신을 나이보다 성숙하게 봐주기를 바랄 것이다. 행동을 통해 그런 인상을 만들 수 있다면 그것은 조만간 모든 사람의 마음속에서 사실로 자리 잡을 것이다.

시간을 들여서 천천히 변화를 만들어가도록 하라. 지나치게 빨리 이것저것 결정하면서 권력을 휘두르지 말라. 나이 든 직원늘은 빠른 결정을 충동적이라고 생각할 것이다. 사람들이 당신에게 이중 잣대를 들이댈 수 있다는 것을 알아야 한다. 나이 든 팀장이 했다면 적절하다고 여겨졌을 조치가 당신이 취했을 때는 충동적인 것으로 받아들여질 수 있다. 이것은 이른 성공의 대가이다. 나이 든 팀장의 빠른 조치는 결단력의 표현으로 보일 수 있다. 같은 조치도 젊은 팀장이 취하면 '성급하다'는 딱지가 붙는다. 당신이 해야 할 일은 사람들에게 당신이 그 자리에 있다는 사실에 익숙해질 시간을 주는 것이다. 나중에 해체해야 할 장벽은 쌓지 말라.

하지 말아야 할 실수

초보 팀장들은 점진적 변화의 규칙을 어기고 즉각 변화를 꾀하거나 새로 얻은 권력을 마음대로 사용하는 경우가 많다. 그런 접근 방식은 모두를 화나게 한다. 특히 오랫동안 그 자리에 있었던 직원들에게 거슬리는 일이 될 수 있다.

당신 앞에 제기된 모든 질문에 대한 답을 알 필요는 없다. 모르는 것에 대한 답을 꾸며대는 것은 실수이다. 경험이 많은 직원들은 그것이 거짓임을 바로 간파할 것이다. 질문에 답을 할 수 없다면 "좋은 질문이지만 답은 모르겠네요. 답을 찾아서 알려드리도록 하겠습니다."라고 말해야 한다. 이런 솔직함으로 '아는 체하는' 녀석이라는 이미지를 피해갈 수 있다. 일부 나이 든(일부 나이가 그리 많지 않은) 직원은 당신이 모든 답을 알 만큼 오래 살지 않았다고 여길 것이다.

모든 훌륭한 팀장들이 그렇듯이, 당신이 모든 팀원들의 안녕에 대해서 관심을 갖고 있다는 것을 일찍부터, 자주 보여줘야 한다. 팀장인 당신은 고객을 납득시키는 영업사원이 되어야 한다. 당신의 일은 직원들에게 당신을 팀장으로 둔 것이 행운이라고 납득시키는 것이다.

젊은 팀장을 위한 전략

팀장으로서 당연히 해야 하는 상식적이고 확연한 결정들을 잠시 미뤄둠으로써 나이 든 직원들이 당신의 관리를 좀 더 편하게 받아들이도록 만들어야 한다. 당장 할 수 있는 결정이더라도 그 자리가 처음이라면 가능한 한 결정을 미루고 그 문제에 대해 생각해보겠다는 신호를 보낼 필요가 있다.

예를 들어, 나이 든 직원이 진지하게 고려하는 문제를 당신에게 가지고 왔다고 해보자. 당신은 바로 결정을 내릴 수 있지만 이때 그 대신 "잠시 생각해볼 시간을 주세요. 내일 아침 다시 이야기를 하도록 하죠."라고 말하는 것이다. 이런 식으로 당신이 사려 깊고 모든 사실을 파악하고 싶어 한다는 점을 보여주면 아는 체하는 풋내기라는 이미지를 불식시킬 수 있다. 당신이 충동적이지 않다는 것도 보여줄 수 있다. 충동적이라는 평은 젊은 팀장에 대해서 자주 나오는 불만 사항이다.

같은 상황에서 "권하고 싶은 것이 있나요?" 혹은 "어떻게 해야 한다고 생각하세요?"라고 질문할 수도 있다. 문제를 제기한 사람이 상식적인 사람으로 보인다면 시도해보라. 하지만 그 사람의 판단력을 평가할 기회가 없었거나, 시간을 물었을 때 시계 만드는 방법을 이야기해주는 사람이라면 이런 생각은 하지 않는 편이 낫다.

각 세대에 관한 인사이트

각 세대는 독특한 특성을 가진다. 대부분의 직장에서는 베이비부머(1946~1964년 출생), X세대(1965~1976년 출생), Y세대라고도 불리는 밀레니얼(1977~1995년 출생), 이렇게 최소한 세 개의 세대를 만나게 될 것이다. 각 세대에 공통된 특성과 동기부여 요소를 이해하는 것이 중요하다. 광범위한 일반화에는 항상 예외가 있기 마련이지만 이런 세대들은 종종 당신이 유용하게 활용할 만한 공통점을 보여준다. 다음은 그런 특성들을 자세히 설명한다.

- 베이비부머 세대에게 동기를 부여하기 위해서는 그들의 전문 지식이 가진 가치를 인정하고 승진이나 급여와 같은 전형적인 인센티브를 제공해야 한다. 그들은 야심이 크고 목표 지향적인 만큼 상당한 주도권을 필요로 할 것이다. 성공에 대해서는 절제된 인정, 더 큰 성과를 달성하는 데 필요하다고 보는 권한, 급여 이외에도 지정 주차 구역이나 멋진 사무실과 같은 특전에 높은 가치를 둔다.
- X세대 역시 야심이 크지만 자율성을 더 선호한다. 그들은 유연성, 독립적으로 일할 수 있는 가능성, 세부적인 통제가 없는 상황에 큰 가치를 둔다. 직업적인 발전이 중요하며 따라서 교육이나 교육비 지원을 가치 있게 생각한다. 그들에게 적절한 인센티브 제도는 급여, 유연한 근무 스케줄, 원격근무 형태의 독립성이다.
- 밀레니얼은 낙관적이며 기술 적응력이 높고 유연함을 기대한다. 그들은 자신의 기여와 의견이 가치를 인정받는 데에서 동기를 부여받는다. 그들의 이상은 규칙적인 진보, 중요하다고 여기는 곳의 일원이 되는 것, 일에 대한 자신의 애정을 필요로 하는 것에서 부각된다. 기술로 촉진된 지속적 커뮤니케이션에 노출되어온 세대의 일원이기 때문에 그들은 적절한 정보 입수, 잦은 피드백, 상사와의 상호작용에 가치를 둔다. X세대와 마찬가지로 유연성을 중시한다.

밀레니얼과 X세대는 언제 어떻게 일을 하느냐에 폭넓은 자유재량을 요구한다는 것을 알 수 있다. 그들이 선호하는 방식은 "내가 해내야 할 일이 뭔지 말해주고 내가 그걸 하도록 내버려 둬."일 것이다. 철저한 관리는 부정적인 반응을 유발할 수 있다. 이들 세대 팀원은 나이 든 팀원보

	출생 연도	특성	동기부여 요소	가치를 두는 것	인센티브 제도와 보상
밀레니얼 (Y세대)	1977 ~1995	낙관적 멀티태스커 유연성 중시	가치를 인정받는 것 발전하고 있다는 느낌 의견을 존중받는 것 옳다고 여기는 사명	일을 좋아하는 것 적절한 정보를 제공받는 것 리더와의 상호작용 기술 교육 성장과 승진 기회 피드백	급여와 수당 개인적 시간 유연성
X세대	1965 ~1976	추진력 야심 자율성 선호	보너스/주식 유연성	유연성 독립적으로 일하기 자기계발 주기적인 공개적 인정	급여 유연성 재택근무 교육비 지원
베이비 부머	1946 ~1964	야심 목표 지향 일에서 얻은 정체성	급여 승진 인정 퇴직 연금	가치 있다고 인정받는 전문 지식 직함	급여 간헐적인 피드백 권위 특전

다 개인적 시간에 더 가치를 두는 편이다. 더 많은 책임을 지고 개인 시간을 희생하는 대신 급여를 인상해준다고 하면, 그들은 흥미를 보이지 않을 것이다.

멘토로서의 팀장

높은 성과를 내는 직원들은 거의가 개인적인 성장을 바란다. 이는 자신의 역량을 확장하거나 승진을 하거나 혹은 둘 다 원한다는 의미이다. 팀장이 멘토 역할을 맡는 것은 이런 높은 성과를 내는 직원의 참여도를 높게 유지하는 데 도움이 된다. 당신을 자신들의 직업적 목표 달성을 촉진하는 사람으로 받아들이면 팀원들의 참여도는 높아진다.

멘토가 된다는 것은 직원들을 이끌 때 그들의 직업적 성장을 고려해서 성장을 촉진하고 조직의 니즈와 부합시키기 위해 가능한 모든 일을 한다는 의미이다. 조직 내에서 구성원의 성장과 승진을 돕는 팀장으로 인식되면 내부에서 인력을 조달하는 일이 대단히 수월해질 것이다. 야심이 큰 사람들이 당신을 찾을 것이다.

멘토 관계에 가치를 두는 것은 나이와 무관하지만 특히 젊은 직원들이 그런 역학에 더 큰 비중을 두는 경향이 있다. 젊은 직원들은 직접적인 권한 행사를 싫어하고 특정한 일을 하라는 지시에 긍정적 반응을 보이지 않는다. 다른 방법, 즉 멘토 역학을 통해 그들과의 관계를 구축한다면 원하는 결과를 얻을 수 있을 것이다. 팀원들이 당신의 인사이트와 방향 제시가 성장에 도움이 되는 동시에 조직의 목표 달성을 가능케 한다는 것을 알게 되면, 당신은 양쪽 모두에 유용한 방식으로 그들을 관리할 수 있게 된다.

당신은 이렇게 생각할지도 모르겠다. "젊은 직원들을 왜 다른 방식으로 다뤄야 해? 그들이 태도를 바꿔 세상의 방식을 받아들여야지." 한동안은 그런 접근 방식을 취할 수도 있을 것이다. 하지만 그것은 물살을 거슬러 헤엄을 치는 것과 같다. 이런 태도가 당신에게 불리한 첫 번째 이유는 유능한 팀장이 되기 위해서는 하나의 리더십 스타일이 모두에게 효과가 있는 것이 아님을 깨달아야 하기 때문이다. 훌륭한 리더는 팀원의 독특한 특성에 대해서 알고 거기에 호응해야 최고의 성과를 이끌어낼 수 있다는 것을 알고 있다. 스포츠팀의 유능한 코치가 선수마다 다른 코칭법을 사용하는 것이 그 좋은 예이다. 과거의 접근 방식을 고수하는 것이 당신에게 불리한 두 번째 이유는 매일 더 많은 젊은 직원이 노동 인구에 편입되기 때문이다. 그들의 스타일에 적응하는 법을 모른다면 당신의 리더십 스타일은 구식이 될 것이다.

멘토 역할을 할 때는 멘토를 친구로 착각하지 않도록 조심해야 한다. 당신이 이끄는 사람들과 긍정적인 관계를 맺는 것은 분명 좋은 일이지만 당신은 그들의 격의 없는 친구가 아니기 때문이다.

쉽게 포기하지 마라

관리 업무를 맡을 때는 팀원의 과거 업무 평가를 검토해보는 것이 도움이 될 수 있지만 이때는 열린 마음을 가져야 한다. 평가는 대체로 정확하겠지만, 특정 직원을 사각 지대에 두고 있는 팀장들도 있는 법이다. 독창적인 아이디어를 전혀 내지 않는다는 직원을 인계 받았지만 다른 접근법을 사용해 그에게서 좋은 아이디어를 끌어낸 팀장들의 예도 많다. 그러니 너무 빨리 사람들을 포기하지 말라. 당신에게는 그들의 능력을 끌어낼 힘이 있을지도 모른다.

Check Point 25

- 팀장은 각 세대의 특성을 파악하고 그에 적합한 접근법을 사용해야 한다.

- 자신보다 나이가 많은 팀원을 둔 초보 팀장이라면 서둘러 변화를 추구하거나 성급하게 행동해서는 안 된다. 팀장이 이렇게 행동하면 나이 든 팀원들은 팀장이 충동적이라고 생각할 것이다.

- 쏟아지는 질문에 대한 해답을 알지 못한다면 그 사실을 솔직하게 인정해야 직원들로부터 아는 척하는 얄팍한 사람이라는 평가를 받지 않을 수 있다.

- 팀원의 과거 업무 평가서를 바탕으로 그를 성급하게 포기해서는 안 된다. 그런 직원의 능력도 계발시킬 수 있도록 노력해야 한다.

제26장

효과적인
원격근무 관리

•

가까운 곳에서 근무하지 않는 팀원이 있을 수도 있다. 가끔 혹은 주기적으로 재택근무를 하는 직원이 있을 수도 있다. 이런 경우에는 그 상황을 관리해야 한다.

직원이 원격근무를 하는 데에는 여러 가지 이유가 있다. 인건비가 낮다는 것은 회사에 상당히 유리한 조건이다. 직원이 고객이나 공급 업체와 가까이 있어야 하는 경우도 있다. 시간대도 영향을 주는 요인이 된다. 정보 기술 업체들은 24시간 지원을 더 쉽게 하기 위해 의도적으로 팀을 전 세계에 분산시킨다.

원격근무의 장점은 뜨거운 쟁점이다. 일부 유명 기업들은 원격 혹은 재택근무를 없애기로 결정했다. 그러나 조직이 원격근무를 허용하는 경우라면, 당신은 원격근무를 하는 팀원을 효과적으로 관리해야 한다.

정기적 대면 기회를 만들어라

멀리 있는 팀원을 사무실에 함께 있는 팀원과 가능한 똑같이 대하는 것이 중요하다. 최소한 사무실에 있는 팀원과 비슷한 정도로 접근할 수 있고 소통할 수 있어야 한다. 이메일, 문자 메시지, 전화, 동영상을 비롯해 이용 가능한 모든 커뮤니케이션 도구들을 사용해야 한다. 영상 통화나 화상 회의는 다른 방법보다 풍성한 커뮤니케이션을 가능케 한다.

사무실에 출근하는 팀원들과 마찬가지로 일주일에 한 번씩 일대일 회의를 가져야 한다. 원격근무를 하는 팀원과 정기적으로 직접 만날 수 있는 기회를 만들어라. 그들의 근무지를 방문하거나 그들이 사무실로 오는 것 모두 가치 있는 일이다. 그들이 얼마나 멀리에서 근무하는지에 따라 최소한 1년에 한 번은 그들의 근무지에서 만남을 갖고, 원격근무 팀원 역시 1년에 한 번은 당신이 있는 곳으로 오는 것이 좋다. 이런 접촉은 다양한 측면에서 중요하다. 서로를 아는 데 직접적인 만남보다 더 좋은 방법은 없다. 또한, 그들을 당신의 근무지로 부름으로써 그들이 동료 팀원을 더 잘 알 수 있는 기회를 만들 수 있다.

요구 사항은 서면으로 전달하라

원격근무를 하는 팀원이 자신에게 요구되는 것이 무엇인지 파악할 수 있도록 요구사항을 서면으로 정리해야 한다. 여기 포함되어야 하는 주제는 다음과 같다.

- 성과 목표
- 보고 사항
- 연락 가능 시간—쌍방
- 응답 시간—쌍방
- 주당 근무 시간

제36장에서 설명할 효과적인 위임 방법은 원격근무 직원에게도 적용된다. 이들을 효과적으로 관리하는 데 있어서의 핵심은 결과와 스케줄의 철저한 명확성이다. 이들이 무엇을 언제까지 전달해야 하는지 명확하게 결정해야 한다.

완전 재택근무를 하는 팀원 역시 원격근무를 하는 팀원과 비슷하게 다뤄야 한다. 며칠만 재택근무를 하는 직원은 좀 더 간단한 문제이다. 일주일에 며칠만 재택근무를 하는 직원들은 여전히 정기적으로 사무실에 나올 것이다. 이 경우는 당신의 업무 효율을 높이는 데 도움이 될 중요한 대면 커뮤니케이션의 기회를 가질 수 있다. 재택근무를 하는 팀원이 있다면 원격근무를 하는 팀원과 비슷하게 서면으로 요구사항을 작성해야 한다. 연락 가능성, 응답 시간, 근무 시간과 같은 모든 사안이 똑같이 적용된다. 팀원이 며칠만 재택근무를 해서 일주일에 한 번씩 일대일 회의가 가능하다면 매우 바람직하다. 그들이 책임져야 할 결과와 스케줄에 대해 명확히 파악하고 있는 것이 무엇보다 중요하다.

Check Point 26

- 원격근무를 하는 팀원이 있다면 다른 팀원들과 마찬가지로 일주일에 한 번씩 일대일 회의를 가져야 한다.
- 원격근무 팀원을 효과적으로 관리하는 데 있어서의 핵심은 결과와 스케줄의 완벽한 명확성이다. 그들이 자신에게 요구되는 것이 무엇인지 파악할 수 있도록 요구사항을 서면으로 정리해 전달하라.

제27장

직장 내 소셜미디어
사용 가이드

●

페이스북, 링크드인, X(옛 트위터), 인스타그램과 같은 소셜미디어가 일상이 되었다. 당신 팀원들은 이들 중 일부 혹은 전부를 이용하고 있을 것이다. 팀장인 당신은 소셜미디어가 직장에 미칠 수 있는 영향에 적극적으로 대처해야 한다.

소셜미디어 사용의 유형별 대처법

업무와 관련한 소셜미디어 사용에는 네 가지 측면이 있다.

1. 공식적인 사용: 회사의 이름으로 소셜미디어 플랫폼을 사용해 대중에게 내놓는 공식적인 발표
2. 직장 내에서의 직업적인 사용: 조직 사명 추구의 일환으로 소셜미디어를 사용하는 것. 리서치, 직원 모집, 회사 제품이나 서비스 홍보 등
3. 직장 내에서의 개인적인 사용: 근무 시간에 혹은 회사 소유의 기기로 개인 소셜미디어 계정에 접속하는 것
4. 개인 시간에 개인 기기를 통한 개인적인 사용: 근무 시간이나 회사 소유 기기를 이용하지 않는 개인적 성격의 사용

공식적인 사용은 기업 설명 및 홍보 등의 역할을 맡은 사람들에게 해당된다. 팀이 이런 영역을 맡고 있지 않다면 당신에게는 해당 사항이 없다.

직장에서 직업적으로 사용할 때라면 소셜미디어는 적절한 도구이다. 직원들이 소셜미디어를 일과 관련된 도구로 사용한다면 게시가 허용되는 것과 그렇지 않은 것에 대한 명확한 서면 지침을 마련해야 한다.

직장 내에서의 개인적인 사용은 의도적인 해결이 필요한 문제이다. 이를 무시하면 쉽게 문제가 일어날 수 있다. 많은 기업들이 근무 시간 중에 혹은 회사 소유 기기를 이용한 소셜미디어의 개인적 사용을 전면 금지하고 있다. 개인 소셜미디어 계정에 회사의 이메일 주소를 사용하는 일도 금지하는 것이 보통이다. 이런 정책의 주된 근거는 생산성 저하와 법적 책임의 가능성이다. 조직의 정책을 직원들에게 명확하게 알려야만 한다.

하지만 직원의 계정을 팔로우해서 그들의 정책 위반 가능성을 감시하는 것은 위험한 일이다. 당신이 직접 이런 일을 하기 전에 인사팀이나 법

무팀을 통해 지침을 반드시 확인해야 한다.

개인적 사용에 대해서는 회사나 당신의 정책이 조금 더 관대할 수도 있다. 휴식 시간에 개인 기기로 소셜미디어를 개인적으로 이용하는 것 정도는 허용할 수 있다. 모든 합리적인 사용을 허용할 수도 있다. 여기에서도 중요한 것은 정책이 명확하게 공유되어야 한다는 점이다.

개인 시간에 개인 기기를 이용한 직원의 개인적 소셜미디어 이용은 고용주가 개입해서는 안 되는 문제이다. 다만 직원이 회사의 기밀 정보나 독점 정보를 게시하거나 회사나 동료에 대해 중요한 말을 하는 경우는 예외가 된다. 이런 상황은 법적 책임의 문제가 도사리고 있는 지뢰밭이나 마찬가지로, 인사팀이나 법무팀의 지침에 따라 매우 신중하게 다루어야 한다.

Check Point 27

- 직장 내에서 직원들이 소셜미디어를 일과 관련된 도구로 사용한다면 명확한 서면 지침을 마련해야 한다.
- 근무 시간 중 소셜 미디어를 개인적으로 사용하는 경우에 대한 조직의 정책을 명확하게 이해시켜야 한다. 금지하는 경우 주된 근거는 생산성 저하와 법적 책임의 가능성이다.
- 개인 시간에 개인 기기를 이용한 소셜미디어의 개인적 이용은 개입해서는 안 되는 문제이다. 다만 회사 정보 유출, 동료에 대한 언급 등은 예외가 될 수 있으므로 인사팀이나 법무팀을 통해 지침을 반드시 확인해야 한다.

팀장에게는 인적자원 관리의 행정적 측면을 효과적으로 처리하는 능력 또한 필요하다. 여기에는 개별 팀원의 역할과 책임을 명확하게 정의하고, 투명한 성과 평가 체계를 구축하며, 형평성을 고려하여 급여와 보상을 관리하는 부분까지 포함된다. 이는 모두 유기적으로 연결되는 것으로서 철저한 계획에 따라 이루어져야 하며, 회사의 전체 목표에 공헌할 수 있어야 한다.

제4부

모든 업무 프로세스는 명확하고 공정하게

시스템의 원칙

제28장

직무기술서로
업무 정의하기

•

직무 평가, 업무 평가, 급여 관리는 모든 기업의 공식 혹은 비공식적인 중요한 관리 도구이자 중요한 직무이다. 이런 행정 처리를 맡은 사람들이 그 목적과 도구의 용도를 제대로 파악하지 못하면 관리에 심각한 문제가 발생할 수 있다.

이런 직무들은 개념적인 관점에서 볼 필요가 있다. 여기에서는 정확한 세부 사항(사용되는 서식과 같은)에 대한 논의가 불가능하다. 업계마다, 심지어는 같은 업계여도 회사마다 접근법에 큰 차이가 있기 때문이다.

공식적인 프로그램이 없는 기업도 이런 도구를 사용한다. 어설프게 사용하는 경우도 있지만 말이다. 이런 약식 혹은 비공식적 사용은 가족들이나 한두 명의 고위 임원이 통제하는 작은 규모의 회사에서 많이 나타난다. 이들은 자신이 공정하며 직원이 이런 공정한 대우에 만족하고 있다고 생각하고 있을 것이다. 정말 그럴 수도 있다. 하지만 그럴 확률은 매우 낮다. 공식적인 프로그램이 없더라도 책임을 맡은 사람은 어떤 일이 가장 중요한지 결정하고(직무 평가), 사람들이 얼마나 일을 잘 했는지 판단하고(업무 평가), 각 직원이 급여를 얼마나 받아야 할지 결정한다(급여 관리). 따라서 회사의 좌우명이 "우리는 모두 한 가족이다. 나는 부모의 입장에서 공정성을 바탕으로 모든 결정을 내린다."라고 하더라도 회사에는 프로그램(아마도 '가부장'적인 독특한 성향의 프로그램)이 존재할 것이다.

직무기술서의 기초

대부분의 기업이 직무기술서를 사용한다. 격식이 없는 직무기술서부터 매우 체계적인 직무기술서까지 그 종류는 다양하다. 직무기술서는 어떤 일을 해야 하는지 상세히(그 정도는 다르지만) 설명하며 보통 위계 관계가 포함된다.

직접 직무기술서를 작성하는 기업도 있고 경영 컨설팅 회사에서 만든 시스템을 사용하는 기업도 있다. 이 시스템에 따라 직무기술서 작성법을 교육하는 경우도 있고 직무에 점수를 매겨 조직 내의 위계를 정하는 방법을 가르치기도 한다.

직무기술서는 보통 어떤 일을 해야 하는지, 어느 정도의 학력이 필요한지, 일을 능숙하게 하려면 어느 정도의 경력이 필요한지, 이 직무에 따르는 구체적인 책임은 어떤 것인지, 감독이나 관리 책임의 범위는 어디까지인지를 알려준다. 직무기술서는 장단기 목표를 설명하고 관련된 사람들(직속 상관을 비롯해)과의 관계를 상술한다. 공공 기관이나 정부 기관 등 직무를 위해 상호작용을 해야 하는 대상도 종종 언급된다.

3단 접근법으로 작성하라

직무기술서를 쓸 때는 '3단 접근법'을 사용하는 것이 도움이 된다.

1. 전문적 기술과 지식
2. 행동 방식
3. 대인관계 기술

1단계에서는 그 사람이 해야 하는 일, 거기에 필요한 전문적 기술과 지식을 구체적으로 명시한다.

이후 직무기술서에 행동 기반 단계를 추가한다. 이 단계는 임무를 수행하는 동안 취해야 할 행동 방식을 설명한다. 예를 들어 2단계에서 필요한 행동에는 임무를 끝까지 완수하는 것, 혁신적이고 창의적인 태도를 갖는 것, 완성도에 대한 다짐을 보여주는 것 등이 포함된다.

3단계는 대인관계 기술의 단계이다. 특정 직무에 대한 요구 사항으로 경청자가 되는 것, 팀워크를 중시하는 것, 다른 사람의 비판을 수용하는 것이 포함된다.

많은 직무기술서가 직무의 기술적 측면, 즉 1단계에만 집중한다. 그렇지만 행동 단계와 대인 관계 단계도 그 못지않게 중요하다. 노련한 팀장들은 행동과 대인관계에서의 역량이 개인이 직무에서 성공할지를 내다보는 가장 좋은 예측 변수라고 말한다. 직무기술서를 작성할 때는 위 세가지 단계가 반드시 언급되도록 해야 한다.

작성 시 주의할 점

언젠가는 자기 자신을 위한 그리고 당신의 팀원 일부에 대한 직무기술서를 쓰게 될 것이다. 일부 기업은 직원이 직무기술서를 작성하고 필요에 따라 팀장이 검토, 수정하는 것을 허용하기도 한다. 직무기술서는 직원과 팀장이 공동으로 작성해 직무에 포함되는 것이 무엇인지에 합의가 이루어지도록 하는 것이 가장 좋다. 이는 장래의 의견 충돌을 줄이는 데 도움이 된다.

직무 평가는 특별히 이를 위해 교육받은 위원회가 맡는다. 보통 인사팀이 담당하는 경우가 많다(방법은 회사마다 다르기 때문에 여기에서 논의하지 않을 것이다). 이 평가 과정에서 나온 점수가 각 직무의 급여 범위를 결정하고, 그 범위는 신입 직원에서 경험이 많은 전문가에까지 이른다. 직무 급여의 중간값을 100퍼센트로 하면 최하점은 75~80퍼센트, 뛰어난 성과를 거둔 경우에 해당되는 최고점은 중간값의 120~125퍼센트 정도가 될 것이다.

직무 평가의 점수가 급여의 범위를 결정한다는 것을 모두가 알고 있기 때문에 많은 사람이 이 점수를 중요하게 생각한다. 그 결과 사람들이 급여의 범위를 높이기 위해 직무기술서를 과장하는 경향이 있다. 표준 문안을 그대로 베껴서 직무기술서를 작성하는 것은 보통 불리하게 작용한다. 직무기술서에 과장이 있는 경우, 인사팀이 사실을 파악하기 위해 과장을 걷어내게 된다. 인사팀은 직무기술서를 쓴 사람이 어떤 일을 하는지 정확히 알고 있기 때문에 과장은 역효과를 부른다. 반대로 직무기술서가 간결하고 정확하면 이들의 일을 줄여주는 효과가 있다. 직무기술서를 써야 한다면 가득 채우려는 유혹을 버려야 한다. 이런 방법으로 인사팀을 속이거나 그들에게 깊은 인상을 줄 수 있을 가능성은 매우 낮다.

Check Point 28

- 직무기술서 작성을 위한 1단계는 필수적인 전문 기술과 지식을 기술하는 것이고, 2단계는 직원이 업무를 수행할 때 취해야 하는 행동 방식을 서술하는 것이다. 3단계는 대인관계와 관련한 사항을 기재하는 것이다.

- 노련한 팀장이라면 직원이 직장에서 성공하려면 기술적인 능력보다는 그 사람의 행동 및 다른 사람과 조화로운 관계를 이루는 능력이 더 중요하다는 사실을 잘 알고 있다.

- 직무기술서를 작성하는 가장 바람직한 방법은 직원과 팀장이 직무의 필수 사항에 대해 합의한 후 서로 협력해 작성하는 것으로 이렇게 하면 실제로 업무를 수행할 때 의견 차가 생기는 것을 막을 수 있다.

제29장

공식적인 성과 평가 체계를 구축하라

•

업무 평가는 "잘했어."라고 말하는 것처럼 격식이 없는 것일 수도 있고, 서면 보고서나 직원과의 공식적인 면담과 같은 공을 들인 것일 수도 있다.

누구나 자신이 일을 어떻게 하고 있는지 알고 싶어 한다. 공식적인 업무 평가 시스템(예를 들어 직원 성과에 대해서 논의하려는 목적으로 직원들과 매년 한두 번 갖는 검토 회의)이 비공식적인 방법보다 좋다. 비공식적인 방법은 업무 평가를 하지 않는 것과 다름없는 경우가 너무 많다.

직원과 효과적으로 소통하고 있고 그들이 자신의 위치를 정확하게 파악하고 있다고 확신하는 팀장들이 있다. 그렇지만 막상 면담을 해보면 그들이 더 원활한 의사소통을 필요로 한다는 것을 발견하게 될 것이다.

여전히 많은 팀장들이 '아무 문제도 귀에 들어오지 않으면 나는 잘하고 있는 것'이라는 식의 태도로 관리자 역할에 접근한다. 그것으로는 충분치가 않다. 고위 임원들은 비상조치가 필요한 경우 외에는 성과에 대해 전혀 언급하지 않는 경우도 많다. 그들은 일반 구성원들에게는 업무 평가가 필요하지만 임원들은 평가의 대상이 아니라고 생각한다. 그 근거는 임원들이 상황을 확실하게 통제하고 있어 업무에 대해 지적을 받을 필요가 없다는 것이다. 사실은 정반대다. 임원진이 그들의 성과가 어떻게 보이는지 알아야 할 필요는 오히려 일반 직원보다 더 크다.

업무 평가는 강력한 관리 도구지만 잘 활용되지 않거나 도외시된다. 솔직해지자. 많은 팀장들이 업무 평가를 무척 싫어한다. 이 때문에 평가를 소홀히 하거나 직원들에게 부정적인 경험을 남기는 경우가 빈번하다. 적절하게 이루어진 업무 평가는 당신이 리더로서 성공하는 데 도움을 준다. 업무 평가를 전혀 하지 않거나 제대로 하지 않는다면 좋은 기회를 잃는 것이다. 그로 인해 당신과 당신 조직이 불필요한 법적 책임에 노출될 수도 있다. 예정대로 적절히 업무 평가를 수행하는 것이 최선이다. 그렇게 함으로써 당신은 능력 있는 팀장이 될 것이고 거기에서 더 나아가 동료들과 차별화될 것이다.

평가에 의외성은 금기다

미국에서는 종업원 50인(지역에 따라, 혹은 사업의 성격에 따라 달라질 수 있다) 이상의 조직은 직급과 관계없이 모든 직원의 업무 성과를 정확히 기록하고 업데이트해야 할 법적 의무를 갖는다. 1년에 1회 이상 공식적인 업무 평가 면담을 해야 하는 것 역시 법적 요건이다. 업무 평가 양식은 법률 문서로 간주된다. 채용과 관련된 소송 사건의 경우, 판사 혹은 중재인이 가장 먼저 묻는 것이 업무 평가 이력이다. 업무 평가를 하지 않은 것, 적절히 하지 않은 것, 편견을 갖고 한 것은 법적 책임의 대상이 된다.

직원이 평가 면담에서 혹은 평가 양식을 검토한 다음이나 평가 점수를 받은 후에 "동의하지 않는다."고 말한다면 당신은 평가를 적절히 하지 않은 것이다. 업무 평가에서는 절대 의외의 요소가 있어서는 안 된다. 1년 내내 소통을 적절히 하고 직원들에게 업무 상황에 대해 지속적인 논평을 해주었다면 의외라는 반응은 얻지 않을 것이다.

업무를 검토하는 빈도에 대해서는 구체적인 규칙이 존재하지 않는다. 많은 팀장들이 연중 비공식적인 업무 성과 검토 회의를 계속 가지면서 의외의 요소를 없애기 위해 노력한다. 이것을 성과 코칭performance coaching 이라고 부른다. 성과 코칭은 팀장과 직원이 정기적으로 성과 달성의 수준에 대해 논의하는 자리이다. 성과 코칭은 비공식적이며 직원이 원할 경우 기록으로 남길 수 있고 특정한 양식을 사용하지는 않는다. 이런 유형의 코칭을 통해 목표를 수정하거나 새로운 목표를 세우고 과제를 추가하거나 제거할 수 있다.

팀장이 팀원으로부터 의외라는 반응을 얻는 일을 없애기 위해 팀원과 분기별 성과 검토 시간을 갖도록 하는 회사도 있다. 성과 검토는 업무 평가와 같은 뜻을 갖는 말이다. 분기별 성과 검토를 한다면 1년에 한 번 있는 업무 평가는 1년 내내 이미 소통해온 것을 되짚는 자리가 될 것이다.

여기 팀장인 당신이 업무 평가를 수행하거나 업무 평가서를 쓸 때 따라야 할 일곱 가지 원칙이 있다.

1. 목표를 설정해서 직원이 기대치를 파악하게 한다.

2. 업무 수행에 도움을 주는 교육과 코칭을 제공한다.

3. 성과에 대해 지속적인 피드백을 제공한다.

4. 검토를 위한 서류를 준비한다.

5. 적시에 검토를 수행한다.

6. 검토의 중요성을 이해하고 소통시킨다.

7. 자신의 주관이 아닌 직원의 성과를 바탕으로 철저히 검토한다.

평가 양식에 포함되어야 힐 힝목

공식적인 시스템은 직무에서 가능한 많은 요소를 고려하는 방식으로 고안되어야 한다. 팀장은 중요한 각각의 요소에 대해 반드시 판단을 내려야 한다. 이는 무엇보다 팀장이 직무와 직원의 성과에 대해서 잘 알고 있어야 한다는 의미이다. 해당 직무와 가장 가까운 수준에서 평가가 이루어져야 하는 이유가 여기에 있다. 해당 직무보다 3단계 위에 있는 팀장은 평가 받는 직원과 매일 접촉하는 팀장만큼 정확한 판단을 할 수 없다. 보다 높은 직급의 검토를 받아야겠지만, 평가 자체는 그 직무를 맡은 사람과 매일 접촉하는 사람이 가장 정확하게 할 수 있다.

다음에 제시하는 것은 전형적인 업무 평가 양식에 나타나는 몇 가지 항목이다. 각 범주마다 성과를 3~5등급으로 평가할 수 있다. 한쪽 극단에는 '탁월'이, 다른 쪽 극단에는 '불만족'이 위치할 것이다.

- 양이나 생산 수준

- 철저함

- 정확성(과실률로 확인 가능)

- 자기 주도성/자발성

- 태도

- 학습 능력

- 협력/다른 사람들과 효과적으로 일하는 능력

- 출근과 시간 엄수

사업에 따라 포함시켜야 할 다른 요소들도 있을 것이다. 각 요소에 숫자 가중치를 사용해서 직원에 대한 최종 점수를 결정하는 시스템도 있다. 전체 평가 양식은 직원 인사 파일에 포함된다. 순위표는 다음과 같다.

- 80~100점: 탁월

- 60~80점: 칭찬할 만한

- 50~60점: 만족스런

- 40~50점: 개선이 필요한

- 40점 이하: 불만족

시스템의 필요에 따라 범위는 넓어질 수도 좁아질 수도 있다. 위의 예시에서는 56~60점이 '만족스런' 성과에 해당된다. 일부 기업에서는 이를 '평균 성과'라고 이름 붙인다. 만족스럽다는 것은 좀 더 너그러운 표현이다. 대부분의 사람들은 평균이라고 불리는 것을 싫어한다. 평균이라는 말을 비하로 받아들이는 것이다. '만족스럽다' 혹은 '개선이 필요하다'는 말은 평균이나 평균 이하보다 더 유용하다. 세상에는 수백만의 평균적인 사람들이 있지만 자신이 평균에 불과하다고 생각하는 데 만족하는 직원은 찾기 힘들다.

업무 평가에서 한 가지 더 지적할 것이 있다. 점수를 마음에 두고 그 점수를 주기 위해 거꾸로 일을 하는 팀장도 있다. 그렇게 하고 있다면 '규칙을 역이용'하고 있는 것이다. 보통 팀장이 팀원에게 개선이 필요하다는 말을 하고 싶어 하지 않기 때문에 이런 일이 벌어진다. 하지만 힘든 결정을 미루면 미래에 더 힘든 문제를 안게 된다.

면담의 목표는 성과 개선이다

팀원과의 업무 평가 면담은 대단히 중요한 의미를 갖는다. 면담 일정은 시간에 쫓기지 않는 때로 잡아야 한다. 가능한 많은 시간을 할애해 직무의 모든 측면을 다뤄야 한다. 모든 질문에 답하라. 팀원이 하는 모든 말에 귀를 기울여라. 팀원의 말을 끝까지 들어주는 것은 면담 자체만큼이나 중요하다. 팀원들은 모든 일이 비상사태인 것처럼 행동하는 팀장에게 익숙해져 있기 때문에 자신의 꿈이나 야망에 대해 상사에게 이야기할 시간이 주어지면 불편하게 느낄 수 있다.

팀원과의 대화는 대단히 중요하기 때문에 방해의 요소를 없애야 한다. 방해 요소에는 회사의 대표로부터 온 전화도 포함된다. 대표에게도 당신이 업무 평가 면담 중이라고 알려야 한다. 그런데도 당장 당신과 이야기를 해야 할지 결정하는 것은 대표의 몫이다. 당연히 휴대전화도 끄거나 무음으로 해둬야 한다. 면담을 시작할 때 휴대 전화를 꺼두고 직원에게도 똑같이 할 것을 요청한다. "우리 두 사람이 대화에 온전히 집중하도록 하고 싶어요."라는 말로 팀원과의 면담에 큰 가치를 둔다는 것을 보여줄 수 있다.

물론 조직의 누군가가 급한 일로 방해를 할 수 있다. 그런 경우라면 팀원에게 상황을 알리고 업무 평가 면담을 중단시켜야 하는 이유를 이야기하라. 팀원이 자신의 꿈이나 감정에 대해 진지하게 이야기하는 중에 상사가 전화를 받거나 이메일이나 문자 메시지를 확인하면서 분위기를 깨는 것은 대단히 당황스런 일이다.

업무 평가 면담에서는 당신이 논의의 분위기를 이끌어야 하지만 논의를 지배해서는 안 된다. 전달할 메시지가 있겠지만 토론에 가까운 분위기라야 더 건설적이며 위협적인 느낌도 줄어들 것이다. 이렇게 말하는 것을 주저하지 말라. "당신이 일의 주도권을 갖는다면 더 효율적일 것 같은데, 어떻게 생각해요?" 팀원이 자신의 성과를 당신보다 더 냉정하게 평가하는 경우가 많은 데 놀라게 될 것이다. 팀장의 팀원 평가 점수가 팀원 자신의 평가 점수보다 높다는 것을 많은 연구가 보여준다. 팀원을 평가에 적극적으로 참여하게 하면 방어적인 분위기가 약해지면서 그가 그 과정에 더 몰입할 수 있을 것이다.

당신은 약점이라고 생각하는 분야를 강점이라고 말하는 팀원도 있을 것이다. 불가피한 일이다. 이런 일이 일어날 경우 당신은 코칭 기술을 동원해 그가 자신이 기대에 못 미친 부분을 확인하도록 도와야 한다. 방어적인 태도를 보이거나 목소리를 높이지 말라. "내가 어떻게 이런 결론에 이르게 됐는지 얘기해볼게요."라는 말은 "당신 판단은 완전히 틀렸어요. 내가 그 이유를 말해주죠."보다 훨씬 유용하다.

업무 평가의 목표가 두 가지라는 것을 명심하라. 업무 평가의 첫 번째 목표는 직원에게 그가 일을 어떻게 하고 있는지 정확한 평가를 내려주는 것이다. 두 번째, 더 중요한 목표는 성과를 향상시키도록 그를 독려하는 것이다. 평가 과정을 준비하거나 진행할 때는 이 점을 다른 것보다 우선해야 한다.

팀원과 함께 업무 평가 요소 각각을 검토해야 한다. 당신이 업무에서 팀원이 가진 장점으로 여기는 것은 무엇인지, 개선이 필요한 부분은 무엇인지 알려야 한다. 긍정이고 지적한 영역에서는 의견의 불일치가 있는 경우가 거의 없지만, 약점에 대한 논의를 시작하면 의견 충돌이 생길 가능성이 있다. 이 부분에서 팀원이 자신의 감정을 솔직하게 표현할 수 있도록 해야 한다.

개선이 필요한 영역과 같이 팀원이 부정적으로 여기는 것부터 다루다 보면 그가 긍정적인 이야기를 전혀 듣지 못하는 경우가 생기게 된다. 따라서 업무 평가 회의를 팀원이 부정적으로 해석할 수 있는 것부터 시작해서는 안 된다. 긍정적인 것들에 대한 이야기부터 시작하라.

팀원이 어느 부분에서 약한지, 어느 부분에서 개선이 필요한지 보여주는 문서를 갖고 있는가? 구체적인 증거로 뒷받침한다면 당신의 주장은 훨씬 큰 힘을 가질 것이다. 팀원과 의견이 다를 때라면 의견의 차이를 중요하게 여기고 반드시 그에 대한 논의를 거쳐야 한다. 직원이 당신의 평가를 재고하게 할 만한 귀중한 정보를 갖고 있을 수 있다. 마음을 열어라. 당신이 틀렸을 수도 있다. 가능하다면 사실을 기록해두는 것이 논란의 대상이 되는 평가를 명확히 하는 데 도움이 된다.

직원을 업무 평가에 적극적으로 참여하게 하는 또 다른 방법이 있다. 자리에 앉아서 당신이 관찰할 것을 이야기하기 전에 직원 모두에게 백지 평가서를 주고 그들 자신의 성과에 대해 평가하라고 한다. 그런 다음 팀원과 자리했을 때 그들의 평가를 당신의 평가와 비교한다. 다시 말하지만 그들의 점수가 당신보다 낮은 경우가 많다. 이것은 당신과 팀원이 평가된 각각의 요소에 대한 두 사람의 견해에 대해 논의하고 그 과정에 대화를 보다 많이 포함시킬 수 있는 방법이다. 더불어 당신이 관리하는 사람들에 대해 상당히 많은 것을 배울 수 있는 방법이기도 하다.

개선이 꼭 필요한 영역을 지적할 때는 주의를 기울여야 한다. 팀원에게 업무 성과가 기대에 못 미치는 부분에 대해 이야기를 하고 난 후에는 반드시 개선시킬 수 있는 방법을 이야기해야 한다. 면담을 시작하기 전에 이 부분에 대해 상세히 생각해봐야 한다. 당신의 목표가 성과 개선을 장려하고 촉진하는 것임을 명심하라.

성공적인 면담을 위한 준비

그렇다면 이번에는 성공적인 업무 평가 면담에 꼭 필요한 준비 시간에 대해 이야기해보자. 차분히 시간을 가지면서 대화에서 어떤 부분을 언급할지 결정해야 한다. 논의할 것에 대한 간략한 개요를 준비해둘 수도 있다. 회사에서 사용하는 업무 평가 양식을 기반으로 필요한 아이디어를 모두 떠올릴 수 있는 경우도 있다. 그렇지만 그렇지 않은 경우도 대비해야 한다. 준비를 완벽히 하지 못하고 다음 날 다시 사무실로 와서 잊었던 중요 부분을 검토해도 괜찮겠느냐고 팀원에게 묻는다면 바보처럼 보일 것이다.

반드시 언급해야 할 중요 항목들의 개요를 작성하라. 다음은 개요를 준비할 때 스스로에게 던질 수 있는 질문들이다.

- 이 직원의 업무 성과나 태도 중에 당신이 반드시 언급해야 할 영역은 무엇일까?
- 업무 평가에서 다루지 않았지만 언급이 필요한 영역은 무엇일까?
- 당신이 언급해야 할 이 직원의 개인적 관심 항목에는 어떤 것이 있을까?
- 일에 대한 논의나 의견을 이끌어낼 질문은 어떤 것이 있을까?
- 어떻게 하면 이 직원이 일을 더 잘하게 도울 수 있을까? 이 직원에게 자기 동기부여가 가능한 영역은 무엇일까?
- 어떻게 하면 이 직원이 수행한 일뿐만이 아니라 사람 자체로 당신에게 중요하다는 것을 알려줄 수 있을까?
- 이 직원은 회사의 미래 계획에 얼마나 부합할까? 이 사람은 승진할 수 있을까? 승진을 돕기 위해 당신이 할 수 있는 일은 무엇일까?

이것은 팀원과의 면담을 시작하기 전에 반드시 거쳐야 하는 유형의 자기 성찰이다. 이렇게 준비하기 위해 투자한 몇 분이 업무 평가 면담의 긍정적인 영향력을 크게 높일 것이다.

문제 제기를 기꺼이 받아들여라

많은 팀장이 문제가 있는 팀원과의 면담을 철저히 준비한다. 그 면담이 힘들어질 수 있고 자신의 평가를 뒷받침할 준비를 철저히 해야 한다고 생각하기 때문이다. 그러나 만족스런 팀원과의 면담도 그만큼 철저히 준비해야 한다. 가끔은 뛰어난 팀원이 당신이 기대했던 가볍고 화기애애한 대화 분위기를 끔찍한 재앙으로 만들어 당신을 놀라게 하는 일도 발생한다.

관리직에서 좀 더 경험을 쌓으면, 만족스런 직원이 때로 이 면담을 그동안 곪아온 문제를 덜어낼 기회로 사용하는 것을 발견하게 될 것이다. 문제는 상황에 따라 다르다. 여기 몇 가지 사례가 있다.

> "승진이 충분히 빠르지 않아요."
>
> "일한 만큼 보상을 받지 못하고 있어요."
>
> "일을 잘하고 있다고 말씀하시지만, 제 연봉에는 전혀 반영이 안 되고 있습니다."
>
> "동료들의 성과가 기준에 못 미쳐요."
>
> "팀장님은 일을 잘 해내고 있는 팀원들에게 충분한 관심을 주지 않고 계십니다."
>
> "좋은 성과가 그만한 인정을 받지 못하고 있습니다."

원치 않은 이야기이더라도 만족스런 직원이 내놓는 이런 정보를 기꺼이 받아들여야 한다. 사실을 직시하라. 많은 직원이 당신이 듣고 싶어 하는 말만 할 것이다. 드물게 진실을 말하는 직원이 있다면 이들의 말에 귀를 기울여야 한다. 이런 팀원이 하는 말은 당신에게 큰 가치가 있을 것이고 인식의 공백을 메우는 데 도움이 될 것이다. 안 좋은 소식에 책임이 있는 사람 대신 그 소식을 전한 전령을 벌하는 우를 범하지 말라. 전령이 가져온 소식은 당신을 우울하게 만들겠지만 잘못은 전령에게 있는 것이 아니다. 전령을 벌한다고 그가 전달한 소식이 바뀌는 것은 아니다. 모르는 것이 약이라는 말이 있지만 팀장의 커리어에는 해당되지 않는 이야기이다.

물론 당신이 받은 정보가 사실을 정확하게 반영하지 않을 수도 있다. 어쨌든 한 팀원의 필터를 거친 것이니 말이다. 그렇다고 그 가치가 떨어지는 것은 아니다. 당신은 아직 중요한 것이 무엇이고 쓸지레가 무엇인지 가릴 수 있을 만큼의 경력을 갖추지 못했을 수도 있다. 만족스런 직원이 당신의 주의를 끌 정도로 중요하다고 생각했다면 그의 말에 귀를 기울여볼 필요가 있다. 게다가 당신이 골치 아픈 면담보다는 가벼운 면담을 선호한다는 것을 분명히 알고 있을 텐데도 직원이 문제를 제기했다는 것은 그 사람이 그 문제를 그만큼 중요하게 여긴다는 뜻이다.

물론 가끔은 문제를 일으키는 것 자체를 즐기는 사람도 있다. 하지만 당신이 만족스럽다고 생각하는 직원은 그런 유형이 아닐 것이다.

문을 활짝 열어라

"내 사무실 문은 언제든 열려 있어요." 이런 말을 몇 번이나 입에 올렸는가? 직원들이 이 말이 정말 어떤 의미인지 파악하는 데에는 긴 시간이 필요치 않다.

"내 사무실 문은 언제든 열려 있어요. 단, 당신들이 들어와서 새로운 문제에 대해서 얘기하지 않는 한." 이런 뜻일 수도 있다. "내 사무실 문은 언제든 열려 있어요. 하지만 들어와서 연봉 인상이나 승진에 대해 이야기는 하지 말아야 해요." 이런 뜻일 수도 있다. "내 사무실 문은 언제든 열려 있어요. 하지만 개인적인 문제에 대해서는 듣고 싶지 않아요." 어쩌면 이런 뜻일 수도 있겠다. 팀원들은 그 말의 진짜 의미를 알고 있거나 곧 알아낼 것이다.

이렇게 말하는 (혹은 생각하는) 팀장들이 있다. "나는 직원들이 좋아하는 상사가 되려는 게 아냐. 나는 직원들의 존경을 받고 싶어." 좋아하는 사람에게 존경하는 마음을 갖기가 더 쉽다는 사실을 모르는 걸까?

업무 평가 면담은 직원들이 마음에 두고 있는 것을 무엇이든 털어놓는 자리가 되어야 한다. 서로가 마음을 터놓을수록 당신이 만족스런 업무 관계를 구축할 가능성은 높아진다.

주관적 요소는 철저히 배제하라

가능한 객관적인 태도를 유지하고 직원을 공정하게 대해야 하는 것은 맞지만 그래도 우리는 인간이다. 인간이기 때문에 다른 사람에 대한 평가에는 편견이 끼어들게 마련이다. 어떤 직원이 다른 사람들보다 마음에 드는 것은 충분히 있을 수 있는 일이다. 하지만 업무 평가를 할 때는 개인적인 기호를 배제해야 한다. 또한 당신이 즐겁고 유쾌하다고 생각하는 직원에게 유난히 가혹하게 대하는 과잉교정에 대해서도 주의를 기울여야 한다. 확실한 정보가 객관적인 태도를 갖는 데 도움을 줄 것이다.

일부 팀장들은 '후광 효과'halo effect에 영향을 받는다. 당신이 다섯 가지 다른 목표를 달성해야 하는 직원을 평가한다고 가정해보자. 목표 하나는 부서의 과실률을 5퍼센트 낮추는 것이다. 이 목표는 당신에게 다른 어떤 것보다 중요하다. 그 직원이 이 목표를 달성했다면 그는 후광 효과를 누리게 된다. 당신의 눈에 그 직원은 잘못을 저지를 리가 없는 사람이다. 후광 효과가 생기면 그 직원이 하는 모든 일을 과대평가하게 된다. 후광 효과는 생활 속 어디에서나 일어난다. 교사가 가장 좋아하는 과목이 과학이라면 그는 과학을 잘하는 학생에게서 후광을 본다. 그 학생은 수학과 역사에서도 높은 점수를 받는다. 교사가 그의 과학에 대한 적성에 호감을 갖고 있기 때문이다.

후광 효과의 반대를 '뿔 효과'horns effect, 다른 말로 역후광 효과라고 한다. 직원이 과실률을 낮추지 못하면 그의 머리에는 후광 대신 뿔이 생긴다. 그가 아무리 일을 잘해도 팀장의 눈에는 보잘것없이 보인다. 직원에게 뿔이 있기 때문이다.

'최근 효과'recentness effect라는 것도 있다. 사람은 최근에 일어난 일일수록 더 잘 기억하는 경향이 있다. 팀장도 마찬가지이다. 따라서 업무 평가에 신경 쓰는 직원은 평가가 6월 1일에 있다는 것을 알고 4월과 5월에 일을 열심히 한다. 크리스마스가 다가오면 선물을 더 많이 받기 위해서 착하게 구는 어린아이와 다를 것이 없다. 이런 효과를 피하기 위해서는 평가의 대상이 되는 기간 동안 착실히 기록을 남기고 문서화해야 한다.

관리에 영향을 주는 또 다른 주관적 요소는 '엄격화 효과'strictness effect이다. 많은 팀장들이 팀원들은 항상 개선이 가능하며 완벽한 직원은 없다고 믿는다. 대부분의 사람들은 그런 태도에 동의한다. 하지만 이런 팀장들은 누구도 최고의 범주(예를 들어, '기대를 넘어선')에 넣지 않는다. 말도 안 되는 일이다. 사기를 떨어뜨리는 일이 될 수도 있다. 팀원이 목표를 초과 달성했고 믿을 수 없을 정도로 높은 수준의 성과를 냈다면 그들에게 최고 점수를 주지 않을 이유가 없다. 이런 팀장들은 홈런왕 베이브 루스에게도 최고점을 주지 않을 것이다. 아이가 시험에서 최고점(예를 들어 99점)을 받았는데 부모가 칭찬 대신 "뭘 틀린 거니?"라고 물었다는 이야기를 들어본 적 있는가? 이 부모들은 엄격화 효과를 믿고 있는 것이 분명하다. 그들은 완벽함을 요구함으로써 아이가 더 큰 성취에 이르도록 만들고 있다고 생각한다. 하지만 이것은 아이의 사기를 꺾는 효과를 낼 뿐이다.

업무 평가에 끼어들 수 있는 주관적 요소가 하나 더 있다. 많은 초보 팀장들(혹은 직원들에 대해 잘 알지 못하는 팀장들)이 '중심화 경향'central tendency에 영향을 받는다. 당신의 검토 시스템이 다섯 등급으로 이루어져 있다고 가정해보자. 1~5까지의 등급에 최고 등급은 5이다. 목표를 설정하고, 분기별 검토를 하고, 성과를 기록하는 등의 일을 하지 않아서 팀원을 어떤 등급에 넣어야 할지 모르는 경우, 이 팀장은 팀원을 중간 등급에 넣어버린다. 다른 등급에 속할 수 있는 팀원을 중간 등급에 넣는 것은 공정치 못한 처사이다. 팀원을 '중심화 경향'의 희생물로 만듦으로써 팀장으로서 당신의 신뢰도는 낮아진다. 적절한 업무 평가에 필요한 사전 작업조차 하지 않을 만큼 팀원에게 가치를 두지 않는다는 메시지도 보내게 된다.

평가 문안에는 왜 그런 평가를 내렸는지 보여주는 행동의 사례를 사용하도록 하라. 예를 들어 "제이슨은 자신의 일에 신경을 쓰지 않는다."라고 쓰는 대신 1월 8일과 2월 4일 날짜에 "제이슨은 약속한 마감 시한이 지난 후에 보고서를 제출했다."라고 쓴다.

사용하는 말에도 주의를 기울여야 한다. 이것이 법적 효력을 갖는 문서이며 소송에 연루될 수 있다는 점을 기억하라. 업무 평가 양식에 팀장이 기재한 언급이 믿기 힘들 정도로 천박하거나 법적으로 문제의 소지가 있는 경우가 대단히 많다. 다음의 예와 같은 논평은 절대 기록해서는 안 된다.

"바퀴는 돌고 있지만 햄스터는 죽었다."(열심히 하는 것처럼 보이지만 실제로는 일에 정신을 집중하지 않고 있거나 효율적으로 일을 하지 않는다는 의미─옮긴이)

"시냅스가 부족한 뉴런"(사고가 제대로 되지 않는다, 인지 기능이 제대로 작동하지 않는다는 의미─옮긴이)

"문은 닫혔고, 불은 켜져 있었다. 하지만 기차는 어디에도 보이지 않았다."(겉보기에는 유능한 것 같지만 일을 처리하는 데 필요한 핵심적인 능력이 부족하다는 의미─옮긴이)

"그녀는 캔 여섯 개를 가지고 있다. 하지만 그것들을 한데 묶을 플라스틱 홀더가 없다."(모든 요건을 갖추고 있지만 그것들을 효율적으로 관리하는 능력이 없다는 의미─옮긴이)

"12월의 알래스카처럼 밝다."(12월의 알래스카는 매우 어둡기 때문에 지능이나 통찰력이 떨어진다는 것을 의미─옮긴이)

평가에도 회고가 필요하다

업무 평가 면담을 마쳤다면 면담을 어떻게 진행했는지 검토해서 다음 면담이 더 나아질 수 있도록 해야 한다. 여기에 도움이 될 체크리스트가 있다. 다음을 자문해보라.

- 면담의 목적을 설명했는가
- 성과에 대한 직원의 견해와 감정을 파악했는가
- 직원이 주로 대화를 이끌어 가도록 했는가
- 직원이 잘한 부분을 지적했는가
- 성과 개선을 위한 제안을 하고 직원의 제안에 대해서 질문했는가 (필요한 경우)
- 편안한 분위기를 조성해서 직원을 안심시켰는가
- 성과 개선을 위한 행동 계획에 합의했는가(필요한 경우)
- 성과 개선을 위한 스케줄을 마련했는가(필요한 경우)

평가 인플레의 함정

업무 평가 과정의 가장 큰 결함은 팀장이 거의 모든 팀원을 만족스럽거나 그 이상이라고 평가하는(일부는 그렇지 않은데도) 데에서 발생한다. 이는 갈등을 피하고자 하는 욕구에서 비롯된 것으로 보인다. 이런 함정에 빠져서는 안 된다. 개선이 필요한 영역을 언급하지 않는 것은 당신이나 팀원에게 전혀 도움이 되지 않는다. 당신은 오히려 솔직한 평가의 가치를 훼손하고 팀원의 마음속에 그가 잘하고 있다는 오해를 만들고 있는 것이다. 이런 길을 택한다면, 당신은 절대 팀원의 성과를 개선시킬 수 없다. 방금 그에게 잘하고 있다고 말하지 않았는가!

틀림없이 그 팀원은 자신의 평가 결과를 동료와 공유할 것이다. 탁월한 성과를 올린 사람이 성과가 전혀 좋지 않은 팀원과 자신이 같은 혹은 비슷한 평가를 받았다는 것을 안다면 동기부여에 어떤 영향이 있을까?

마지막으로, 개선이 필요한 영역을 언급하지 않는 것은 미래의 문제를 만드는 것과 같다. 직원의 규모를 줄여야 하는 때라면 어떤 일이 일어날까? 아마 당신은 가장 성과가 낮은 직원을 내보내고 싶을 것이다. 해고하려는 직원은 불만을 제기할 것이다. 업무 평가를 근거로 한 정당한 불만일 것이다. 그들은 긍정적인 업무 평가만을 받았다. 당신은 법적으로 불리한 상황에 서게 되고 팀원을 편애한다거나 더 안 좋은 비난에 노출된다.

중간 평가는 캐주얼해도 좋다

모든 업무 평가가 공식적이어야 하는 것은 아니다. 제15장에서 우리는 성과가 좋지 못한 직원을 돕는 개선 계획에 대해 이야기한 바 있다. 이 도구는 문제 직원을 위한 것만이 아니다. '강점, 개선이 필요한 영역, 목표' 이렇게 세 부분으로 나눠 종이에 적는 활동은 직원 관리를 위한 다른 상황에서도 좋은 효과를 발휘한다.

예컨대 당신에게 와서 승진 가능성을 높일 방법을 묻는 성실한 팀원이 있을 수 있다. 종이 한 장을 이용한 개선 계획은 이 경우에도 효과가 좋다. 자신이 원한 자리에 선택을 받지 못한 팀원에게도 유용하게 적용된다. 팀장으로서 당신은 진지하게 최선을 다하는 팀원과 일하는 즐거움을 공유할 것이다. 팀에 기여하는 이런 유형의 사람들을 팀원으로 두는 것은 기쁜 일이기도 하지만 부담도 크다. 다시 한 번 말하지만 이 '원 페이지' 개선 계획은 직원이 개선 목표에 몰두하도록 해 직업적 성장을 촉진하는 좋은 지원 방법이다.

온라인 시스템의 활용

온라인 업무 평가 시스템은 쉽게 사용할 수 있으며 바람직한 특성이 많다. 권한을 가진 사람은 어디에서든 평가에 접근할 수 있다. 평가 문안 구성에 도움을 제공하고 법적 문제가 될 만한 언어가 있는지 살필 수 있는 온라인 업무 평가 시스템도 있다. 후속 조치를 촉진하고 면담 동안 목표에 대한 책임감을 가질 수 있게 하는 목표 관리 기능을 갖춘 것도 있다.

성과 평가의 의의

업무 평가는 쉽지 않은 작업이다. 정확한 기록을 하고, 1년 내내 끊임없이 소통을 하고, 법적 지침을 따르고, 양식을 정확하게 작성하고, 효과적인 면담을 진행하고, 모든 과정이 어떻게 진행되었는지 검토해야 한다. 평가 과정에는 상당한 시간이 소요된다. 마지막 순간에 필요한 정보를 대충 꿰맞춰서는 적절한 평가를 할 수 없다. 하지만 이 과정을 잘 해낸다면 팀원들에게 요구되는 것이 무엇인지 파악하고 팀원들에게 당신이 그들의 성공을 위해 함께 노력하리라는 확신을 줄 수 있다. 당신이 이 과정을 진지하게 생각하고 공정한 태도로 잘 진행한다면 업무 평가는 당신에게는 대단히 효과적인 관리 도구가, 팀원 각각에게는 훌륭한 동기부여 요인이 될 것이다.

- 직원이 자신의 성과표를 받고 그에 대해 이의를 제기하지 않도록 하기 위해서는 직원과 업무 성과에 대한 의사소통을 게을리하지 말아야 한다.
- 업무 평가를 할 때는 직원의 직무와 업무 수행에 대한 지식이 필수적이므로 평가자는 검토 대상인 직급과 가장 가까운 자리에 있는 사람이 하는 것이 좋다.
- 직원이 평가의 공정성을 의심하지 않도록 하려면 평가 시스템이 업무의 다양한 요소를 고려하는 매우 객관적인 것이어야 한다.
- 직원과 업무 평가 면담을 할 때는 개선이 필요한 부분을 지적하는 데 그치지 말고 그 부분을 개선하기 위한 방법도 말해주어야 한다.
- 업무 평가를 바르고 공정하게 수행한다면 이것이 직원에게 동기를 부여하는 훌륭한 방법이 될 수도 있다.

제30장

공정한
급여 관리

●

직무 평가, 업무 평가, 급여 관리는 반드시 하나의 전체적 계획에 맞물려야 한다. 이것들은 직원들이 무엇을 해야 하는지 정확하게 설명하고, 직원들의 성과를 공정하게 평가하고, 직원들이 기울인 노력에 합당한 급여를 지급하기 위해 고안된 것들이다. 이 모든 요소들은 서로 적절한 관계를 맺고 조직의 전체적인 목표에 기여해야 한다.

직무 평가 프로그램이 있다면, 조직 내의 각 직책에 해당하는 급여 범위도 정해져 있을 것이다. 팀장인 당신은 그 범위 내에서 일을 한다.

각 직책에는 최소 급여와 최대 급여가 있어야 한다. 승진하지 못하고 같은 자리를 오랜 지킨 직원이 그 직무의 가치에 비례하지 않는 많은 급여를 받는 상황이 생기도록 둘 수는 없다. 장기근속 직원이 이 점을 확실히 아는 것이 중요하다. 해당 직책의 급여 상한선에 가까워질 때는 특히 더 그렇다. 자격 있는 대부분의 사람들에게는 문제가 되지 않는 일이다. 급여 범위가 더 높은 다른 직책으로 승진하는 것이 보통이기 때문이다. 그렇지만 관리직에 있다 보면 같은 직책에 오래 머물러 있는 직원도 만나게 될 것이다. 어쩌면 그들은 승진을 바라지 않을 수도 있다. 어쩌면 지금 능력의 한계에 있고 다음 단계의 직책은 감당할 수 없는지도 모른다.

이런 사람들은 조직이 생각하는 그 직책의 가치에 한계가 있다는 것을 알아야 한다. 당신은 이 사람들에게 급여의 최대치에 도달하면 그들이 더 많은 돈을 받을 수 있는 유일한 방법은 그 유형의 직책에 해당하는 급여 상한을 높이는 것뿐이라고 이야기해야 한다. 이런 일도 가능하다. 예를 들어 물가 상승으로 모든 직책의 급여 범위가 특정 비율로 인상될 수 있다. 그런 일이 일어날 경우 급여를 인상시킬 수 있는 약간의 여지가 생길 것이다.

그럼에도 불구하고 장기간 같은 직급에 머물러 있고 최대 급여 수준에 도달한 장기근속 직원은 지속적으로 인센티브를 줘야 한다. 그들은 능력이 있는 직원이며 그 자리를 계속 지켜줘야 한다. 많은 기업들이 근속 기간에 따른 재정적 보상 제도를 둠으로써 이 문제를 해결해왔다. 재량에 따른 연간 성과급을 줄 수 있다.

직원 대상의 급여 관리 프로그램에는 업무 평가를 바탕으로 급여 인상을 추천하는 제도salary recommendation가 있는 것이 보통이다(물론 정해진 인상 범위 내에서). 두 제도가 서로 영향을 주기 때문에 일부 기업은 급여 인상 추천과 업무 평가를 분리한다. 그런 식으로 급여를 어느 정도 인상해야 할 것인가에 대한 팀장의 생각이 업무 평가에 영향을 주지 못하도록 하는 것이다. 팀장으로서 당신이 두 가지 결정을 동시에 한다면 원하는 답을 정하고 그 답을 정당화하기 위해 역으로 일을 할 것이다. 급여에 대한 고려를 업무 평가와 분리하는 것은 쉬운 일이 아니지만, 두 절차 사이에 몇 주나 몇 개월의 간격을 둔다면 도움이 될 것이다.

당신 회사가 각 직급에 대한 급여 범위를 정해두고 있으며 당신의 추천에는 한계가 있다고 가정해보자. 분명히 급여 범위가 중첩될 것이다. 예를 들어 하위 직급의 장기근속 직원은 새로 들어온 높은 직급의 직원보다 보수를 더 많이 받을 것이다. 또한 자기 직급에서 뛰어난 성과를 보이는 직원은 더 높은 직급에서 평범한 성과를 올린 직원보다 더 많은 보수를 받을 수 있다.

형평성을 검토하라

팀장으로서 당신은 형평성에 주의를 기울여야 한다. 당신은 모든 팀원의 급여를 검토해야 한다. 부서의 모든 직책을 높은 직급부터 차례로 나열하는 것부터 시작할 수 있다. 이후 이름 옆에 월급을 적는다. 업무 성과에 대해 당신이 알고 있는 것을 기반으로 그 월급이 적절한가? 월급이 지나치게 보이는 경우가 있는가?

당신이 사용할 수 있는 또 다른 방법은 직책을 당신이 인지하는 부서 내 중요도에 따라 나열하는 것이다. 그것이 고위 경영진이 평가한 직책의 중요도와 어떻게 다른가? 당신이 소성하거나 받아들이기 힘든 차이가 있다면 상사와 면담 일정을 잡아 그 문제에 대해서 할 수 있는 일이 있는지 알아보는 것이 좋다.

직급, 평가, 급여의 문제에서는 다시 한 번 강조할 것이 있다. 제29장에서 언급했듯이, 당신이 다른 사람보다 편애하는 직원이 있다는 것을 인정해야 한다. 직원들을 모두 똑같이 좋아한다고 생각한다면 스스로를 속이고 있는 것이다. 당신과 더 잘 맞는 특정한 성격 유형은 분명 존재한다. 이런 성격상의 기호가 당신이 평가, 급여, 승진에서 내리는 결정에 과도한 영향을 주지 않도록 하는 것이 중요하다.

일부 직원에 대한 급여 인상을 추천할 때는 까다롭게 결정해야 한다. 회사가 모든 급여 조정을 매년 동시에 한다면 평가에 대한 비교가 상당히 쉬워신나. 모든 결성을 한 번에 내릴 수 있으니 말이다. 하지만 급여에 대한 조정이 1년 내내 있다면, 예를 들어 직원의 입사일을 기준으로 하는 경우라면 모든 결정을 한눈에 비교하기가 어렵다.

이런 상황에서는 형평성을 유지하기가 힘들지만 적절한 기록이 있다면 가능하다. 모든 직무 평가, 업무 평가, 급여 관리의 사본을 보관하라. 관리자들에게 그런 기록을 보관하지 말고 인사팀의 기록에 의존하라고 권장하는 기업도 있다. 하지만 기록을 직접 보관하는 것도 가치가 있는 일이다. 필요할 때마다 참고할 수 있기 때문이다. 이런 기록은 암호로 잠가두어야 한다. 직원들이 이 파일에 접근하는 것을 허용해서는 안 된다. 당신과 가까이에서 일하는 비서도 예외는 아니다. 이런 종류의 정보는 유출되면 반드시 퍼지게 되어 있다.

팀원의 연봉 협상 시 유의할 점

급여 인상을 추천할 때는 적절한 금액인지 가능한 한 확실히 해야 한다. 너무 높지도 너무 낮지도 않아야 하며 그와 동시에 직원이 회사에서 거둔 성과에 부합해야 한다. 인상폭이 너무 크면 해당 직원이 다음번 인상 때에도 비슷한 폭의 인상을 기대하게 되는 문제가 발생한다. 또 다음번 인상폭이 그보다 낮을 경우 팀원이 모욕 혹은 문책으로 받아들일 수 있다. 승진과 함께하는 이례적인 급여 인상은 그런 위험이 없다. 되풀이해 발생하지 않는 구체적인 사건과 연결되어 있기 때문이다. 이런 경우 직원에게 인상폭이 큰 이유, 이후의 인상에 대한 선례가 될 수 없는 이유를 반드시 설명해야 한다.

소폭 인상은 오히려 모욕으로 간주될 수 있기 때문에 얼마 되지 않는 인상보다는 급여 동결을 추천하는 편이 나을 수도 있다. 때로 소폭의 인상은 관리자가 급여 동결을 추천할 용기가 없을 때 나오는 회피책일 수 있다. 하지만 이런 방법은 불가피한 판단을 지연시킬 뿐이다. 상황에 바로 솔직하게 대처하는 편이 낫다.

인상액을 고려할 때는 직원의 니즈가 중요한 요소로 작용하지 않도록 하는 것이 중요하다. 비인간적으로 보이는가? 그렇다면 다음과 같은 것들을 생각해보라. 급여 인상의 기준을 필요에 둘 경우 가장 절박한 상황에 있는 직원이 급여를 가장 많이 받게 된다. 그 사람이 성과가 가장 높은 사람이라면 아무런 문제도 없다. 하지만 그 직원의 성과가 평균에 불과하다면?

팀원들의 개인적인 문제에 무신경해야 한다는 의미가 아니다. 상황에 따라 금전이 아닌 것으로 그들에게 도움을 줄 수 있다. 직원이 부모를 돌봐야 하는 상황이거나 육아 문제가 있는 경우, 재택근무를 하게 하거나 화상으로 회의에 참여하게 한다면 그에게 큰 도움이 될 수 있다. 유연근무제 역시 팀원에게 큰 도움이 되면서도 보상 구조의 건전성을 해치지 않는 비금전적 수단으로 고려해볼 만한 것이다.

급여 관리에서 반드시 따라야 할 공통된 맥락은 공과功過이다. 급여 인상 추천을 누가 오래 근무를 했는지, 누가 아이가 많은지, 누구의 부모님이 아픈지를 기준으로 한다면 당신은 급여 관리자의 책임에서 벗어나 자선 사업을 하게 된다. 금전적 문제가 있는 팀원들에게 당신은 친구로서, 좋은 경청자로서, 어디에서 지원을 받을 수 있는지 알려주는 정보원으로서 도움을 줄 수 있다. 하지만 당신이 맡고 있는 급여에 대한 책임을 팀원의 문제를 해결하는 방법으로 사용해서는 안 된다.

어려운 문제를 안고 있는 팀원의 급여를 조정할 때는 그렇지 않은 팀원보다 조금이라도 더 주고 싶은 유혹이 들 것이다. 그런 유혹을 뿌리치고 개별 직원의 성과를 근거로 결정해야 한다.

인재 관리표로 계획을 세워라

팀장의 일 중 하나는 문제와 필요가 발생하기 전에 예측하는 것이기 때문에 팀원들에게 필요한 기술과 역량에 대해서 미리 생각해야 한다. 팀이 달성해야 하는 과제가 미래에는 어떻게 달라질지 자문을 시작하라. 무엇이 팀의 임무에 변화를 야기할 것이라고 생각하는가? 확신이 없다면 상사나 동료들과 이야기를 나눠보라. 그들에게 "앞으로의 어떤 변화가 우리 팀의 역할을 변화시킬 것이라고 생각하십니까?"라고 질문하라.

예를 들어 온라인에서 더 많은 과제를 처리할 수 있도록 역량을 향상시키는 것일 수도 있다. 인수로 인해 팀이 일을 다르게 해야 할 수도 있다. 팀과 다른 언어를 사용하는 동료나 고객을 상대하는 거래가 있을 수도 있다.

혹은 일부 팀원의 자연스런 발전일 수도 있다. 팀원 일부가 승진 대상자이거나 은퇴를 앞두고 있을 수 있다. 당신의 계획 부족으로 팀의 역량이 갑작스럽게 저하되는 일이 생기지 않도록 이런 상황에 대비해야 한다.

미리 계획을 세운다는 것은 미래의 문제나 개인적인 변화를 염두에 두고 팀원의 역량을 생각해야 한다는 의미이다. 이런 과정은 생각만큼 어렵지 않다. 다음 인재 관리표는 이를 간단하게 보여줄 것이다. 과정은 다음과 같다.

1. 우선 계획을 세우는 시간 범위를 파악한다. 표 위쪽에 예상 일자를 적는다. 지금부터 6개월 후가 될 수도 있고 더 긴 2년 후가 될 수도 있다. 너무나 많은 변수가 있기 때문에 2년 이상 앞을 계획하는 것은 쉽지 않다.
2. 각 팀원의 이름을 1열에 나열한다.
3. '기존 역량'이라는 제목의 2열에는 직무에 활용되는 그 사람의 주된 역량을 나열한다.
4. 이번 단계는 가장 많은 생각이 필요한 단계이다. '미래에 필요한 역량'이라는 제목의 열에는 조직이나 개인의 변화로 미래에 영향을

팀원	기존 역량	미래에 필요한 역량	부족한 역량	부족한 역량을 계발할 수단	다른 사람이 제공해야 하는 역량
이름	1. _____ 2. _____ 3. _____ 4. _____	1. _____ 2. _____ 3. _____ 4. _____	1. _____ 2. _____ 3. _____ 4. _____	1. _____ 2. _____ 3. _____ 4. _____	☐ ☐ ☐ ☐
이름	1. _____ 2. _____ 3. _____ 4. _____	1. _____ 2. _____ 3. _____ 4. _____	1. _____ 2. _____ 3. _____ 4. _____	1. _____ 2. _____ 3. _____ 4. _____	☐ ☐ ☐ ☐
이름	1. _____ 2. _____ 3. _____ 4. _____	1. _____ 2. _____ 3. _____ 4. _____	1. _____ 2. _____ 3. _____ 4. _____	1. _____ 2. _____ 3. _____ 4. _____	☐ ☐ ☐ ☐

받게 될 책무와 그와 관련하여 미래에 그들에게 필요한 역량을 나
열한다. 현재 성공하는 데 필요한 역량과 같을 수도 있다. 일부 팀

원들에게는 변화가 없을 수도 있다. 변화가 없다고 염려할 필요는 없다. 그런 것들을 판단하는 것 자체로 가치가 있기 때문이다. 현재 갖고 있지 않은 역량을 추가해야 할 사람들도 있을 것이다. 그런 것들을 나열하라.

5. 이제 각 팀원이 현재 갖고 있지 않지만 필요하게 될 역량을 조사한다. 이것을 '부족한 역량'이란 제목의 열에 표시한다.

6. 다음으로 팀원들이 그런 역량을 어떻게 획득할지 결정해야 한다. 내부 교육, 외부 교육, 온라인 코스, 역량을 갖춘 사람으로부터의 전수, 교차 교육 등 적절하다고 판단되는 모든 방법이 여기에 속한다. 이것은 '부족한 역량을 계발할 수단'이라는 열에 들어간다.

7. 이 평가의 마지막 과제는 특정한 팀원이 필요한 역량을 획득하는 것이 현실적인지 판단하는 것이다. 그 일이 가능하지 않다면 마지막 열에 '다른 사람(다른 팀원, 새로운 사람, 외부 자원)이 제공해야 하는 역량'이라는 표시를 해야 한다.

예를 들어보자. 당신 조직이 새로운 시장에 진입하면서 팀의 누군가는 현재 사용하고 있지 않은 언어로 소통하는 능력을 갖추어야 한다고 가정하자. 미래에 필요한 역량과 부족한 역량에 이 항목을 표시해야 한다.

당연히 가장 먼저 해야 할 일은 팀 내에 그런 능력을 이미 가지고 있는 사람이 있는지 확인하는 것이다. 그런 사람이 없다면 이런 역량을 어떻게 획득할 수 있는지 판단해야 한다. 온라인 언어 교육 코스가 적합할 것이다. 가능하다면 저녁반 어학 수업도 좋다. 교육 과정의 일환으로 그 사람을 배워야 하는 언어를 사용하는 환경으로 보내야 할 수도 있다.

이런 니즈를 해결할 다른 방법이 있다고 판단할 수도 있다. 당신에게 필요한 것은 몇몇 양식을 가끔 번역하는 작업뿐이라고 가정해보자. 그것은 외부 자원을 고용해서 처리할 수 있는 일이다. 팀원은 아니지만 조직 내에 그런 일을 할 수 있는 사람이 있을 수도 있다. 가끔 번역만 필요한 정도라면 외부의 실시간 번역 서비스를 이용할 수도 있다.

중요한 점은 당신이 미리 계획을 세워서 의외의 상황과 마주하지 않는 것이다. 그것이 팀장이 해야 할 일이다. 심사숙고를 거쳐 완성한 인재 관리표는 상사와 일을 할 때 강력한 도구가 된다. 팀원을 충원할 때 상사 앞에 인재 관리표를 내놓으면서 근거를 설명한다면 주장의 정당성을 입증하는 데 얼마나 도움이 될지 생각해보라.

Check Point 30

- 직무 평가, 성과 평가, 급여 관리는 모두 하나의 종합 계획에 따라 이루어져야 하며, 서로 적절하게 연결되어 회사의 전체적인 목표에 공헌할 수 있어야 한다.
- 팀장도 사람이기에 특정 직원을 편애하는 것은 어쩔 수 없는 일이다. 하지만 중요한 것은 그러한 감정이 성과 평가, 급여, 승진 등에 관한 판단에 영향을 미치도록 해서는 안 된다.
- 소폭의 급여 인상은 직원에게 모욕으로 받아들여질 수 있기 때문에 차라리 인상하지 않는 편이 낫다.

팀장은 자신의 능력과 지혜를 다른 사람의 발전을 돕는 데 쓴다. 그러나 자기 발전에 힘을 쏟지 않는다면 그 수고는 설득력을 잃기 쉽다. 열정과 성실함, 지식이 곧 성과로 이어지지 않는, '일머리'가 부족한 사람들이 너무나 많다. 이 파트에서는 자신의 강점을 최대한 생산적이고 효율적으로 활용하여 일 잘하는 팀장으로 스스로를 브랜딩하는 법칙에 대해 알아본다.

제5부

일 잘하는 팀장으로 나를 브랜딩한다

자기경영의 원칙

제31장

감성지능과
친해지기

•

감성지능은 친숙해져야 할 관리 개념이다. 사회과학자와 심리학자 들은 감성지능, 혹은 감성지수Emotional Quotient, EQ가 높은 팀장과 리더들이 감성지수가 평균 이하인 사람들보다 관리자로서의 역할을 훨씬 더 잘 수행한다는 점을 알아냈다. 이 전문가들은 EQ가 높은 개인이 커리어에서 성공하고 강력한 인간관계를 구축하며, 더 나은 스트레스 관리 기법을 사용해 더 건강하게 생활하고, 자신은 물론 다른 사람들이 더 나은 성과를 올리도록 동기를 부여하며, 타인을 신뢰하고 또 타인의 신뢰를 얻는 능력이 있음을 발견했다. 이들에 따르면 전통적인 IQ 테스트로 측정하는 지능은 관리직에서의 성공과 전혀 관계가 없는 것 같다.

EQ의 역사

감성지능이라는 개념은 1995년 다니엘 골먼의 저서 《EQ 감성지능》을 통해 대중들에게 알려졌다. 이 책이 출간된 이래 이 주제를 다루는 많은 논문과 책이 쏟아졌다. 현재 호평을 받는 거의 모든 관리 교육 프로그램은 바로 이 감성지능을 계발하는 방법을 포함하고 있다.

IQ

지능지수Intelligence Quotient, IQ는 EQ와 매우 다른 역량을 평가한다. IQ가 높은 사람은 수학적 능력이 뛰어나다. 어휘와 언어에 대한 이해가 넓고, 추상적 추론과 공간 능력에서도 높은 점수를 받으며 이해력도 뛰어나다. 대개 IQ는 태어날 때 결정된다. 즉 한 사람의 IQ가 어떻게 될지는 유전적 요인이 크다. 세월이 흐르면서 IQ 점수가 달라지기는 하지만 평균 15점 이상의 변화는 없다. 반면에 감성지능은 학습된 행동이다. EQ 점수는 시간에 따라 극적으로 변할 수 있다.

EQ

기본적으로 감성지능이 높다는 것은 감성적으로 영민하다는 의미이다. 다음의 질문에 긍정의 답을 한다면 당신은 아마 높은 감성지능을 갖추었을 것이다.

- 방 안에 들어갔을 때 분위기를 감지할 수 있는가?
- 다른 사람의 감정 상태를 인지할 수 있는가?

- 자신이 감정적이 되는 때를 알 수 있는가? 원한다면 감정을 통제할 수 있는가?
- 스트레스가 많고 혼란한 상황에서 다른 사람들로부터 긍정적인 감정을 이끌어낼 수 있는가?
- 다른 사람에게 당신의 감정이 어떤지 표현할 수 있고 또 그렇게 하는가?

이처럼 EQ는 대인 관계의 기술과 자신에 대한 이해의 조합이라 할 수 있다.

감성지능 수준을 판단하는 법

이제 재미있는 활동을 해보자. 아래의 열 개 항목으로 EQ 수준을 판단할 수 있다. 각 항목에 대해서 자신의 능력을 1~10의 등급으로 표시해보자. 10이 가장 높은 등급이다. 정확한 점수를 얻으려면 솔직하게 답해야 한다.

1. 스트레스가 많은 상황에서는 긴장을 풀 방법을 찾는다. ____
2. 다른 사람이 말로 공격을 할 때 침착함을 유지할 수 있다. ____
3. 스스로의 기분 변화를 쉽게 알아차린다. ____
4. 큰 좌절을 겪은 후에 쉽게 '회복'된다. ____
5. 경청하고, 피드백을 주고, 동기를 부여하는 효과적인 대인관계

기술을 갖고 있다. ____

6. 다른 사람에게 공감의 뜻을 보이는 것이 쉽다. ____

7. 다른 사람이 괴롭거나 화가 났을 때 쉽게 알아차린다. ____

8. 지루한 일을 할 때에도 높은 수준의 에너지를 보여줄 수 있다. ____

9. 다른 사람이 무슨 생각을 하는지 알 것 같다. ____

10. 부정적인 자기대화 self-talk 대신 긍정적인 자기대화를 한다. ____

85점 이상이라면 당신은 이미 감성지능이 높은 것이다. 75점 이상이라면 높은 감성지능으로 향하는 길을 가고 있는 것이다.

EQ 기술을 가진 팀장이 성공한다

EQ와 성공적인 팀장이 되는 것 사이에는 분명한 연관성이 있다. 사람을 관리하는 것은 과제와 프로젝트를 관리하는 것과 큰 차이가 있다. 자신의 감정과 다른 사람의 감정을 인지하는 기술, 자신의 감정을 적절히 표현할 수 있는 기술, 자신과 다른 사람들에게 동기를 부여하는 기술, 스트레스나 긴장 및 혼란을 처리할 수 있는 기술, 다른 사람을 돕는 기술 등의 EQ 기술은 오늘날 직장에서 뛰어난 팀장이 보이는 특징이다.

- EQ는 사람을 다루는 기술과 관련이 있고 동시에 자신과 관련된 여러 가지 사실을 파악하는 능력이다.

- EQ가 높은 사람은 직장에서 성공할 가능성이 더 크고 더욱 확고한 인간관계를 구축한다. 따라서 훌륭한 팀장이 되고 싶다면 EQ를 계발하기 위해 노력해야 한다.

- EQ와 관련된 기술을 갖고 있어 자신 및 타인의 감정을 인식하고, 스스로의 감정을 적절히 표현하며, 자신 및 타인에게 동기를 부여하고, 스트레스 및 긴장 등을 통제할 수 있다면 훌륭한 관리자가 될 수 있다.

제32장

긍정적 자아상을
개발하기

●

자신의 능력에 대해 긍정적 견해를 갖는 것은 자아와 관련된 문제가 아니다. 그것이 현실적 평가인 경우에 말이다.

사람들은 이 자아와 관련된 문제 때문에 심각한 혼란에 빠진다. 자신에 대한 긍정적인 견해를 갖고 있는 사람은 죄의식을 느껴 마땅하다고 생각하는 사람들이 있다. 하지만 "네 이웃을 네 자신과 같이 사랑하라."는 말이 있다. 이는 이웃을 사랑할 수 있는 능력이 자신을 사랑하는 데 좌우된다는 것을 암시한다. 이 원칙은 관리에도 적용된다.

많은 책이 자아상이라는 주제를 다뤄왔다. 거기에는 팀장에게도 중요한 개념이 있다. 팀장으로서의 커리어에 도움을 줄 몇 가지 기본적인 사항을 여기에 소개한다.

사실 자아상은 우리의 성공과 실패를 가른다. 자신에 대한 평가가 낮고 실패할 것이라고 믿는다면, 우리의 잠재의식은 그런 결과를 가져오려고 노력한다. 반대로 자신에 대해서 높게 평가하고 성공할 것이라고 믿으면 성공의 가능성은 크게 높아진다. 지나치게 단순화시키기는 했지만 여기에는 이런 생각이 담겨 있다. 성공을 생각하고, 성공한 것처럼 보이고, 성공할 것이란 자신감을 가진다면 당신은 성공의 가능성을 크게 높일 수 있다. 이것은 주로 태도의 문제와 연결된다. 자신을 실패자로 생각한다면 당신은 그렇게 될 것이다.

이것과 밀접하게 연결된 것이 자기충족적 예언_{self-fulfilling prophecy}이라는 개념이다. 우리는 누군가가 어떻게 행동할 것이라 듣고 생각한 대로 그 사람을 대한다.

성공의 태도를 강화하기 위해서는 그 과정에 얼마간의 성공이 있어야 한다. 처음으로 관리직에 오른 당신이 지금부터 거두는 모든 성공은 미래의 성취를 위한 밑거름이 될 것이다.

성공 기분이 실제적인 성공을 대체할 수 없다는 것은 분명한 사실이다. 어느 정도 성공의 실체가 있어야만 성공적인 모습을 가질 수 있다. 실체가 없는 외양은 허위다. 그런 거짓은 금방 들통이 나고 당신에게 불리하게 작용할 것이다.

젊은 초보 팀장들에게서 관찰되는 가장 심각한 문제 중 하나는 오만하다는 인상을 줄 수 있다는 점이다. 성공의 기분을 잘못 다루어서 오만한 사람으로 보이지 않게 주의를 기울여야 한다. 건방지게 보이지 않으면서도 관리직에 올랐다는 자부심을 느끼는 것이 얼마든지 가능하다. 다른 사람에게 전달되는 인상은 조용한 자신감이어야 한다.

조직 내에 당신이 적임자가 아니라고 생각하고 당신의 실패에 기뻐하는 사람들이 있다고 생각하는가? 충분히 가능한, 아니 확률이 상당히 높은 일이다. 오만하다고 해석될 수 있는 당신의 태도를 보고 이 사람들은 자신의 평가가 옳았다는 결론을 내리게 될 것이다.

자아 이미지 개선을 위한 전략

누구나 자신의 자아상을 개선시킬 수 있다. 성공이 입증된 세 가지 방법을 소개한다. 첫 번째는 시각화visualization 방법이다. 당신에게 중요한 구체적인 결과를 시각화해보라. 시각화는 성공한 운동선수들이 흔히 사용하는 도구다. 스키 선수는 대회 전에 코스에서 연습을 할 수가 없다. 대회에 나서면 처음으로 코스를 달리게 된다. 올림픽에 출전한 스키 선수들이 출전하기 전에 몇 시간 동안 코스에서 시간을 보내는 것을 본 적이 있는가? 대신 어떻게 경기를 운영할지 시각화한다. 체조선수, 카약선수, 스노우보드 선수, 스카이다이빙 선수 등 많은 운동선수들이 이런 작업을 한다.

같은 방식이 운동이 아닌 목표를 좇는 당신에게도 도움을 준다. 운동선수들이 하듯이 구체적인 결과를 시각화하라. 큰 계약을 따내는 것일 수도 있고, 세미나에서 박수갈채를 받는 것일 수도 있고, 응원해준 사랑하는 사람에게 애정의 미소를 얻는 것일 수도 있다. CEO에게 당신의 뜻을 효과적으로 전달하는 것이나 직원을 징계하는 것, 이사진 앞에서 프레젠테이션을 하는 것도 시각화할 수 있다.

시각화 연습을 거치고 나면 시각화한 이미지는 당신이 자신의 행동과 당신 자신을 보는 방법의 일부가 된다. 시각화는 공상과 다르다. 시각화는 원하는 결과를 향해 당신의 마음을 프로그램하는 일이다.

다음은 윈−윈win-win 방법이다. 이 방법을 쓰면 당신은 사람들에게 많은 긍정적 피드백을 주고 다른 사람의 성공을 지원할 수 있다. 당신이 팀장으로서의 능력은 물론 팀원들의 일에 대해서도 좋은 감정을 느낄 수 있게 해준다. 다른 사람의 성공을 돕는 것은 당신의 자아상을 개선할 뿐 아니라 사람을 관리하는 일을 더 만족스럽게 만든다.

마지막으로 긍정적 자기대화positive self-talk 방법이다. 우리는 하루 동안 자기 자신에게 1,000개 이상의 메시지를 보내는 것으로 추정된다. 긍정적인 자아상을 만들고 싶다면 이 메시지를 긍정적인 것으로 만들어라. 긍정적인 메시지를 많이 보낼수록 두뇌는 점점 더 긍정적인 자아감sense of self을 구축한다. 긍정적인 자기대화에는 다음과 같은 것들이 있다.

"나는 매일 관리 기술을 발전시키고 있다."
"나는 이 문제를 감당할 수 있다."
"이번에는 실수를 했지만 다음에는 더 잘할 수 있다."

긍정적인 자기대화는 마음속에 긍정적인 메시지를 반복 재생하는 것과 같다.

실수를 인정하라
팀장으로서의 임무를 하다 보면 가끔은 실수를 저지르게 될 것이다.

잘못된 판단을 내릴 수도 있을 것이다. 누구에게나 일어나는 일이다. 이런 실수를 어떻게 보고 처리하느냐는 자신의 발전은 물론 당신에 대한 다른 사람들의 인식에도 큰 영향을 미친다. 당신에 대한 신뢰가 거기에 좌우된다. 자신에게 또 당신과 관련된 모든 사람에게 솔직해져야 한다. 실수를 숨기거나 합리화하거나 다른 사람의 잘못일 수 있다는 뜻을 드러내서는 안 된다. 많은 팀장이 "제 실수입니다.", "죄송합니다."라는 두 문장을 입 밖에 내는 것을 힘들어한다. 말이 목에 걸린 것 같은 느낌을 받는 것이다. 이 두 문장은 나약함의 표시가 아니다. 자신감의 표시이며 당신이 인간이라는 점을 인정하는 일이다.

초보 팀장들은 팀원의 실수를 책임지는 데 어려움을 겪곤 한다. 이들은 팀원의 실수를 지나치게 겁내는 나머지 복잡한 일을 직접 처리해버리는 식으로 비난을 피한다. 이렇게 하면 두 가지 부정적 결과가 초래된다. 자신의 발전을 막는 동시에 과다한 업무로 스스로를 피곤하게 만든다. 이것이 불안감의 대가이다.

이 문제를 해결하는 방법은 팀장의 역할 '전체'를 강화하는 것이다. 더 나은 교육 담당자를 선정하고, 더 좋은 사람을 채용하고, 실수와 그 영향을 최소화하는 내부 통제를 강화해야 한다. 실수가 발생하면 그것을 인정하고 고치며 거기에서 교훈을 얻고 무엇보다 그 실수에 대해 깊이 고민하는 시간을 가져야 한다. 그런 후에야 당신과 직원은 앞으로 나가갈 수 있다.

자기애와 자기모순에 빠지지 마라

자신이 가진 최선의 이미지를 보여주는 것은 좋지만 그 정도가 과해서 자기애에 빠져서는 안 된다. 자신의 단점까지 기꺼이 인정할 줄 알아야 한다. 이렇게 하지 못하는 팀장들이 놀라울 정도로 많다. 당연히 팀장들에게도 단점이 있다. 모든 것에 만능일 수는 없다. 하지만 직급이 높아지면 많은 사람이 이들의 입맛을 맞추기 시작한다. 이런 대우가 실제로 본인의 지능을 높이지도 지식을 넓히지도 못한다는 것을 깨닫는 팀장들은 많지 않다. 느긋하게 앉아 굽실대는 사람들을 내려다보는 것은 기분 좋은 일이다. 시간이 지나면서 이들은 자기가 이런 대우를 받아 마땅한 사람이라는 확신을 갖는다. 자신이 카리스마가 있다고 생각하지만, 이는 사실 그가 지키고 있는 자리에서 비롯된 것이다.

실리콘밸리의 한 대형 기술 기업 본사에서 조보 팀장의 비위를 맞추는 사람들에 대한 경고성 이야기를 들은 적이 있다. 신임 CEO는 부임한 직후 몇몇 팀원과 회의에 참석하기 위해 복도를 지나다가 복도가 연두색이면 더 좋겠다는 말을 했다. 며칠 후 다시 그곳을 지나던 CEO는 연두색이 된 복도를 보고 당황했다. 실제로 페인트칠을 새로 하라는 뜻이 아니었기 때문이다. 지나가는 말이었을 뿐이었다. 이 경험을 통해 그는 '준비 없이 말을 뱉어서는 안 된다'는 중요한 교훈을 얻었다. 상사의 비위를 맞추려는 하급자들의 태도는 의도치 않은 그리고 바람직하지 않은 결과를 낳을 수 있다.

무오류 증후군 infallibility syndrome 은 고위 경영진에게서 가장 많이 나타난다. 초급 관리직에서 임원까지 직무에 따라 다양한 무오류 증후군이 나타난다. 관리자는 자신에 대해 솔직한 관점을 가져야만 한다. 무오류의 함정에 빠지는 몇몇 CEO들은 《포천》 선정 500대 기업 CEO들의 평균 재임 기간이 4.5년에 불과한 이유를 부분적으로 설명한다.

CEO로 임명되었다고 해서 자동으로 이전의 당신보다 똑똑해지는 것은 아니다. 하지만 사람들은 당신이 지혜의 말씀을 쏟아내기라도 하는 것처럼 당신에게 귀를 기울이기 시작한다. 당신은 더 똑똑해지지 않았다. 더 많은 힘을 얻었을 뿐이다. 이 두 가지를 혼동하지 말아야 한다.

이런 측면에서 임원들이 하는 '말'에는 주의를 기울이지 말라. 그들이 하는 '행동'에 시선을 둬야 한다. 간부가 "저는 저보다 똑똑한 사람들을 채용합니다."라고 말한다면 그가 하는 일에 대해 떠올려보라. 그가 채용하는 사람들 모두가 그의 복제 인간 같지는 않은가? 임원이 "나는 직원들에게 나와 다른 의견을 기탄없이 말하라고 독려합니다. 예스맨들에게 둘러싸여 있기를 바라지 않으니까요."라고 말한다면 그가 지난주 다른 견해를 피력한 하급자에게 불같이 화냈던 일을 기억하라. 임원이 "내 사무실 문은 언제나 열려 있어."라고 말한다면 당신이 그의 사무실에 들어가 "잠깐 시간 좀 내주실 수 있습니까?"라고 말했을 때 그의 언짢은 표정을 보고 그 말이 얼마나 공허하게 느껴졌는지를 생각해보라. 말과 완전히 모순된 행동과 태도들이 아닌가!

직장 생활을 하는 동안 당신은 인상적인 경영 철학을 내세우는 임원들을 만나게 될 것이다. 문제는 그들이 권위를 행사할 때는 전혀 다른, 바람직하지 못한 개념을 이용한다는 점이다.

편견을 인정하고 개선하라

약점을 떠벌릴 필요는 없다. 그건 어리석은 짓이다. 다만 스스로 실수를 인정하고 고치기 위해 할 수 있는 일을 다 해야 한다. 예를 들어 당신이 잘하지 못하는 일들은 당신이 즐기지 않는 일일 것이다. 이는 우연이 아니다. 자기훈련self-discipline을 통해 좋아하지 않는 일이 목표로 향하는 길에 장애물이 되지 않게 해야 한다. 당신 업무의 질을 평가할 때 당신이 좋아하지 않는 일에서 저지른 실수라고 해서 양해가 되는 것은 아니란 점을 기억하라. 당신이 좋아하지 않는 일이라고 해도 업무의 질은 높아야 한다. 모든 일에는 당신이 좋아하지 않는 측면이 있다. 그 부분도 잘 해내야 한다. 그 부분이 걸림돌이 되지 않게 처리해야 당신이 즐기는 부분에 이를 수 있다.

자신에게 문제가 되는 사고방식이나 태도가 있을 수 있다는 점을 인정하라. 인정하지 않는다면 개선할 수도 없다. 예를 들어 다섯 시에 퇴근을 하는 다른 팀장들에 대해 편견을 가지고 있는 팀장이 있다고 생각해보자. 그는 팀장이 되면 일을 우선하고 사회적 의무나 가정에 대한 의무는 그 뒤에 생각해야 한다고 믿는다. 그는 또한 일찍 퇴근하는 모든 팀장은 자신의 일을 완벽하게 처리하지 못하거나 잘하지 못할 거라 생각한다. 그의 태도는 정시에 퇴근할 경우 자신의 일을 다 해낼 수 없는 무능력에서 비롯되었을 것이다.

이는 그의 편견이자 잘못된 사고방식이다. 그가 가진 정서적 감정에 불과하므로 입증할 수가 없다. 이런 유형의 팀장은 일과 생활의 균형을 중시하는 팀장을 대할 때 자신의 사고방식을 인지하고 그것을 극복하기 위해 최선을 다해야 한다. 단, 지나치게 신경 써서 반대 방향으로 과도하게 치우치는 일이 생겨서는 안 된다는 점을 명심하라. 편견을 극복한다는 것은 힘든 일이다. 우선 자신의 잘못이나 강한 신념을 인정해야 이를 해결할 수 있다.

굳어진 사고방식이나 편견을 찾고 인정하는 능력은 정서적 성숙의 핵심 요소이다. 이들을 완전히 제거할 수는 없더라도 그것들이 다른 사람에 대한 당신의 인식에 영향을 줄 수 있다는 점은 이해해야 한다. 자신의 생각만을 앞세워 분위기를 압도하는 사람을 만나본 적이 있을 것이다. 그런 사람이 되고 싶은가? 마음이 맞는 친구들과 시간을 보낼 때라면 문제가 되지 않을 수도 있다. 하지만 직장에서는 그렇지 않다.

그런 상사를 만났을 때 대부분 사람들은 그 사고방식에 맞출 수 없다는 두려움 때문에 상사와의 접촉을 최소화하고 이를 주변 사람들과 공유한다. 결국 '신념을 숨기지 않기로' 선택하는 상사들은 그로 인해 어려움을 겪는다.

객관성을 유지하라

문제를 객관적으로 본다고 말하고는 자신의 태도나 해법을 명백히 주관적인 방식으로 설명하는 팀장을 만나본 적 있을 것이다. 팀장이 자신은 전적으로 객관적이라는 주장을 시작하는가? 그런 이야기를 들었을 때는 그와 정반대로 객관성이 결여되어 있다고 생각하는 것이 현명하다.

완벽하게 객관적인 태도를 갖기는 극히 힘들다. 우리는 우리가 겪은 모든 경험의 총체이다. 이유는 설명하기 힘들지만 다른 사람보다 호감이 가는 직원이 분명히 있다. 개인적인 끌림일 것이다. 이 점을 인정한다면 당신은 호감이 덜 가는 사람을 공정하게 대함으로써 이런 편향을 상쇄시킬 수 있을 것이다.

팀장은 주관성이나 객관성이라는 주제는 입에 올리지 않는 편이 낫다. 사람을 대하는 데 있어서 가능한 한 솔직한 태도를 유지하고 객관성이나 주관성을 함부로 언급하지 않는 것이 어떨까? 완벽한 객관성을 유지하는 것이 얼마나 어려운지를 인정하는 것부터 시작하는 것이 좋겠다.

상사가 당신에게 "객관적인 태도를 유지하고 있는 겁니까?"라고 물으면 당신의 대답은 "노력하고 있습니다."가 되어야 한다. 누구도 완벽하게 객관적이라고 장담할 수는 없다. 하지만 그런 방향으로의 노력은 칭찬받아 마땅한 일이다.

의사결정에 자신감을 더하는 법

자신의 의사결정 능력에 대한 조용한 자신감을 키워라. 많은 결정을 내리다 보면 그 능력은 점점 발전할 것이다. 관리에 있어서 대부분의 결정은 특출한 지혜를 필요로 하지 않는다. 사실을 파악하는 능력과 결정을 내리기에 충분한 정보가 모였을 때를 아는 능력이 필요할 뿐이다.

감정적인 결정을 내린 후에 합리화하는 일은 피해야 한다. 그렇게 하면, 하지 않았더라면 좋았을 것이라 생각하는 결정을 옹호하는 결과가 발생한다. 잘못된 결정은 옹호할 가치가 없다. 당신이 그 결정을 내린 장본인이더라도 말이다. 잘못된 결정을 합리화하면 함정에 빠지게 된다.

많은 초보 팀장이 성공하기 위해서는 빠른 결정을 내려야 한다고 생각한다. 재빨리 총을 꺼내 쏘는 이미지를 만드는 것이다. 이것은 바람직한 이미지가 아니다. 반대의 극단에는 결정에 너무 많은 시간을 들이는 경우가 있다.

비결은 균형과 절제에 있다. 너무 빨리 결정을 내려서 형편없는 선택이 되어서도 안 되고, 결정에 너무 긴 시간이 걸려서도 안 된다. 정보를 모을 때는 완벽한 정보나 완전한 정보를 얻을 수 없는 경우가 많다는 것을 유념하라. 이후 상황을 분석하고 결정을 내린다. 서두르지도 말고 정보에 대해서 달성이 불가능한 필요 조건을 정해두지도 말라. 지나치게 시간을 들인다면 당신이 결정을 하기도 전에 기회는 사라질 것이다.

다양한 의사결정 방법을 사용하는 능력은 자신감을 키우는 데 중요하다. 의사결정의 방법에는 단독, 참여, 위임, 상향, 이 네 가지가 있다.

단독형 의사결정

당신 혼자서 결정을 내리는 것을 말한다. 당신의 전문 분야이거나 시간이 촉박하거나 결정의 성격 때문에 팀원들을 참여시키는 것이 부적절할 때 사용하는 방법이다. 인사 결정은 팀원의 참여 없이 처리해야 하는 문제의 한 예이다. 당신이 관리하지 않는 사람들의 조언이라면 피해야할 이유는 없다. 단독 결정 이전에 조직 외부의 동료, 상관, 회사 밖의 사람의 의견을 듣는 것이 도움이 될 수도 있다.

참여형 의사결정

팀원의 의견을 듣고 그들을 의사결정 과정에 참여시킨다. 참여형 방법을 이용하면 직원의 의견에서 도움을 받고, 실행에 옮길 사람들을 결정과정에 참여시킴으로써 더 나은 결정을 할 수 있으며, 교육적인 가치도 얻을 수 있다. 팀원을 의사결정에 참여시키는 것은 그들이 과정을 잘 파악하고 자신의 역량을 향상시키는 데 도움을 줄 수 있다.

위임형 의사결정

팀이 당신 대신 결정을 내리게 하는 것이다. 팀이 당신보다 문제에 대해 잘 알거나 가능한 모든 결과를 수월하게 받아들일 수 있는 경우에 이 방법을 사용한다. 참여형 방법과 마찬가지로 결정권을 위임하는 것은 교육적 가치가 있으며 관련 팀원들에게 당신이 그들의 판단을 신뢰한다는 명확한 메시지를 전달해준다.

상향식 의사결정

조직 내의 윗사람이 내려야 할 결정이라고 판단하는 경우에 사용한다. 그런 결정을 할 지격이 없을 때 상향식 의사결정에 의지한다. 당신 팀 이외의 사람들에게 영향을 미치는 결정은 이 방식이 적절하다. 상향식 의사결정은 최후의 수단이다. 의사결정을 미루거나 내릴 수 없는 사람으로 보이고 싶지는 않겠지만 의사결정 과정에서 자신을 배제하는 것이 타당한 경우도 있다.

의사결정에 한 가지 방법만을 고집하는 팀장이 되어서는 안 된다. 유연한 접근이 필요하다. 상황에 맞는 올바른 의사결정 방법을 선택할 수 있게 된다면 당신의 자신감과 자아상은 크게 높아질 것이다.

솔선수범하라는 조언을 많이 들어봤을 것이다. 좋은 말이다. 하지만 솔선수범을 넘어서는 또 다른 단계가 있다. 진정한 리더십이 그것이다. 진정한 리더십은 진실하고 진정성 있는 태도로 팀의 존경을 얻는 리더십을 말한다. 진정한 리더십에는 떼어놓을 수 없는 두 가지 요소가 있다. 당신이 추구하는 행동을 보이는 것 그리고 말과 행동을 일치시키는 것이다.

팀원들은 당신을 면밀하게 관찰한다. 그들은 상사인 당신을 존중하고 존경한다. 진정성 있는 리더가 된다면 당신은 필요에 의한 것이 아닌 선택에 의한 진심 어린 존중과 존경을 받게 될 것이다. 그것이 진정한 리더십이다.

당신이 상사이기 때문에 팀원들은 문제가 되지 않을 만큼은 당신에게 호응하고 당신을 존중할 것이다. 하지만 당신이 진정한 리더가 되면, 역학은 변화한다. 팀원들의 상태는 필요에 의한 호응에서 의욕적인 참여로 변할 것이다. 진정한 리더십은 강력한 힘을 갖고 있다.

당신이 높은 기준을 갖고 있다는 것을 보여준다면 팀원들도 자극을 받을 것이다. 당신이 의사결정에서 사려 깊고 윤리적인 모습을 보이면 팀원들도 자극을 받을 것이다. 의견이 충돌할 때조차 동료를 존중하는 모습을 보이면 팀원들도 자극을 받을 것이다. 당신이 품위 있게 행동한다면 팀원들도 높은 기준을 갖게 될 것이다.

자신에게 솔직해야 한다. 자신이 어떤 사람인지 인지하고 본보기를 정하라. 그리고 실행에 옮겨라. 이를 통해 의욕을 고취시키는 리더이자 더 나은 사람이 될 수 있을 것이다.

더 높은 자리로의 이동을 준비하라

이미 언급했듯이 당신에 대한 판단은 팀의 성과에 좌우된다. 당신의 미래에 있어 팀원들은 상사만큼이나 중요하다. 이는 곧바로 사내 정치의 문제로 이어진다. 사내 정치는 어디에나 존재한다. 사람들은 사내 정치라는 것에 반감을 갖는다. 정치나 정치인을 높이 평가하지 않는 사람들이 많다. 하지만 두 사람 이상만 모여도 정치적 요소가 생길 수밖에 없는 것이 현실이다.

'사회 내 사람들 사이에 존재하는 관계의 총체적 복합체'라는 다소 긍정적인 정치의 정의에 대해 생각해보자. 이런 관점에서 보면 사람이 관련된 모든 상황에 정치가 존재한다고 할 수 있다. 사내 정치라는 게임은 분명히 존재하며 거의 모두가 그 게임에 참여한다. 당신은 참가자이거나 관중이다. 대부분의 팀장들은 참가자이다.

하급자들은 '냉혈한'이라고 생각하지만 상급자는 '따뜻하고, 관대한 사람'이라고 생각하는 사람들이 있다. 이들이 사내 정치를 잘하기 때문일 것이다. 하지만 이런 태도는 장기적으로 자기 자신에게 불리하다. 직장에서는 야망을 채울 수 있을지 모르지만 인간으로서는 실패할 것이다.

승진하는 것이 진실성보다, 본연의 모습을 찾는 것보다 중요하다면 이 장의 나머지 부분은 읽지 않는 것이 좋다. 여기에서 말하는 내용이 마음에 들지 않을 테니 말이다.

기회주의자가 됨으로써 일시적으로 성공을 거둘 수는 있다. 하지만 성공에 이른 후 치르는 대가를 생각해야 한다. 인사에 관한 많은 결정은 납득할 수 없을 때가 비일비재할 것이다. 인생은 공평하지만은 않다. 그러니 공평함을 기대하지 말라.

승진이 공정성이나 능력 이외의 것을 근거로 한다고 느껴지는 때가 많다. 회사는 이런 결정을 공정하게 내리기 위해 노력한다고 해도 언제나 일이 그렇게 돌아가는 것은 아니다. 또한 의사결정을 하는 임원들에게는 완벽하게 합리적으로 보이는 결정도 당신에게는 그렇게 보이지 않을 수 있다. 자신이 가능성 높은 승진 후보라고 생각하는 사람에게는 특히 더 그렇다.

그럼에도 불구하고 승진을 원한다면 준비를 해야 한다. 행운이나 우연에 의지한다면 확률은 매우 낮아진다. 준비는 득이 되면 됐지 손해가 되지는 않는다. 회사 외부에서 기회가 찾아올지 누가 알겠는가? 그런 가능성에도 대비를 해두어야 한다.

후임을 찾아라

당신이 팀장이라는 직무에 숙련되면 바로 후임을 찾기 시작해야 한다. 이유는 분명하다. 당신을 승진시킬 경우 업무에 공백이 생긴다면 의사결정권자가 당신을 승진시킬 가능성이 낮아지기 때문이다. 당신 자리를 맡을 준비된 후임을 마련함으로써 더 나은 승진 후보자가 될 수 있다.

적절한 후임을 찾는 것은 민감한 사안이다. 우선 자신을 대신할 사람을 지나치게 빨리 물색해서는 안 된다. 그가 충분히 성장하지 못하고 당신 뒤를 잇는데 필요한 역량을 보여주지 못한다면 심각한 문제가 생길 수 있기 때문이다. 또한 이미 선택한 후계자를 바꾸는 것은 여러 문제를 일으킬 수 있다. 물론 그 자리에 꼭 맞는 능력을 갖춘 팀원이 이미 있는 경우라면 가능한 빨리, 가능한 철저히 그 사람의 발전을 돕는 간단한 문제로 귀결될 것이다.

후임자에게 당신이 해야 할 일의 일부를 넘겨라. 그러나 당신의 일 전부를 그 사람에게 위임하고 물러나 앉아 신문이나 읽고 있어서는 안 된다. 그런 태도는 어떤 상황에노 허용뇌지 않는다. 회사는 낭신을 ᅳ러라고 그 자리에 두고 있는 것이 아니다.

후임이 당신 일의 대부분을 배울 때까지 업무의 점점 더 많은 부분을 맡긴다. 업무의 각 영역을 잊지 않을 정도로 충분히 자주 수행하게 해야 한다. 신입 사원을 채용할 때는 면접 과정에 대역을 종종 참여시킨다.

후임자가 만족스러운 성과를 올리고 있다면 그를 위한 정치 캠페인을 시작한다. 당신 상관에게 그 사람이 큰 발전을 보이고 있다는 점을 확실히 알려야 한다. 업무 평가에서 '승진 적격'이나 '뛰어난 관리직 후보로 발전하고 있는'이라는 말을 사용한다. 물론 사실이 아닌 말을 해서는 안 된다. 사실과 다른 말은 당신이나 후임자 모두에게 불리하게 작용할 것이다. 하지만 그가 순조로운 발전을 보이고 있다면 그 사실을 (너무 노골적이지 않게) 높은 직급의 사람들에게 알려야 한다.

대역이 당신 자리가 아닌 다른 자리로 승진할 위험도 있지만, 그렇더라도 감수할 만한 가치가 있다. 이런 일이 여러 번 일어날 경우 당신은 인재 개발에 뛰어나다는 평판을 얻게 될 것이고, 당신의 승진 가능성은 높아진다. 그 외에도 당신은 직원의 발전을 보면서 큰 성취감을 경험하게 될 것이다. 당신이 승진을 위해 팀원을 준비시키는 일로 고민하고 있는 동안 당신 상관도 당신과 당신의 미래에 대해 고민하고 있을지도 모른다.

다양한 선택지를 확보하라

마음에 둔 후보자가 없다면 여러 사람에게 당신 업무의 일부를 맡겨서 추가된 책임과 새로운 기회를 어떻게 다루는지 지켜보는 것이 좋다. 여러 명의 후보를 동시에 교육하면 모든 후보가 다른 자리로 승진해 갈 가능성이 낮기 때문에 당신에게 유리하다. 이런 철저한 방어는 비상시에 당신에게 큰 도움이 될 것이다.

지나치게 서둘러서 한 명을 후임으로 지목하지 않도록 조심하라. 한 사람을 직무 대리로 임명하는 순간 다른 사람들은 노력을 멈춘다. 이는 모든 승진에 따르는 문제이다. 그 자리를 얻지 못한 사람들은 꿈을 접게 되고, 이는 그들의 성과에 일시적으로나마 악영향을 미칠 수 있다.

다음의 관리 개념이 당신에게 도움이 될 것이다. 항상 팀원들이 열의를 가질 만한 무언가를 제공하라. 후임으로 한 명의 팀원을 분명히 선택해야 하는 시점이 오면, 나머지 후보자들이 다른 부서에 여전히 기회가 있다는 점 그리고 당신이 승진이라는 그들의 목표를 지원할 것이란 점을 알게 해야 한다.

하지만 그 자리를 두고 계속해서 여러 후보가 경쟁할 때는 모두를 동등하게 대해야 한다. 그들이 교대로 과제를 해볼 수 있게 하라. 모두가 당신 직무의 모든 측면에 노출되도록 해야 한다. 당신이 종종 사무실을 비운다면 각 후보들이 돌아가면서 일을 맡아보도록 한다. 모두에게 당신 직무의 인사적 측면을 관리해볼 기회를 준다.

정기적으로 한 번에 한 명씩 모든 후보와 만나 당신의 일에 대해 논의한다. "내 일에 대해 논의해봅시다."라고 말하지 말라. 대신 그들이 마주한 구체적인 문제들에 대해서 이야기하라. 모두가 그 논의에서 득을 볼 것이다. 그들 중 당신이 없는 동안 흔치 않은 관리 문제에 직면한 사람이 있었다면, 그 경험을 통해 모두가 이득을 얻을 수 있게 해야 한다.

팀원 스스로 답을 찾게 하라

나시 말하지만 당신 자신이 없어서는 안 될 사람이 되지 않도록 노력해야 한다. 스스로를 이런 상황에 빠뜨리는 팀장들이 있다. 업무의 질을 확보하려 노력하면서 모든 중요한 문제와 결정을 자신에게 문의하도록 한다. 팀원들은 곧 보통의 범주에서 벗어난 모든 일이 결국 상사에게 간다는 것을 알게 된다. 여기에 드는 시간만이 문제가 아니다. 보다 근본적인 문제는 당신 팀원들이 보다 복합적인 문제를 스스로 해결하려는 노력을 멈춘다는 데 있다.

팀원들이 스스로 답을 찾게 격려하는 것이 중요하다. 물론 팀원들에게 위임할 수 있는 책임의 범위에는 한계가 있다. 좋은 팀장이라면 팀원들에게 책임을 맡기면서 윗사람이 그들의 성과에 책임을 질 것이라고 안심시켜야 한다.

휴가 기간 동안 자신늘 없이 회사가 잘 놀아가시 않을까 봐 석성하는 사람들을 보았을 것이다. 사실 그들은 정반대의 걱정을 하고 있다. 진짜 걱정은 회사가 그들 없이도 잘 돌아가는 것이다. 직원의 역량을 계발하고 후임 관리 부분에서 적절하게 일을 하고 있는 팀장이라면 자신이 없는 동안에도 부서가 원활하게 기능할 것이라는 확신을 갖고 휴가를 떠날 수 있다. 정말 능력 있고 헌신적인 팀장은 그가 완전히 자리를 떠나는(승진하거나 다른 회사로 가는 등) 경우까지 대비해놓았을 것이다. 반면, 자신의 직무가 요구하는 바를 잘못된 관점에서 파악하고 스스로를 대체할 수 없는 존재로 만든 뒤 커리어 내내 그것을 증명하면서 그 자리에서 절대 떠나지 않는 팀장들이 있다.

그런 사람들의 가장 큰 문제는 '관리'라는 일이 어떤 것인지 이해하지 못하고 있다는 점이다. 관리는 일을 하는 것이 아니라 일을 해내는 것을 지켜보는 것이다.

차라리 혼란을 선택하라

당신의 전임자가 일을 망친 경우라면 오히려 당신에게 득이 된다. 당신이 완벽한 실패자만 아니라면 그와 비교해 승자로 보일 테니까 말이다. 안타까운 일이긴 하지만 당신으로서는 순조롭게 운영되고 있는 상태에 발을 들이는 것보다 유리하다. 은퇴를 하거나 다른 조직의 더 높은 자리로 가는 회사 영웅의 후임이 되는 것은 힘든 일이다. 아무리 뛰어난 능력을 가진 사람도 영웅과 시간이 흐르면서 만들어진 영웅의 전설과 비교당하는 것은 큰 부담이 아닐 수 없다.

혼란 속에 있는 곳과 원활하게 잘 운영되는 곳 사이에서 선택을 할 수 있다면 혼란한 곳을 선택하라. 커리어 내내 당신을 따라다닐 평판을 만들 수 있는 좋은 기회일 수 있다. 후회하지 않을 것이다. 그 경험을 통해 많은 것을 배울 것이다.

지속적으로 배워라

승진을 준비할 때는 자신이 속한 산업에 대한 지식을 넓혀야 한다. 당신이 책임진 분야에서 전문가가 되는 것만으로는 충분치 않다. 회사의 전체 운영에 대해 더 많은 것을 알아야 한다.

배움을 더할 수 있는 길은 여러 가지이다. 예를 들어, 엄선한 책을 읽음으로써 지식을 넓힐 수 있다. 상사가 회사의 운영과 경영 철학에 가장 잘 맞는 읽을거리를 추천해줄 수도 있을 것이다. 조언을 구한다고 꽤씸하게 생각할 상사는 없다. 다만 너무 자주 조언을 구하지 않도록 주의해야 한다. 상사가 당신이 너무 많은 문제에서 갈피를 잡지 못한다고 생각하거나 환심을 사려한다고 생각할 수도 있기 때문이다. 이런 인상은 당신이 목표를 추구하는 데 도움이 되지 않는다.

회사에서 교육 프로그램을 제공한다면 거기에 등록하라. 즉각적인 이득은 확인할 수 없더라도 장기적으로는 도움이 될 것이다. 더불어 배움에 대한 당신의 열의를 보여줄 수 있다. 당신이 듣는 수업과 교육이 기존의 역할과 목표와 연관되어 있는지 확인하라. 관련성을 따져보지도 않고 회사에서 제공하는 모든 수업에 등록하는 사람으로 인식되어서는 안 된다. 교육을 위해 주된 업무에서 얼마나 많은 시간을 할애해야 할지를 합리적으로 생각해야 한다. 교육도 좋지만 승진의 기회를 높이는 최선의 방법은 일을 잘하는 것이다.

자신을 은근히 홍보하라

당신은 기가 막히게 뛰어난 인재일지도 모르겠다. 하지만 그 사실을 아는 사람이 당신 자신뿐이라면 재능이 아무리 많아도 소용이 없다. 가장 효과적인 방법은 조직의 의사결정권자에게 그 말이 들어가게 하는 것이다.

당신 스스로 너무 심하게 자화자찬을 한다면 사람들은 부정적인 반응을 보일 것이다. 허풍이 심한 사람으로 볼 수도 있다. 그런 평판은 당신에게 도움이 되지 않는다. 자기 홍보를 지나치게 노골적으로 하는 사람들이 있다. 이는 사람들이 더 이상 그 말에 귀를 기울이지 않게 만들고 역효과를 낸다. 자기 홍보는 넌지시 이루어져야 한다. 효과적으로 소통하는 사람으로 여겨지는 것이 좋다. 다음의 예는 다른 사람에게 공격적으로 보이거나 부정적인 반응을 이끌어내지 않으면서 상황에 대처하는 방법을 보여준다.

인근의 대학에 업무에 도움이 되는, 따라서 승진 가능성을 높여줄 강좌가 있다고 가정해보자. 당신이 교육에 쏟는 열의를 당신 상사와 회사가 알 수 있게 하는 몇 가지 방법이 있다(무엇이든 과하지 않게 일을 해내는 것이 목표이다).

인사팀에 당신이 강의를 듣고 있다는 문서를 보내고, 상사에게 사본을 보내 당신의 인사 기록에 이것이 포함되도록 해달라고 요청한다. 인사 기록에 그 정보가 저장되기 때문에 당신의 기록을 검토하거나 승진 대상자를 찾는 사람의 눈에 띌 것이다. 강좌가 끝나면 인사팀에 성공적인 결과를 알린다. 수료증을 받았다면 사본을 인사팀에 보내 인사 기록에 포함시키도록 한다.

혹은 상사와 일상적인 대화를 나누면서(상사가 인사팀에 보낸 문서 사본을 보지 못했다면) "회계 수업의 강사가 지난주에 흥미로운 얘기를 했는데요"라는 식의 말을 꺼내는 것도 방법이다. 상사는 "무슨 회계 수업?"이라고 물어볼 것이다.

책상 위에 교재를 올려두라. 원하는 질문을 받게 될 것이다.

상사에게 당신이 수업에서 완벽하게 이해하지 못한 토론 내용에 대해 물어보라.

강좌를 같이 듣는 동료와 점심시간에 마주치면 "이사님, 저와 회계 강의를 같이 듣는 리즈 스미스 씨입니다."라고 그를 상사에게 소개하라.

이제 눈치를 챘을 것이다. 넌지시 할수록 당신의 시도가 지나치게 보일 가능성은 낮아진다. 당신의 상사는 당신이 성과에 대해서 말하고 있다는 것을 알아차릴 것이다. 적절하게 해낸다면 상사가 당신의 방법에 감탄할 수도 있다.

조직 내에서 가장 능력 있는 초보 팀장이 되는 것은 좋은 일이다. 하지만 아무도 그 사실을 알지 못한다면 당신에게 전혀 도움이 되지 않는다. 당신에게 다가와서 "승진을 위해 어떤 준비를 하고 있나?"라고 물어볼 상사는 많지 않다. 그러니 당신이 그들을 도와야 한다.

일만 잘하면 승진과 급여 인상은 저절로 따라온다는 철학을 가진 임원들도 있다. 이것은 위험한 전략이다. 그렇게 운에만 맡겨둘 여유가 없다. 상사가 당신이 하고 있는 일에 대해 모른다면 당신이 성취한 것을 어떻게 고려할 수 있겠는가? 빌진의 중요한 측면을 알리는 방법을 개발해야 한다. 하지만 다른 사람들이 반감을 갖거나 지나치게 밀어붙인다고 생각하지 않게끔 절제해야 한다.

옷차림도 전략이다

유행은 변하기 마련이다. 몇 년 전, 아니 몇 개월 전만 해도 비즈니스 세계에서 부적절했던 것이 지금은 괜찮아 보일 수 있다. 팀장인 당신은 과격하거나 극단적이거나 아방가르드한 옷을 입으며 유행을 이끄는 사람이 되려고 노력할 필요는 없다. 공정치 않다고 생각할지 모르겠지만 한 임원이 대화 중에 당신에 대해 '1층에 있는 그 이상하게 옷을 입는 괴짜'라고 말한다면 커리어를 발전시키기 어려울 것이다.

허용되는 것과 극단적인 것은 당신이 몸담고 있는 비즈니스의 유형이나 지역에 따라 다를 수 있다. 예를 들어 패션 잡지를 만드는 회사에서는 적절해 보이는 옷이 전통을 중시하는 생명보험 회사에서는 부적절하게 보일 것이다. 남서부에서는 용인되는 것이 동부에서는 받아들여지지 않을 수도 있다. 요점은 성공하기 위해서는 성공한 사람처럼 보이는 편이 도움이 된다는 것이다. 하지만 여기에서도 극단적이어서는 안 된다. 당신의 외양은 조용하게 이야기를 해야 한다. 큰소리로 외쳐서는 안 된다.

다음의 이야기는 복장 기준이 회사마다 크게 다를 수 있다는 것을 보여준다. 몇 년 전, 한 젊은이가 할리우드의 영화사에서 창의적인 일을 하는 부서에 입사 면접을 보기로 되어 있었다. 그는 전화를 걸어 담당자에게 어떤 옷을 입어야 하는지 물었다. 그녀가 '평상복'을 입으면 된다고 답했다. 그 젊은이는 잘 다린 셔츠와 바지 차림으로 면접장에 도착했다. 대기실에 들어간 그는 모두가 배꼽티에 반바지 차림인 것을 발견했다! 지원자와 그의 전화를 받은 직원이 의미하는 평상복이라는 말이 확연히 달랐던 것이다. 이런 사고방식의 큰 차이에도 불구하고 다행히 그 젊은이는 거기에 취직할 수 있었다.

이 이야기는 회사마다 스타일과 옷차림에 대해서 갖는 생각이 다르다는 것을 입증할 뿐 아니라 격식을 무시하기보다는 격식을 차리는 편이 복장에서의 실수를 줄일 수 있다는 것을 보여준다. 양복에 넥타이를 매고 행사에 참석했다가 평상복을 입는 자리였다는 것을 알게 되면 재킷을 벗고 넥타이를 풀면 그만이다. 평상복을 입고 있다가 모두가 정장 차림이라는 것을 발견하면 쉽게 거기에 맞출 수 없을 것이다.

무엇을 입어야 할지 고민이라면 평상복보다는 격식을 좀 더 차리는 편이 낫다. 잘 모르겠다면 조직의 고위 임원들이 어떤 모습인지 주의를 기울여라.

프레젠테이션은 기회다

동료들에게 당신의 능력을 알리는 가장 좋은 방법은 프레젠테이션 기술을 발전시키는 것이다. 프레젠테이션을 편안히 할 수 있게 되면 당신의 재능과 지식을 분명히 보여줄 기회를 얻을 수 있다. 프레젠테이션을 피하려 하는 대다수의 사람들과 자신을 차별화시킬 수 있다. 가장 중요한 것은 청중으로 온 모든 사람이 당신과 당신의 자리와 당신의 능력에 대해서 더 잘 알게 된다는 점이다.

대부분의 사람들이 많은 사람 앞에서 말을 하는 일을 썩 내켜 하지 않는다. 그런 거리낌은 제한된 혹은 부정적인 경험과 연관되어 있을 것이다. 제39장에서는 이런 제약을 이겨내고 프레젠테이션 기술을 발전시키기 위한 구체적인 방법을 제시할 것이다.

메시지와 성과는 부합되어야 한다

뛰어난 팀장이 되면서 그와 동시에 성공의 사다리 다음 단계로 올라가기 위한 노력을 시작하는 것은, 성공에 대한 흥미를 잃지 않는 한 거의 모든 팀장의 커리어에서 계속 이어지는 일이다. 다음 단계로 올라가기 위한 대가를 치르고 싶지 않다고 생각해도 잘못된 것이 아니다. 이런 감정을 느낀다면 건강한 것이다. 당신이 당신 내면을 보고 있다는 의미이기 때문이다. 누구나 더 이상 승진 후보로 고려되지 못하는 시점에 이를 수 있다. 반대로 계속 승진 후보로 고려되지만 현재의 위치에 편안함을 느끼고 다음 승진에 따라 가중되는 문제를 원치 않을 수도 있다. 더구나

위로 갈수록 승진의 피라미드는 훨씬 더 좁아진다. 대표이사와 CEO에겐 더 이상 오를 자리가 없다는(적어도 지금의 회사에서는) 것을 기억하라.

이 책의 이전 판에서는 승진 가능성에 관해 자신이 어떤 위치에 있는지 알 권리가 있다는 이야기를 했다. 심지어 우리는 그런 정보를 강력하게 요구하는 데 아무런 문제가 없다고 말했다. 이 부분에 대해서 다시 생각해보자. 당신이 승진을 원치 않는다면 그런 정보를 요구할 필요가 있을까? 승진을 원치 않았더라도 승진 제안을 받는다면 으쓱해서 마음이 바뀔지도 모를 일 아닌가?

승진을 원하고 승진할 시기가 한참 지났다고 생각한 당신이 그에 대해 물었다고 가정하자. 상사가 "자네가 승진할 수 있다고 생각지 않네."라고 말하거나 상사가 질문을 피하고 당신에게 불만을 갖게 되었다면 어떻게 하겠는가? 상사가 인사 파일에 "존스 팀장이 자기 승진에 대한 압력을 넣었다. 나는 그가 최우선 대상자라고 말했다."라는 메모를 남긴다면 어떻게 해야 할까? 이제 당신의 상사가 다른 회사로 갔고 당신은 새로운 임원과 잘 지내고 있다고 가정해보자. 당신의 인사 기록에 "승진에 대한 압력을 받았다."라는 메모가 없는 게 낫지 않을까? 부정적인 반응(잘못일 수도 있는)을 이끌어내고 기록까지 남게 만들 이유가 어디 있는가?

계속적인 승진을 바란다면 맡은 일에 전념하고 미래의 가능성에 주의를 빼앗기지 않는 편이 낫다. 당신이 새로운 도전을 환영한다는 점을 상사에게 알리는 것은 좋지만 당신 커리어에 대해 당신이 할 수 있는 가장 좋은 일은 지금 맡은 업무에서 뛰어난 성과를 내는 것이다. 현재의 직무를 숙련하는 것이 최우선 순위가 되어야 한다. 다른 모든 야망은 그 목표를 뒤따르는 부차적인 것이어야 한다.

지지자를 확보하라

임원급에서 당신을 칭찬하는 상사가 있다면 도움이 된다. 당신과 접촉하는 모든 임원, 당신 성과의 질을 알고, 당신의 건전하고 긍정적인 태도를 인정하는 임원들과 좋은 관계를 맺어야 한다. 당신을 높이 평가하는 것이 당신의 상사뿐이라면 그 사람이 회사를 떠났을 때(새로운 회사에서 당신에게 좋은 자리를 제안하지 않는 한) 당신은 지지자를 잃게 된다. 조직 내의 많은 임원이 당신을 좋게 생각한다면 도움이 된다. 여러 뛰어난 경영진의 지지를 받는다면 큰 도움이 될 것이다. 당신이 속한 부서 이외의 팀장이나 임원들과 접촉할 수 있는 이사회의 일이 당신의 다른 책무와 부합되는 것이라면 그 일을 기꺼이 받아들이도록 하라.

이 장에서 논의하는 목표를 달성하기 위해서는 뛰어난 성과와 자신감이 필요하다. 만족스런 성과와 뛰어난 성과의 차이는 이미지 혹은 스타일인 경우가 많다. 당신의 스타일은 당신 업무에 대한 상사의 인식에 영향을 준다. 당신의 스타일이 상사가 긍정적으로 생각하는 것이라면 특히 더 그렇다. 마찬가지로 좋지 못한 혹은 공격적인 스타일은 부정적인 반응을 일으키는 데 큰 영향을 미친다.

뛰어난 성과를 올리고 거기에서 얻는 이득을 극대화하는 것과 눈에 띄는 성과를 올리지 못하면서 그렇게 생각하도록 사람들을 속이는 것은 완전히 다른 이야기다. 후자는 문제를 유발할 것이다. 메시지와 성과는 부합되어야 한다.

- 성공에 대해 생각하고, 성공한 사람처럼 보이고, 성공하리라 확신한다면 성공의 가능성은 훨씬 커진다. 이때 가장 중요한 것은 바로 태도이다.

- 성공을 거두었을 때는 거만하다고 오해받지 않도록 감정 표현에 유의해야 한다. 성공한 팀장에게서 받는 인상은 조용한 자신감 같은 것이어야 한다.

- 자신의 실수를 인정하고 사과하는 것을 어렵게 생각하는 팀장들이 많다. 이런 말을 하는 것은 자신의 약점을 드러내는 일이 아니라 팀장이 자신의 인간성에 대한 믿음을 갖고 있음을 보여주는 일이다.

- 자신이 완전히 객관적이라고 장담할 수 있는 사람은 없지만 그렇게 되려고 노력하는 것은 칭찬받을 만한 일이다.

- 팀장으로서 자신의 업무에 숙달되었다면 자신을 대신할 사람을 찾아라. 회사가 팀장인 당신을 대신할 후보를 고려하지 않는다면 이는 그들이 당신을 지금의 업무에 꼭 필요한 사람으로 생각한다는 것이고, 그렇게 되면 승진 기회를 놓칠 수 있기 때문이다.

- 진짜 능력 있고 헌신적인 관리자는 자신이 회사를 영원히 떠나는 경우에도 업무에 지장이 없는 한 인재 개발에 힘쓴다.

- 승진하고 싶다면 자기 분야의 전문가가 되는 것만으로는 충분하지 않다. 자신의 회사가 속해 있는 산업 전반에 대한 지식을 넓히고 회사가 어떻게 운영되는지를 이해해야 한다.

제33장

시간 관리도
창의적으로 하라

●

그날 하고자 했던 일을 하나도 하지 못한 것 같은 기분으로 집에 돌아온 적은 없었는가? 누구나 급한 불을 끄느라 시간을 다 보내고 이런 기분으로 퇴근하는 날이 있다. 어쩔 수 없을 때도 있지만, 이런 일이 반복적으로 일어난다면 시간 관리가 잘못된 탓일 수 있다.

일을 작은 단위로 쪼개라

어느 논픽션 작가는 다음의 시간 관리 기법으로 큰 효과를 봤다. 그의 이야기를 들어보자.

"내가 진지하게 글을 쓰기 시작한 것은 10년 전쯤부터였다. 나는 매주 한 챕터를 쓰겠다는 목표를 세웠지만 단 한 줄도 쓰지 못하고 한 주를 보냈다. 한 챕터를 쓰기 위해 많은 시간을 비워놔야 한다고 생각했기 때문이었다. 아무 성과가 없었다. 이후 나는 목표를 작게 나누기로 했다. 목표는 매일 두 페이지를 쓰는 것으로 바뀌었다. 가끔 목표를 달성하지 못하는 날도 있었다. 그런 경우 다음 날에는 네 페이지를 쓰겠다는 목표를 세웠다. 예상치 못한 이유로 이틀 이상 글을 쓰지 못하면 목표를 누적하지 않거나 새롭게 시작하는 것으로 목표를 수정했다.

보다 적절한 목표를 세우자 시간을 요하는 다른 일에 변함이 없었음에도 글을 쓸 수 있게 되었다. 바뀐 것은 문제에 대한 내 태도, 접근법뿐이었다. 때로는 두 페이지를 쓰기 위해 자리에 앉았다가 훨씬 많은 열 페이지, 열다섯 페이지를 쓰기도 했다. 그날 열다섯 페이지를 쓰는 것이 목표였다면 나는 글을 시작도 하지 못했을 것이다."

이 글이 전하는 메시지는 시작하기 전에 프로젝트 전체를 한번에 끝내야 한다는 생각에 압도되면 결국 아무것도 못하게 될 수 있다는 것이다. 프로젝트를 좀 더 짧은 시간에 완료할 수 있는 작은 부분으로 나누어야 할 필요가 있다는 점을 받아들여야 한다.

우선순위를 정하라

작고한 미국의 기업가 헨리 카이저Henry Kaiser에 대해 들어본 적이 있는가? 그의 많은 업적 중 하나는 제2차 세계대전 중 리버티Liberty라는 이름의 화물 수송선을 만드는 회사를 건립한 것이다. 이 선박들은 단 며칠 만에 건조되었다. 대단한 성과였다.

아침에 사무실에 들어선 카이저가 가장 먼저 하는 일은 책상에 앉아 백지 위에 그날 하고자 하는 일을 우선순위에 따라 적는 것이었다. 그 리스트는 하루 동안 책상 위에 있었다. 목표가 달성되면 그는 그 항목에 줄을 그었다. 그날 달성하지 못한 목표들은 다음 날의 리스트에 적힌다. 카이저는 항상 우선순위 항목을 먼저 처리하려고 노력했다.

하루를 계획할 때 이런 간단한 접근법을 시도해보라. 훨씬 더 많은 일을 해낼 수 있다는 것에 놀라게 될 것이다. 그날의 목표를 적다 보면 그날의 활동을 계획하게 된다. 그것이 이 방법의 가장 큰 장점일 것이다.

오늘날에는 카이저는 사용할 수 없었던, '할 일 목록'to-do list을 더 쉽게 작성할 수 있는 많은 도구들이 존재한다. 휴대전화, 태블릿, 컴퓨터에 리스트를 작성할 수도 있고 이런 목적에 맞는 앱도 있다. '목표 관리 소프트웨어'라는 단어로 인터넷을 검색하면 몇 페이지에 걸친 결과를 볼 수 있다. 정기적으로 업데이트를 하는 워드 프로세싱 앱의 간단한 문서면 충분할 것이다. 컴퓨터 스크린이 점점 커지고 가격도 싸지고 있기 때문에 스크린 한편에 리스트를 항상 띄워놓을 수도 있다.

스마트폰을 통해 리스트 작성이 가능할 뿐만 아니라 목표와 과제에 맞는 다양한 앱을 사용할 수도 있다. 애플 앱스토어나 안드로이드 플레이

스토어에서 '목표 리스트'를 검색하면 수십 개의 앱을 찾을 수 있다.

주머니에 넣어 항상 가지고 다닐 수 있는 작은 수첩을 이용하는 것도 좋다. 당신에게 가장 잘 맞는 도구를 선택하라. 어떤 것이든 하나는 사용해야 한다.

생산성이 높은 시간을 관찰하라

과제 리스트 시스템에 수정을 보태 더 유용하게 만들 수도 있다. 당신의 몸 상태는 누구보다 당신이 잘 안다. 아침 일찍 활력이 최고조에 오르는 사람이라면 에너지가 많이 필요한 일을 우선적으로 처리해야 한다. 반대로 오후가 되어야 컨디션이 제 궤도에 오른다면 그때 과제 수행 시점을 맞추도록 하라. 활력이 높을 때 중요한 일을 처리하도록 훈련하는 것도 도움이 되지만, 가장 중요한 항목을 우선적으로 처리하는 데 집중하는 것이 좋다. 덜 중요한 사항을 서둘러 처리할 필요는 없다.

하루 계획을 세울 때 고려해야 하는 또 다른 요소가 있다. 리스트에 있는 과제들 중에는 창의력이 더 많이 필요한 것도 있고 처리하는 데 논리와 체계가 중요한 것들도 있다. 생산량 보고서를 준비하거나 예산을 계산하는 것은 논리와 체계가 요구되는 과제이다.

이런 식으로 과제를 나누는 것은 흔히 우뇌 활동과 좌뇌 활동이라고 불리는 것과 연관된다. 우뇌형 과제는 창의적인 과제이고 좌뇌형 과제는 논리 기반 과제이다. 하지만 두뇌의 어느 편을 사용하느냐보다는 과제의 유형이 다양하다는 것을 유념하는 것이 중요하다. 과제 처리에 사용하는 프로세스에 대해 생각하는 또 다른 방법은 창의적인 과제를 순환형 과제로, 논리 기반 과제를 선형 과제로 보는 것이다.

하루 중 특정한 시간대에, 예를 들어 이른 아침이나 오후 늦게 창의적인 과제를 더 잘 처리하는 사람들이 있다. 이와 마찬가지로 특정 시간대에 논리적인 과제를 더 효과적으로 수행할 수도 있다. 이 점을 염두에 두고 생산성이 높은 때를 관찰하라. 한동안 과제를 달성하기 위해 애를 썼지만 잘 되지 않다가 특정 시간대에 이르러서 잘 진행된 과제가 있는가? 그 시간과 그것이 창의적인 과제였는지 논리적인 과제였는지를 기록하라. 이런 유형을 자주 관찰하면 생산성을 높이는 데 도움이 되는 통찰력을 얻을 수 있다.

창의적인 과제와 논리적 과제를 따로 묶어서 처리할 때 생산성이 높아지는 사람도 있다. 서로 다른 유형의 과제를 처리하는 데 각각의 사고 과정이 필요하다는 뜻이다. 점심 전에는 창의적인 과제를 다루고 점심 식사 후에는 논리적인 과제를 다룰 때 효율적인 사람倒 있고 그 반대인 사람도 있을 것이다. 논리적인 과제를 처리한 후에는 창의적인 과제로 돌아가는 것을 대단히 힘들어하는 사람들도 있다. 이런 사람들은 창의적인 과제를 업무의 시작 부분에 두도록 노력하는 것이 좋다.

계획은 유연하게 수정하라

이 글을 읽는 사람이라면 누구나 이렇게 생각할 것이다. 목표와 과제 리스트가 좋긴 하지만 내 일과는 미친 듯이 흘러가서 리스트 작성에 어떤 방법을 사용하든 계획했던 과제를 하나도 달성하기 어려울 때가 많다고 말이다. 과제 리스트가 마치 인화성이 있는 것처럼 하루가 시작되자마자 화염에 휩싸여 사라지는 날이 있다. 그것이 현실이다. 하지만 하루를 계획하는 훈련을 포기할 이유는 되지 못한다.

당신이 팀장이 된 데에는 당신에게 판단력이 있다는 것을 분명히 보여주었던 것이 크게 작용했을 것이다. 당신의 판단력은 과제 리스트를 고수해야 할 때와 한쪽으로 치워놓아야 할 때, 수정해야 할 때를 파악하는 데 사용해야 한다. 일과 도중에, 하루 중에도 몇 번이나 리스트를 수정해야 할 수도 있다. 이 일을 잘하는 능력이 성공의 정도에 상당한 영향을 미친다. 역량이 뛰어난 고위 임원들 중에는 상황의 변화에 따라 우선순위를 조정하는 능력을 타고난 것처럼 보이는 사람들이 많다. 이런 일을 잘 해내는 조직의 리더들을 관찰하고 그들로부터 배우도록 하라.

일부 팀장들은 자신의 과제 리스트를 A, B, C 이렇게 세 개의 범주로 나눈다. A 항목은 우선 처리해야 할 중요한 과제들이다. A 항목이 여러 개라면 그 범주 내에서도 과제의 우선순위를 정해야 한다. B 항목은 시간이 날 때까지 미뤄둘 수 있는 과제들이다. C 항목은 급하지 않은 과제다. 성취감을 얻기 위해 C 항목을 먼저 처리하는 것을 좋아하는 팀장들도 있다. 그런 함정에 빠지지 말라. 이런 식으로 일을 처리하면 달성률이 현저히 낮아질 뿐 아니라 A 범주의 중요한 항목들을 처리하지 못하고 남겨두면서 심각한 문제를 야기하는 위험에 처한다.

상황은 변하기 마련이며 그에 따라 우선순위가 바뀌면서 A 범주의 과제가 B 범주의 과제가 될 수 있다는 것을 명심해야 한다. 일과 중에 몇 분만 할애해서 과제 리스트의 유효성을 살피고 갱신한다면 생산성의 측면에서 몇 배 많은 보상을 얻게 될 것이다.

A 항목이 너무 크거나 복잡하거나 압도적이라면 앞서 사례로 든 작가가 했듯이 그것을 몇 개의 부분으로 나눠라. 리스트에 하나의 과제가 아닌 몇 개의 과제가 생길 것이다. 다음 해 운영 예산안을 짜는 것을 예로 들어보자. 이것은 상당히 큰 과제이다. 과제 리스트에 '다음 해 예산안 창출'이라고 적힌 것을 보고 너무 부담이 커서 시작조차 하지 못하고 있다면 다음과 같이 몇 개의 좀 더 작은 과제로 나눠야 한다.

- 다음 해의 분기별 매출 예상액 산출
- 다음 해의 점징 인력 결정
- 다음 해의 예상 원자재 매입 비용 산출

완성한 과제를 줄을 그어 지우면서 심리적인 만족을 얻는 사람들도 많다. 목표 추적 프로그램이나 앱을 사용하고 있다면 항목을 지우는 대신 완료 리스트로 옮겨 성취감을 맛보는 것도 가능하다. 굵은 펜을 사용해서 완성한 항목을 지우는 사람들도 있다. 일과를 마치고 자리에 앉아 많은 과제가 지워져 있는 모습을 보는 것은 기분 좋은 일이다.

리스트를 손으로 적는다면 사무실을 떠날 때 치워버리지 말라. 다음 날 아침이면 전날의 리스트가 두 가지 면에서 도움을 준다. 전날 완성한 모든 과제를 상기시키고 해내지 못한 일이 무엇인지 알려주는 것이다. 이후 완성하지 못한 항목을 새로운 항목으로 옮긴다. 이런 활동은 리스트에서 실수로 빠질 수 있는 장기 프로젝트에 특히 중요하다. 많은 창의적인 아이디어와 프로젝트가 기록해두지 않아서 사라지곤 한다.

회사 일로 고민하다 잠자리에 들었다가 한밤중에 해법을 떠올리면서 깨어난 적이 있는가? 아침이 되면 잊어버리기 쉽다. 도무지 다시 기억해 낼 수가 없다. 침대 머리맡에 종이와 펜을 두고 생각이 났을 때 기록해둔다면 이런 문제를 해결할 수 있다.

방해금지 시간을 설정하라

효율과 생산성을 저하시키는 큰 문제 중 하나는 '방해'이다. 물론 정말로 시급하게 처리해야 하는 방해도 있다. 이 경우에는 위에서 언급한 기술적인 우선순위의 조정이 필요하다.

바로 해결할 필요가 전혀 없는(해결할 필요가 있기는 하지만) 방해들도 있다. 기술은 우리에게 무한한 방해 요인들을 제공한다. 이메일, 문자 메시지, 휴대폰으로 오는 전화, 인스턴트 메시지, 각종 회의 요청은 이전 세대는 경험하지 못한, 기술로 인한 방해 요소들이다.

이 모든 것들의 공통점은 적어도 처음에는 급한 일로 보인다는 것이다. 실제로 급한 일도 있지만 대부분은 그렇지 않을 가능성이 높다. 어떤 일이 급박해 보일 때는 그 일을 우선하고 싶은 충동을 느낀다. 갑자기 그 일이 과제나 목표 리스트의 최상위로 올라선다. 실제로는 거기에 속하지 않을 수도 있는데 말이다. 순식간에 이 일이 당신이 주의 깊게 선별한 계획과 우선순위를 망친다. 이것이 즉시성의 횡포이다. 즉시 처리해야 한다고 인식된 일이 모든 것을 지배해버린다.

즉시성의 횡포에 희생되어서는 과제를 완성할 수 없다. 한 통의 문자 메시지가 당신의 오후 시간을 온통 점령하기 전에 분별력을 발휘해야 한다. 그런 일이 일어나기 전에 자문해보라. "이 사안은 내 과제 리스트에서 어디에 해당하지? A, B, C 범주? 아니면 해당 사항이 없나?" 새로운 문제에 직면하면 그 즉시 반응하고 싶은 충동이 생기기 마련이다. 신이 나고 흥분될 수도 있다. 하지만 그렇게 하기 전에 정말 해야 할 일인지 확인하도록 하라. 바로 처리해야 한다고 인식되는 일의 횡포에 희생되지 말라.

시간 계획을 통해 더 많은 일을 처리할 수 있도록 방해금지 시간 제도를 두는 조직도 있다. 예를 들어 한 회사에서는 두 시간 동안의 방해금지 시간을 가진다. 업무는 평소대로 진행되지만 사무실에 있는 사람들은 다른 사람을 만나러 가지 않는다. 이 방해금지 시간에는 사내 전화도 이용하지 않으며 회의도 잡지 않는다. 비상사태가 발생했을 경우 그것만 신속하게 처리한다. 클라이언트, 일반 고객, 기타 외부인으로부터 온 전화는 허용된다.

이 방법에는 큰 장점이 있다. 회사 내의 누구도 전화를 걸지 않고 사무실로 찾아오지 않는 시간이 매일 두 시간씩 보장된다는 의미이다. 이로써 정해진 시간 동안 당신이 하는 일을 통제할 기회가 주어지는 것이다. 이 시간을 온전히 보장하려면 기술로 촉진되는 내부로부터의 방해, 즉시성의 횡포로 이어질 수 있는 요소들의 영향도 감소시켜야 한다.

주말에 사무실에서 일을 하면서 같은 시간 안에 주중에 했던 것보다 훨씬 많은 일을 할 수 있다는 것을 깨달은 적이 없는가? 방해금지 시간 제도는 조직 전체가 활용할 수 있는 좋은 방법이지만, 그 시간 동안 고객이나 클라이언트를 차단하지 않는다는 전제하에서만 실현 가능하다.

아이디어 해방 2단계 전략

매일 조용한 시간을 가질 수 있도록 계획을 세워라. 매일 그 시간을 지킬 수는 없더라도 공상을 하거나 깊이 생각할 시간을 따로 마련해두는 것은 중요한 일이다. 내면의 나에게 꼭 필요한 일이다. 해결할 수 없는 것처럼 보이던 문제들이 이런 조용한 시간 동안 적절한 관점을 만나 수월하게 보이게 된다.

심사숙고를 위한 조용한 시간을 따로 마련하는 것보다 한 단계 위에 있는 방법이 있다. 매코믹과 커린치의 저서 《위기에서 배우는 비즈니스 레슨》Business Lessons from the Edge에 나온 '아이디어 해방'idea liberation이라는 강력한 개념이다. 아이디어 해방은 이 책이 참조한 많은 성공한 운동선수와 경영자들이 사용하는 창의성 전략이다.

이는 두 개의 간단한 단계로 이루어진다. 첫 번째는 주로 아이디어가 떠오르는 때가 언제인지 기록해두는 것이다. 정신을 산만하게 하는 일이 적고 직장이 아닐 때일 확률이 높다. 아이디어가 부각되도록 하는 활동에는 걷기, 자전거 타기, 등산, 모든 유형의 운동, 샤워, 명상, 운전, 공원 벤치에 앉아 있기, 호수나 바다 바라보기 등이 있다. 누구나 새로운 아이디어가 잘 떠오르는 활동이 있을 것이다. 자신의 경우에는 어떤 활동인지 확인해보라.

아이디어 해방의 두 번째 단계는 의식적으로 그리고 정기적으로 이런 환경을 만들고 떠오르는 아이디어를 기록할 준비를 하는 것이다. 이때는 전화를 휴대하지 않거나 알림을 끄는 등 문자 메시지나 이메일을 확인하는 일을 중단해야 한다.

이런 방법은 언제나 아이디어가 머릿속을 떠돈다는 생각을 전제로 한다. 창의적인 사고의 대부분은 수확하는 것에 가까운 활동이다. 계속해서 다양한 일에 개입하고 있을 때는 창의적인 사고를 알아차리지 못한다.

따라서 여기에서 취해야 할 조치는 새로운 아이디어가 언제 떠오르는지 관찰한 뒤에 그런 환경을 만들고 마음속에서 떠오르는 아이디어에 집중하는 것이다. 이렇게 수확하는 창의적인 아이디어에 만족하게 될 것이다.

팀장을 위한 시간 관리 꿀팁

다양한 분야의 팀장들이 추천하는 시간 관리 방법들을 소개한다. 당신에게도 유용한 방법을 찾을 수 있을 것이다.

- 우리 모두에게 같은 시간(주당 168시간)이 주어진다는 것을 인지한다. 시간을 더 많이 갖고 있는 사람은 없다. 이 시간으로 어떻게 해야 차이를 만들 수 있을까?
- 프로젝트의 마감 시한을 정한다. 일을 미루는 유형이라면 특히 도움이 되는 방법이다. 최후의 벼락치기를 피하라. 스트레스가 있고 마감이 가까울 때 일을 잘한다고 말하는 사람이 있다. 그런 사람들은 스트레스가 없을 때 일을 더 잘할 것이다. 시도해볼 필요가 있다.
- 중요한 일과 급한 일의 차이를 기억하라. 누구에게나 급하게 해야 할 일이 있다. 하지만 그때마다 그것이 얼마나 중요한지 자문해야

한다. 급한 일과 중요한 일을 차별화하는 능력은 성공에 대단히 중요하다. 중요한 것에 집중하는 것이 가장 좋다. 이는 즉시성의 횡포에 대한 이전의 논의와 궤를 같이한다.

- 1~2주간 당신이 시간을 어떻게 사용하는지 기록해보라. 시간별로 당신이 하는 모든 일을 적는다. 시간이 어디에 할애되고 있는지 보고 크게 놀라게 될 것이다. 시간 사용을 분석하지 않으면 시간을 잘 관리할 수가 없다. 혹은 다른 사람에게 당신이 어떻게 시간을 사용하는지에 대해 피드백을 요청하라. 다른 사람들은 종종 당신 자신이 볼 수 없는 것을 본다.

- 하루를 계획한다. 전날 저녁에 계획을 세우는 것이 아침에 하는 것보다 좋다. 이런 식으로 다음 날을 시작하면서 어떤 일에 집중하게 될지 미리 알게 된다. 이 계획을 아침까지 기다렸다가 세우게 되면 곁길로 샐 수 있다. 하지만 전날 밤이든 아침이든 계획을 세우는 것 자체가 중요하다.

- 주간 계획을 세운다. 주말에 일을 하더라도 토요일이나 일요일 몇 분 시간을 내 주간 계획을 세우는 것이 좋다. 월요일 출근 전에 주간 계획을 세우는 것은 당신에게 큰 도움이 되며 월요일 아침이건 혹은 그 이후건 불가피한 비상사태가 발생했을 때에도 궤도에서 이탈하지 않을 수 있다.

- 70/30 규칙을 따라라. 하루의 계획은 70퍼센트 이하로 세워라. 나머지 시간은 예기치 않은 과제, 다른 사람의 급한 문제, 비상사태를 위해 남겨둔다. 분단위로 하루 계획을 세운다면 모든 계획을 달성하지 못하고 좌절할 것이다.

- 전화를 받거나 거는 시간, 이메일을 읽고 보내는 시간, 업무 시간 등을 따로 정해둔다. 이로써 두 가지 혜택을 볼 수 있다. 비슷한 항목을 함께 처리함으로써 시간을 절약하고 다른 사람이 당신의 스케줄을 인지하게 된다.
- 최우선순위의 항목을 처리하기 위해 완벽한 기분의 완벽한 시간이 올 때까지 기다려서는 안 된다. 그런 기분이나 시간은 영영 오지 않는다.
- A 순위의 항목을 완성했을 때는 자신에게 보상을 한다. 밖에서 맛있는 점심 식사를 하거나 조금 일찍 퇴근을 하거나 오랫동안 연락을 못한 친구에게 전화를 건다.
- 시간을 지키는 습관을 기른다. 정시에 찾아가고 마감 전에 제출하며 팀원들도 그렇게 하도록 장려한다. 부서에서 시간을 잘 지키는 본보기가 된다.
- 방해 없이 완전히 집중해야 하는 과제를 처리할 때는 사람들이 당신을 찾기 힘든 곳에서 일하는 것, 즉 집에서 일을 하거나, 원격근무를 하거나, 잘 사용하지 않는 회의실이나 빈 사무실에서 일을 하는 것을 고려해본다. 사무실에서라면 며칠이 걸려 할 일을 집에서라면 반나절 만에 끝내는 경우가 종종 있다.

Check Point 33

- 아침에 출근해 가장 먼저 해야 할 일은 그날 해야 할 업무의 우선순위를 정하는 것이다.

- 자신의 바이오리듬에 따라 가장 중요하고 하기 싫은 일을 가장 에너지가 충만한 시간에 하는 것도 좋은 방법이다.

- 매일 잠시나마 자신만의 조용한 시간을 가지면 도저히 해결할 수 없는 것처럼 보이는 문제도 쉽게 답을 찾게 되는 경우가 많다.

- 70 대 30의 법칙을 활용하라. 하루의 70퍼센트에 대한 계획을 세우고 나머지 30퍼센트는 계획하지 않은 과제, 기타 긴급한 일 등을 위해 남겨둔다.

- 우선적으로 처리해야 하는 일이 있다면 이를 위한 완벽한 시점이 될 때까지 기다리지 마라. 그런 시간은 절대 오지 않는다.

제34장

커리어를 돕는
글쓰기

●

말로는 자기 생각을 분명히 표현하는 사람들이 생각을 글로 남겨야 할 때 무능해지는 것을 보면 놀랍다. 이들은 백지나 빈 컴퓨터 스크린에 겁을 먹는다. 다른 때는 자신감 넘치고 능력 있어 보이는 사람들이 왜 이런 공포를 느끼는지 그 이유를 살펴보자.

첫째, 우리에게는 시험 공포test syndrome가 있다. 어떤 사람들은 시험을 볼 때 공황 상태에 빠진다. 그들이 갖고 있는 것은 빈 종이와 머릿속의 내용들뿐이다. 이제 그 정보를 종이에 옮겨야 한다. 그들의 '시험 점수'는 그 종이가 프린터에서 나올 때 그 위에 뭐가 있었느냐에 좌우된다.

사람들이 글을 사용하는 일에 자신 없어 하는 두 번째 이유는 많이 읽지 않기 때문이다. 업무를 위해서 필요하다고 생각하는 것들은 읽지만 취미로 책을 읽거나 개인적, 직업적 발전을 위해 책을 읽지는 않는다. 대신 TV를 너무 많이 보고 온라인에서 지나치게 많은 시간을 보낸다. 이 두 활동은 독서보다 수동적이다. TV 보기나 웹서핑을 통해서는 좋은 글쓰기에 대해서 많은 것을 배울 수 없다. 좋은 글을 쓰는 법은 독서를 통해서 배운다. 모든 사회적 병폐가 거기에서 나온다며 TV와 인터넷을 비난할 것까지는 없다. 하지만 그 둘은 많은 사람이 독서에 할애할 시간을 줄이고 결국 글쓰기 기술에 부정적인 영향을 끼친다. 대부분의 경우 이메일과 문자 메시지는 글쓰기에 도움이 되지 않는다. 그런 양식의 글 대부분은 짤막짤막하며 불완전한 문장과 축약으로 가득하다.

더구나 요즘 사람들은 이메일이나 문자 메시지 외에는 글을 많이 쓰지 않기 때문에 긴 문서를 쓰거나 손편지를 보내야 할 때 겁을 먹는다. 대중 연설에 비유하면 이해가 쉬울 것이다. 많은 사람 앞에서 말을 하는 경우가 거의 없는 사람은 그런 상황에 겁을 먹는다. 겁을 먹으면 긴장하게 되고 초조하고 불안해진다. 말투는 딱딱하고 부자연스러워진다. 당신은 청중에게 당신의 불안감을 전달하게 된다. 사람들도 당신을 보면서 불편함을 느낀다. 당신의 태도는 당신에 대한 그리고 당신이 전달하려는 메시지에 대한 그들의 신뢰를 떨어뜨린다.

글을 통한 커뮤니케이션에서도 같은 일이 벌어진다. 겁을 먹으면 당신의 글은 딱딱하고 부자연스러워진다. 그런 상황에서는 친구들과의 대화에서는 좀처럼 쓰지 않는 단어를 사용하며 더 격식을 갖춰 글을 씀으로써 자신의 불안한 상태를 감추려 할 것이다.

비즈니스 문서와 사내 회람을 작성하는 방법을 가르쳐주는 책과 강좌들이 많이 있다. 그런 것들도 큰 도움이 될 수 있다. 글이 상당히 부담스러운 과제로 느껴지거나 글을 더 잘 쓰고 싶다면 도움이 될 만한 책이나 강좌를 찾아보라. 자신의 생각을 글로 잘 표현하고 설득력을 갖출 수 있다면 성공을 거두고 커리어를 이어나갈 가능성이 훨씬 높아질 것이다.

스토리의 힘을 활용하라

어떤 주장을 하고자 한다면 스토리를 사용하는 것을 고려해보라. 스토리는 정연한 논거보다 더 강력하다. 또한 스토리를 사용하는 것은 당신의 주장을 더 기억에 남게 만들어준다. 재능 있는 연설가나 웅변가들이 항상 스토리를 이용해서 자신의 생각을 밝히는 것도 이런 이유에서이다. 이 책의 몇몇 요지들이 사례, 즉 본질적으로는 스토리를 통해서 강화되고 있는 것을 알아챘을 것이다. 그런 부분은 다른 것보다 기억에 남을 확률이 높다. 싱가포르의 호텔, 스페인어를 공부하는 팀원, 비둘기 꼬리에서 이름을 얻은 목공의 이음새는 스토리의 요소를 이용한 사례들이다.

읽는 이를 상상하라

작문 기술을 발전시키는 가장 좋은 방법은 심상을 이용하는 것이다. 빈 컴퓨터 스크린이나 백지에 겁을 먹는 대신 당신이 쓰고 있는 글을 읽을 사람을 마음속에 그려본다. 그 사람이 사무실에 있는 편안한 의자에 앉아 커피를 한 잔 마시면서 당신의 글을 읽고 있다고 상상의 나래를 펴도 좋다. 혹은 카페에 앉아 그 사람에게 당신이 전달하고 싶은 이야기를 하는 자신을 시각화할 수도 있다.

우호적인 분위기에서 그 사람과 대화를 갖고 있다고 상상해보라. 이제 이야기를 한다. 대화에서 사용한 단어를 글에 사용한다. 대화에서 어려운 한자어를 사용하지 않았다면 글에서도 사용하지 말라. 심리학자들은 특정 단어를 사용하는 사람들, 어려운 말로 글을 통해 깊은 인상을 주고 싶어 하는 사람들은 열등감을 표현하고 있는 것이라고 말한다. 글쓰기에 불편함을 느끼더라도 그것을 광고하지 말라. 혼자만 알고 있는 것이 좋다.

당신의 글을 보게 될 사람을 마음속에 그릴 때는 언제나 우호적인 얼굴을 상상하라. 참기 힘든 사람에게 보내는 이메일일지라도 친구에게 글을 쓰고 있다는 상상을 하라. 절대 악의적인 감정을 떠올리지 말라. 그런 감정이 글에 드러날 수 있다. 우호적인 표정을 상상함으로써 커뮤니케이션의 어조가 친근하고 따뜻해진다.

이제 더 광범위한 상황을 생각해보자. 부서나 부문 전체의 사람들에게 이메일을 보내야 한다. 강당에 앉아 당신의 연설을 기다리는 마흔다섯 명의 사람을 상상하고 싶지는 않을 것이다. 이것은 지나치게 공식적인 상황이고, 대중 앞에서 여유롭게 이야기를 할 수 있는 뛰어난 연설가가 아닌 한, 그런 이미지는 글을 딱딱하고 불안하게 만들 것이다.

대신 친한 팀원 두어 명을 마음속에 그린다. 그들과 커피를 마시거나 식사를 하는 장면을 상상하라. 이제 그들에게 전해야 할 이야기를 시작한다. 그 내용을 글로 옮긴다. 다른 부서의 동료 팀장에게 글을 쓸 때도 비슷한 심상을 이용할 수 있다.

이제 회사 대표에게 보고서를 올려야 한다고 생각해보자. 대표는 쉽게 접근하기 어려운 무서운 사람이라고 가정하자. 이때 대표의 심상을 떠올리는 것은 상황을 악화시킬 뿐이다. 대신 겁을 주지 않는 누군가를 생각하라. 그 사람을 대표라고 상상한다. 이제 보고서를 쓴다. 어조가 완전히 달라질 것이다.

글은 나를 대변한다

비공식적인 글을 쓴다고 해서 불완전한 문장이나 틀린 문법을 사용해도 좋다는 의미는 아니다. 많은 기업들이 적절한 이메일을 쓰는 방법에 대한 사내 교육 과정을 제공한다. 특별히 공을 들이지 않아도 되는 짤막한 이메일도 있다. 하지만 그것이 맞춤법이 틀리거나 구조가 엉망이거나 불완전한 문장의 이메일을 보내도 된다는 의미는 아니다. 이런 이메일은 당신은 프로답지 못하고 무계획적인 사람으로 보이게 만들 것이다.

이메일을 특별히 잘 써야 하는 경우도 있다. 설득이 필요할 때나 많은 사람이 이메일을 읽는 경우가 거기에 해당한다. 이메일이 다른 사람에게 당신을 대표한다는 점, 더구나 영구적으로 보관될 수 있다는 점을 항상 유념하라. 이메일은 여러 번 전달될 수도 있다. 형편없는 글이 만나본 적도 없는 동료들에게까지 갈 수 있는 것이다. 만나기도 전에 당신이 서툴게 쓴 이메일로 첫인상을 망치는 일이 있어서는 안 된다. 반대로 잘 쓴 이메일은 당신에 대한 좋은 인상과 사려 깊고 전문적이며 설득력이 있는 사람이라는 평판을 만든다.

글을 통한 커뮤니케이션에서 문법, 어휘, 단어 선택에 자신이 없다면 기본을 익히도록 하라. 어렵지도 않고 그렇게 복잡하지도 않다. 문법을 다루는 책을 한 권 읽거나 인근 대학이나 평생교육원의 강좌를 듣는다면 도움이 될 것이다. 유의어 혹은 동의어 웹사이트는 글을 쓸 때 적절한 단어를 찾는 데 대단히 유용하다. 이런 영역에서는 비서나 동료의 도움을 받지 말라. 손쉬운 방법이지만 이 중요한 역량 습득을 미루는 요인이 될 수 있다.

글에서 문법과 맞춤법이 정확해야 하는 또 다른 이유가 있다. 이런 부분에서 정확하지 못하면 공식적인 자리에서 이야기를 할 때, 심지어는 비공식적인 대화에서도 부정확할 수 있다. 이런 경우 미래의 성공과 승진 가능성에 부정적인 영향을 줄 것이다.

따라서 말과 글을 정확하고 품위 있게 사용하고 말과 글이 자신의 모습을 긍정적으로 대변할 수 있도록 최선을 다하라. 무엇보다 우호적인 심상을 떠올려 글을 써야 한다는 점을 기억하라.

Check Point 34

- 사람들이 글쓰기에 자신감을 갖지 못하는 이유는 독서의 양이 부족하기 때문이다.
- 글을 쓸 때는 읽는 사람과 친근한 분위기에서 대화를 나누고 있다고 상상하면서 쓰라. 이때 단어 역시 일상에서 대화를 할 때 사용하는 단어여야 한다.
- 정확한 문법과 맞춤법으로 글을 써야 하는 이유는 공식적인 자리에서 말을 하거나 격의 없는 대화를 할 경우 정확하게 의미를 전달하지 못할 가능성이 있기 때문이다.

제35장

헛소문에
대처하는 법

●

이 장의 부제는 '가장 효과적인 커뮤니케이션'이 적절하겠다. 구성원이 다섯 명 이상인 모든 조직에는 비밀정보망이 있다. 비밀정보망이 생기는 것은 사람들이 항상 서로 소통을 하며, 사람들에게는 무슨 일이 일어나고 있는지 파악하고자 하는 강한 욕구가 있기 때문이다. 무슨 일이 벌어지는지 알지 못하면 그들은 추측을 한다. 비밀정보망은 포도 덩굴 같아서 도무지 끊어낼 수가 없다. 따라서 그 존재가 조직의 구석구석까지 퍼져 있다는 사실을 받아들이는 편이 나을 것이다. 비밀정보망이 좋으냐 나쁘냐를 가리는 것은 아무런 의미가 없다. 그냥 거기에 존재할 뿐이다. 중요한 것은 비밀정보망이 어떻게 움직이는지 파악해서 그 희생양이 되지 않는 것이다.

비밀정보망을 조직에 있는 제2의(대부분의 경우 더 효율적인) 커뮤니케이션 네트워크라고 생각하라. 승인된 회람, 이메일, 회사 내부 전산망의 게시물로 이루어진 공식적인 커뮤니케이션 구조를 고속도로라고 한다면 비밀정보망은 그 곁에 있는 측면도로다. 둘 모두 같은 곳으로 가지만 측면도로로 간 차가 더 빨리 도착하는 때가 있다. 길이 막히는 고속도로에서 측면도로로 쌩쌩 지나가는 차들을 본 적이 있지 않은가. 마찬가지로 때로는 비밀정보망이 공식적인 커뮤니케이션 구조보다 정보를 더 빨리 퍼뜨린다.

팀장이 비밀정보망의 희생양이 되지 않는 한 가지 방법은 적절한 소통을 하는 것이다. 정보를 명확하고 효과적으로 전달한다면 비밀정보망이 당신에 대한 부정확한 정보를 퍼뜨릴 기회는 줄어든다. 추측이나 소문은 언제나 존재하는 법이다. 하지만 뛰어난 소통자가 됨으로써 부정확한 추측을 줄일 수 있다. 완벽하게 없앨 수는 없다. 그 사실을 받아들여야 한다.

비밀정보망은 근무 시간 외에도 항상 활성화 상태에 있다. 저녁이면 "이번에 일어난 일에 대해서 얘기 못 들었지? 치과에 간다고 했던가? 믿기 힘들겠지만…"과 같은 식의 인스턴트 메시지가 온다. 비밀정보망은 이렇게 계속된다.

초보 팀장인 당신은 다음의 이야기에 공감할 수 있을 것이다. 은행에서 일하는 몇 명의 초보 팀장들은 비밀정보망이 소문을 어떻게 그렇게 빠르고 효율적으로 전할 수 있는지 궁금했다. 그들은 정보망의 주요 인물 중 한 명이 5층에 있다는 것을 알고 한 팀장에게 5층으로 가 믿기 힘든 터무니없는 소문을 그 사람에게 말하라는 임무를 맡겼다. 그 팀장은 임무를 완수하고 자기 사무실이 있는 1층으로 내려왔다. 자리를 비운 지

10분도 되지 않았다. 그가 책상으로 돌아왔을 때 비서가 말했다. "방금 제가 무슨 이야기를 들었는지 아세요?" 비서는 팀장이 위층에서 전한 소문을 그대로 이야기했다. 창의적인 수정이 약간 가해진 상태로 말이다.

희생양이 될 것인가, 이용할 것인가

팀장인 당신은 비밀정보망을 통해 정보를 전달할 수도 받을 수도 있다. 직원들과 좋은 관계를 발전시키면 그들은 무슨 일이 일어나고 있는지 이야기해줄 것이다. 심지어 일부 직원들은 당신에게 최신 특송을 가져다주는 첫 번째 사람이 되기 위해 경쟁을 할 것이다.

비밀정보망을 통해서 메시지를 전달하는 것 역시 가능하다. 그 효율성을 이용하고 싶을 때가 올 것이다. 비밀정보망을 이용할 때는 그 안에서 도는 메시지의 정확성을 통제할 수 없다는 점을 명심하라. 그 때문에 직원과의 직접적인 소통에 중점을 두어야 흔히 비밀정보망에 의해 더해지는 윤색을 피할 수 있다.

비밀정보망을 시험해보고 싶다면 우선 그 네트워크에 접근하는 데 이용할 사람을 찾아야 한다. 이렇게 자문해보라. "내 정보를 가능한 빨리 퍼뜨리고 싶다면 조직 내의 누구에게 이야기를 해야 할까?" 질문에 대한 답이 당신을 '큰 덩굴' 중 하나로 인도해줄 것이다. 그에게 정보를 주면 분명 포도 덩굴로 들어갈 것이다. 당신이 그의 책상에서 물러서자마자 말이다.

정보가 비밀정보망으로 빨리 들어가게 하는 가장 좋은 방법은 "이건 비밀인데…" 혹은 "자네만 알고 있어야 해…"라는 말로 대화를 시작하는 것이다. 이런 말들은 시스템 내에서 정보의 빠른 이동을 보장해준다. 정보가 기밀로 남아 있는 유일한 경우는 당신이 아무에게도 말하지 않았을 때뿐임을 기억하라.

Check Point 35

- 비밀정보망이라는 포도 덩굴의 존재와 그것이 조직 구석구석까지 뻗치게 될 것이라는 사실을 미리 인지하고 대처하라.
- 많은 직원의 억측을 막는 데는 원활한 의사소통이 필수적이므로 팀장은 그를 위해 최선을 다해야 한다.
- 때로 팀장 역시 포도 덩굴을 통해 메시지를 전달할 수 있으며 이 방법은 지나치게 자주 사용하지만 않는다면 효과적일 수 있다.

제36장

일을 잘
맡기는 법

•

위임이라는 없어서는 안 될 도구를 활용하는 법이 팀장에게 얼마나 중요한지는 아무리 강조해도 지나치지 않다. 적절한 위임을 통해 당신은 과제 수행보다 사람들을 관리하고 이끄는 일에 더 집중할 수 있다. 위임은 일을 '떠넘기는 것'과 다르다. 위임은 직원의 역량을 향상시키는 기회이며 조직을 보다 효율적으로 만들기 위해 당신이 지금 하고 있는 업무의 일부를 직원 중 한 명에게 주는 것이다. 반면 일을 떠넘기는 것은 직원에게 "내가 지금 몹시 바쁘니까 자네가 업무량을 좀 덜어 줘야겠어."라고 말하는 것이다. 일을 떠넘기는 것을 위임인 것처럼 속이지 말라.

위임을 할 때 팀장이 얻는 것

위임에는 여러 가지 이득이 따른다. 위임을 받은 직원은 새로운 기술을 습득하고 자신을 계발하여 조직의 성공에 더 많은 기여를 하게 된다. 당신 입장에서는 동기부여가 잘된 팀원을 얻게 된다. 조직은 위임을 통해 비용 대비 큰 효과를 얻는다. 이전에는 당신만 했던 일을 할 수 있는 다른 누군가가 조직에 생긴 것이다. 이로 인해 당신은 시간과 재능을 더 효과적으로 활용할 다른 일을 할 수 있게 된다.

위임은 관점을 넓히는 데도 도움을 줄 수 있다. 팀장으로 성공하기 위해서는 도전과 기회에 직면하기 전에 그것들을 알아채는 눈을 갖춰야 한다. 위임은 먼 미래를 볼 수 있는 시간을 만들어주는 잠재력을 갖고 있다. 우물 안에 있을 때는 멀리 보는 통찰력이 상당히 제한된다. 위임은 당신이 자신의 능력을 최대한 발휘할 수 없는 반복적인 과제 수행이라는 우물에서 벗어날 수 있게 돕는다.

마지막으로 위임은 당신이 사용할 수 있는 가장 강력한 교육 도구이다. 물론 팀원에게 실무 관련 강좌를 듣게 하는 것도 역량을 크게 향상시키는 방법이다. 하지만 실제 과제를 그것이 가진 모든 문제와 함께 맡을 기회를 준다면 그는 강좌에서보다 훨씬 더 많은 것을 배우고 직업적인 발전을 이룰 수 있다.

일을 맡기는 데도 연습이 필요하다

이런 이점들에도 불구하고 팀장들이 위임을 자주 하지 않는 이유는 뭘까? 첫 번째 이유는 방법을 모르기 때문이다. 위임은 연습이 필요한 기술이다. 위임에 대해 불안감을 가지는 팀장들이 있다. 그들은 팀원이 자신보다 일을 더 잘할까 봐 겁을 낸다. 혹은 팀원들이 "일을 전부 우리에게 떠맡기고 자기는 하루 종일 뭘 하지?"라고 말할 거라 걱정한다. 물론 일을 너무 좋아해서 포기하려 하지 않는 사람들도 있다. 하지만 팀장들이 위임을 하지 않는 가장 흔한 이유는 결과에 대한 확신이 없기 때문이다. 그들은 자신이 과제를 수행하면 이렇게 진행될지, 최종 결과물이 어떤 모습일지 정확히 알고 있다. 다른 사람에게 처리하도록 하면 그 결과는 당연히 자신이 한 것과 같을 수가 없다.

하지만 위의 어떤 것도 위임을 하지 않는 타당한 이유가 되지 못한다. 다른 사람에게 위임을 하지 않아야 할 때는 상사가 그렇게 하지 말라는 지시를 했거나, 위임한 과제를 맡을 만큼 준비가 되어 있고 시간 여유가 있는 팀원이 없을 때뿐이다.

단, 당신이 CEO라도 절대 위임하지 말아야 할 일이 있다. 인사에 관한 책임이다. 업무 평가, 급여 검토, 긍정적인 피드백 전달, 코칭, 징계, 계약 해지 등은 언제나 직접 해야 한다. 면접은 예외이다. 앞서 언급했듯이 입사 지원자 면접에 팀원을 포함시키는 것은 그 팀원에게 좋은 배움의 기회가 될 수 있다. 또한 회사의 구조 조정과 같은 민감한 성격의 일이나 기밀을 유지해야 하는 일은 위임할 수 없다. 위임자라는 의식을 가져라. 위임 가능한 일이라면 100퍼센트 위임하도록 노력하라.

어떤 직원에게든 위임이 가능하지만 누가 과제를 맡게 되느냐에 따라 조금씩 방법을 달리 해야 한다. 다시 말하지만 능력이 뛰어나다는 이유로 팀원에게 너무 많은 부담을 주는 일은 없어야 한다. 계속해서 많은 과제를 주면 그들은 번아웃에 빠지고 당신은 좋은 직원을 잃게 될 것이다. 경험이 적거나 역량이 부족한 팀원에게 위임을 할 때는 무슨 일을 해야 하는지 정확히 설명하고 더 노련하고 경험이 많은 팀원에게 할 때보다 진전 상황을 면밀하게 감독해야 한다. 이전의 위임 과제에서 실패한 직원에게도 위임을 해야 한다. 다른 기회가 주어지면 이 직원은 잃었던 자신감을 되찾을 수 있다. 문제가 있는 직원에게도 위임을 시도해보라. 새로운 도전이나 프로젝트를 통해 그들의 시각이 바뀔 수도 있다.

성공적인 위임을 위한 단계별 과업

다음의 구체적인 순서가 위임 시에 도움이 될 수도 있을 것이다. 이런 과정이 당신에게 맞는지 알아보라.

1. 우선 현재 당신이 맡고 있는 과제, 프로젝트, 일 중에 위임할 수 있는 것이 있는지 분석한다. 일을 하는 데 필요한 것이 무엇인지, 시간은 얼마나 걸리는지, 어떤 자원이 필요한지 등을 생각한다.
2. 과제를 위임할 대상을 결정한다. 그 기회에 가장 크게 동기를 부여받을 사람이 누구인지, 시간이 있는 사람이 누구인지, 적절한 역량을 갖추었거나 이를 획득할 수 있는 사람이 누구인지, 책임을 더 맡

고 싶다고 한 사람이 누구인지 고려한다.

3. 마음을 정했다면 팀원에게 과제의 세부 사항을 가능한 많이 설명한다. 위임을 받음으로써 얻는 혜택도 언급한다. 경험이 부족하거나 새로 들어온 직원이라면 더 많은 시간을 보내면서 더 상세한 사항을 알려줘야 할 것이다.

4. 과제의 목표와 따라야 할 일정에 대해 합의한다. 중요한 문제이기 때문에 서면으로 작성해야 한다. 후속 이메일은 합의된 구체적인 결과와 완성 일자를 담고 있어야 한다. 해당 과제를 맡은 팀원이 이메일을 작성하도록 해서 그가 내용을 정확히 이해하고 있는지 확인한다. 복잡한 과제에는 여러 개의 김도 일자와 중간 결과가 있을 수 있다. 이 단계의 중요성은 아무리 강조해도 지나치지 않다. 성공적인 위임을 위해서는 목표를 명확히 설정해야 한다.

5. 마지막으로 팀원의 업무 진전 상황을 어떻게 확인할지 논의한다.

완벽주의가 비효율을 낳는다

팀장들이 위임을 하지 않는 가장 흔한 이유는 결과에 대한 불신 때문이다. 따라서 완벽주의의 문제를 더 자세히 다뤄야 할 필요가 있다. 많은 사람이 완벽주의가 긍정적인 속성이라는 잘못된 생각을 갖고 있다. 그렇지 않다. 높은 개인적 기준은 긍정적인 속성이지만 이는 완벽주의와는 다르다.

완벽주의는 보통 완벽에 미치지 못하는 것을 수용하지 못하는 것으로 정의된다. 이 점에 대해서 생각해보자. 우선 완벽이란 거의 존재하지 않는다. 둘째, 당신이 완벽하다고 생각하는(실제는 그렇지 않더라도) 결과를 고집하는 것은 당신이 위임하는 사람에게 과제를 진행하는 방법에 대한 재량이 없다는 의미이다.

과제를 위임받는 사람에게 그가 전달해야 할 것을 가장 세부적인 부분까지 정확하게 지시하면서 위임을 시작한다면, 그 사람에게 과제를 맡는 것은 그리 신나는 일이 되지 않을 것이다. 당신은 그를 로봇으로 만들고 그 과정에서 그의 사기를 꺾고 있는 것이다. 또한 당신과 다른 그의 경험, 관점, 창의성이 가져올 이득을 포기하고 있다.

성공적인 위임을 위해서는 과제를 맡게 될 사람이 당신과는 다르게 과제를 수행하리라는 사실을 받아들이고 거기에 가치를 둬야 한다. 그 사람이 목적지에 도달할 일자와 시간에는 합의를 하되 경로는 스스로 선택하게 해야 한다. 경험을 바탕으로 목적지까지 이르는 경로 중 문제가 있는 것이 어떤 것인지 알고 있다면 그것은 그 사람에게 알려야 한다. 하지만 효과가 있는 경로를 선택하는 그의 판단력을 믿고, 그 경로가 당신이라면 선택할 경로와 다를 수 있다는 것을 인정해야 한다. 이 문제에서 그의 판단력에 믿음이 가지 않는다면 그 사람은 과제를 맡길 적임자가 아니다.

자신의 과제를 완벽한 결과로 이끌고 싶은 욕망에 있어서 생각해야 할 중요한 요소들이 있다. 거의 완벽한 결과를 요구하는 과제도 있지만 대부분은 그렇지 않다는 점이다. 완벽을 추구하려는 경향을 통제하고 그 과정에서 효율을 높이는 비결은 완벽에 가까운 결과가 요구되는 과제와 그렇지 않은 과제를 구분해야 한다.

예를 하나 들어보자. 새 기획에 자금 조달이 필요해 회사의 이사진 앞에서 프레젠테이션을 해야 한다고 해보자. 그 정도로 이목을 끄는 중요한 과제는 최선의 노력이 요구된다. 이 경우에는 완벽을 달성하는 것이 사실상 불가능하더라도 완벽을 목표로 하는 것이 좋다. 준비, 예행연습, 현장에서 나올 질문에 어떻게 대답할지에 대한 역할극에 이르기까지 많은 시간을 투자하는 것이 충분히 정당화될 수 있다.

반대로 당신이 새로운 프로세스에 대한 팀 프레젠테이션을 할 예정이라고 가정해보자. 중요하기는 하지만 완벽에 가까운 결과가 꼭 필요하지는 않다. 이는 이사회 프레젠테이션과 같은 정도의 준비가 정당화될 수 없다는 의미이나. 같은 수준의 노력을 기울이고 싶은 유혹이 든다면 자신이 가진 완벽주의의 문제를 솔직하게 평가해봐야 한다.

핵심은 수용 가능한 결과를 달성하는 데 필요한 정도의 노력만을 기울여야 한다는 것이다. 그 수준을 결정할 때는 완벽에 가까운 결과에는 두세 배의 시간이 필요하리란 점을 인정하는 것이 중요하다. 시간은 유한하고 귀중하다. 현명하게 사용하라. 불필요하게 완벽에 가까운 결과를 추구하면서 시간을 허비하지 말라.

단, 팀원으로부터 올라오는 상향 위임에는 저항해야 한다. 팀원들은 당신에게 와서 너무 바쁘다거나 일이 너무 어렵다고 혹은 당신이 더 잘할 수 있다고 말할 것이다. 이런 일이 일어나면 해당 프로젝트 자체에 도움을 주거나 그 분야의 전문가에게 그들을 돕도록 하라. 팀장인 당신은 다른 사람을 구제하는 일이 아닌 개발하는 일을 해야 한다.

위임은 팀장으로서의 발전에 중요하다. 반대로 위임을 잘하지 못하면 당신의 발전은 상당히 저해될 것이다. 오늘, 내일, 미래의 언젠가 위임할

수 있는 것이 무엇인지 생각하라. 위임하는 법을 배우고 실행하라. 당신
과 팀원 모두 거기에서 득을 볼 것이다.

Check Point 36

- 팀장은 업무를 위임하기 위한 적절한 방법을 알고 있어야 한다. 자신의 업무
를 팀원에게 적절하게 위임하게 되면 실무 대신 팀원 관리 및 지도에 더욱 힘
쓸 수 있다.
- 직원에게 업무를 위임하지 말아야 하는 경우는 상사가 위임하지 말라고 지
시했거나 직원이 아직 위임 받을 준비가 되어 있지 않거나 직원의 업무가 많
아 또 다른 일을 할 수 없을 경우뿐이다.
- 절대 직원에게 위임하지 말아야 할 일은 성과 평가, 급여 검토, 징계 등의 인
사 문제에 관련된 모든 업무들이다.

제37장

유머 감각이 있어야
성공한다

●

많은 초보 팀장들이 지나치게 진지한 태도를 취한다. 물론 삶은 고되고 암울할 수 있지만 유머 감각이 없으면 인생은 극도로 힘들어진다. 초보 팀장일수록 지나치게 진지한 태도를 버리고 유머 감각을 계발하는 법을 배울 필요가 있다.

많은 사람이 진지한 태도를 취하는 이유 중 하나는 우리가 움직이는 세상의 즉각성 때문이다. 일상의 활동은 우리에게 중요하다. 우리가 깊이 관여하고 잘 알고 있는 것들이기 때문이다. 그러므로 사무실에서 일어나는 모든 일이 큰일로 보일 수밖에 없다. 우리는 일에 최선을 다해야 한다. 그러나 일단 그렇게 했다는 확신이 들면 그에 대해 염려하지 말아야 한다. 여기에서 중요한 것은 '일단 그렇게 했다는 확신이 들면'이라는 부분이다. 대부분의 사람들은 자기 자신의 가장 가혹한 비평가이다.

물론 우리가 하는 일은 중요하다. 그렇지 않다면 누구도 우리 노력의 대가로 돈을 내주지 않을 것이다. 하지만 우리가 하는 일을 균형 잡힌 시각으로 봐야 한다. 일은 회사에도 중요하고 사무실에서 대하는 사람들에게도 중요한 것이지만 인류의 역사라는 넓은 시간에서 보면 전혀 중요하지 않은 것일 수도 있다. 끔찍한 하루를 보냈고 모든 것을 잃은 것처럼 느껴질 때, 지금부터 100년 후면 아무도 신경 쓰지 않을 일이라는 것을 기억하라. 그런 일이 당신의 한 해를 한 달을 한 주를 혹은 저녁 시간을 망치게 놔둬야 할까? 일도 중요하지만 우리가 하는 일을 넓은 시야로 보자.

영국의 작가 호레이스 월폴Horace Walpole(1717~1797)은 이렇게 말했다. "세상사는 겪는 사람에게는 비극이고 생각하는 사람에게는 희극이다."

유머 감각이 있다면 지나치게 진지한 태도를 피하는 것이 훨씬 쉬워진다. 거의 모든 사람이 유머 감각을 가지고 있지만 다른 사람보다 더 발달한 사람이 있다. 유머 감각이 부족하다고 느끼는가? 유머 감각은 발전시킬 수 있는 특성이다.

유머 감각은 계발할 수 있다

여기 한 줄기 희망의 빛이 있다. 재미있다, 영리하다, 유머의 측면에서 창의력이 있다는 이야기를 듣는 많은 사람이 실제 이런 특성을 갖고 있지 않다. 그들이 가진 것은 뛰어난 기억력과 그 기억을 소환하는 좋은 삼각이다. 그들은 자신의 기억으로 재빨리 돌아가 자신이 들은 혹은 읽은 것들 중에 지금의 상황에서 웃음을 자아낼 수 있는 재미있는 말을 찾는다. 유머 감각이 있다는 평판을 듣는 사람들이나 유머 감각을 가진 사람들이 반드시 창의적인 것도 아니다. 그것은 타고난 것처럼 느껴지는 절대 음감과 연습을 통해 계발할 수 있는 상대 음감 사이의 차이와 비슷하다.

책을 읽고, 유머러스한 영화를 보고, 코미디에 대해 연구하는 방식으로 유머 감각을 발전시킬 수 있다. 재미있다는 평판을 듣는 연예인을 지켜보라. '말 개그'를 잘하는 사람을 관찰하라. 얼굴에 크림 파이를 묻히거나 엎어지고 자빠지는 것은 '몸 개그'이다. 하지만 이런 개그는 사무실에서 사용할 수 없고 사교적인 상황에서도 사용하기 힘들다.

웃음을 장려하는 환경 만들기

자신의 유머감각을 키우는 것 외에 팀장으로서도 재미있고 웃음이 환영 받는 근무 환경을 만들어야 한다. 직장이 재미있고 즐거운 곳이 되면 팀원들은 더 열심히 일할 것이고 자연히 생산성도 높아질 것이다. 부서 내에서 웃음을 장려하는 방법은 다양하다. 여기 몇 가지 방법을 소개하고자 한다.

- 매번 회의 시작 때 재미있는 이야기를 하나씩 들려주거나 직원들에게 농담을 한다.
- 재미있는 이야기만 올리는 전용 게시판을 만든다. 동료들이 보거나 읽을 수 있도록 만화, 농담을 게시하는 공간을 만드는 것이다.

- 캘리포니아에서 일하는 한 팀장은 사무실 창고를 '유머 방'으로 바꿨다. 그는 방에 DVD 플레이어를 설치하고 시트콤과 코미디 DVD들을 마련했다. 웃음이 필요한 경우 팀원은 그 방으로 들어가 몇 분간 DVD를 본 후 웃으면서 그 방을 나온다.

이런 방법을 시도하거나 자기만의 방법을 찾아보라.

비꼬기를 유머와 혼동하지 마라

툭툭 던지는 말이 너무 재미있다는 이야기를 듣는 정도는 충분히 수용할 만하다. 그러나 '사무실의 광대'라는 평판을 얻는 것은 이야기가 다르다. 대부분의 사람들이 그 차이를 알아본다. 재치가 있는 것과 익살꾼이 되는 것은 완전히 다르다. 경고할 것이 있다. 사무실에서 재미있는 이야기를 전혀 한 적이 없다면 점진적으로 시작하는 것이 좋다. 그렇지 않으면 당신이 '뭘 잘못 먹었다'고 생각하는 사람들이 생길 것이다.

많은 사람이 비꼬는 것을 재치와 혼동한다. 약간의 비꼼은 재미있을 수도 있다. 하지만 비꼼에는 두 가지 문제가 있다. 첫째, 냉소적이란 평판을 얻게 되는 데 이는 경영진에게 환영받는 특징이 아니다. 둘째, 비꼬는 것은 웃음을 유발하기 위해 다른 사람을 희생시키는 경우가 많다. 다른 사람들의 약점이나 특이한 점을 먹이로 삼는 사람으로 여겨져서는 안 된다. 누군가를 공격하거나 적을 만들어서도 안 된다. 다른 사람을 희생물로 삼는 유형의 유머는 피하는 것이 원칙이다. 그렇지 않으면 사람들은 당신을 불편하고 옹졸한 사람으로 보게 될 것이다.

대상이 자기 자신인 유머나 중립적인 유머가 가장 좋다. 이런 식의 농담은 아무에게도 해를 입히지 않는다. 서로를 깎아내리며 티격태격하는 것도 재미있을 수 있지만 초보자가 할 만한 일이라고는 볼 수 없다. 반드시 피해야 한다.

일상 속 유머의 가치

유머 감각은 일이 정신없이 돌아가고 신상이 높은 상황에서 큰 가치를 지닌다. 때를 잘 맞춘 유머러스한 발언은 분위기를 가볍게 만들고 긴장을 완화한다. 증기 밸브를 열어 압력이 빠져나가도록 하는 것과 비슷하다. 긴장된 상황에서의 유머는 유익하다. 유머러스한 발언을 큰 소리로 하는 것이 부적절한 순간조차, 그에 대해 생각하는 것만으로도 얼굴에 미소가 번지고 두통에서 벗어날 수 있다.

우리는 매일 재미있는 상황에 둘러싸여 있다. 하지만 알아차려야만 재미를 느낄 수 있다. 우리 주변의 모든 좋은 것들이 그렇듯이 주의를 기울여서 찾지 않으면 놓칠 가능성이 높다. 연습을 거치면 당신 주변의 유머가 눈에 띄기 시작할 것이다.

마지막으로 삶과 자신을 지나치게 진지하게 받아들여서는 안 되는 타당한 이유가 있다. 살아 있는 한 여기에서 빠져나갈 수 있는 사람은 없다. "사무실에서 더 많은 시간을 보냈더라면" 같은 글귀가 적힌 묘비는 없다는 것을 명심하라.

- 자신에게 맡겨진 업무를 최선을 다해 수행했다고 스스로 확신한다면 더 이상 걱정하지 마라. 자신의 가장 준엄한 비판자는 바로 자신이기 때문이다.

- 유머 감각을 갖고 있다면 자신에게 지나치게 진지해지는 상황을 피할 수 있다.

- 직장 생활이 재미있다면 직원은 더욱 열심히 일할 것이므로 팀장은 스스로 유머 감각을 계발하는 동시에 유쾌한 직장 분위기를 조성하기 위해 노력해야 한다.

- 재치가 있는 것과 광대가 되는 것은 전혀 다른 일이다. 또한 타인에게 상처를 주는 말을 통해 웃음을 유도하는 것은 바람직하지 못하다.

- 유머는 긴장을 완화하고 활력을 되찾아주므로 주위에서 벌어지고 있는 재미있는 상황을 찾아내는 연습을 할 필요가 있다.

제38장

효율적인
회의의 비결

●

제33장에서 서로 전화를 하지 않고 회의도 갖지 않는 방해금지 시간을 두는 회사에 대해서 이야기했다. 방해금지 시간이라는 방법을 통해 매일 방해를 받지 않는 일정한 시간을 확보할 수 있다. 만일 기업과 정부에서 두 사람 이상이 참여하는 모든 회의를 1년 동안 금지한다면 전국의 생산성은 엄청나게 상승할 것이다. 회의에는 비용이 많이 든다. 그 시간 동안 사람들은 다른 일을 하지 못한다. 회의를 대체할 방법이 없는지 항상 생각하라. 회의의 목적이 정보 전달에만 있다면 첨부 파일이 있는 이메일로 대신할 수 있다. 토론과 의사결정을 원하는 경우라도 반드시 회의를 해야 하는 것은 아니다. 온라인 문서에 댓글을 다는 방법으로 가상의 토론을 할 수도 있다. 이런 방법은 최종 결정을 하는 회의를 완벽하게 대체

하지는 못하겠지만 회의를 더 짧고 효율적으로 만들 수는 있다. 회의 참석자들이 서로 한 번도 얼굴을 보지 못한 경우가 아닌 한, 일방적인 커뮤니케이션에는 회의가 필요치 않다. 그러나 가끔 한 번씩은 사람들을 모으는 것도 좋다.

회의는 왜 하는가

비용 대 편익의 측면에서 회의를 정당화할 수 있는가? 당신을 포함해 10명이 모이는 회의가 계획되어 있다고 가정해보자. 지난주부터 시행된 새로운 절차에 대한 반응을 알아보고 몇 가지 미결 사안을 해결하려고 한다. 회의 시간은 두 시간으로 잡았다. 이제 이 회의의 비용을 계산해보자. 회의에 참석한 모든 사람의 연봉 평균이 8만 달러라고 가정한다. 연 50주 근무를 기준으로 하면 일간 급여는 320달러, 한 명당 두 시간의 인건비는 80달러이다. 10명이 회의에 참석하기 때문에 인건비는 약 800달러가 된다. 여기에 회의실 대여비, 간식과 커피 값 등을 더한다. 회의 장소로 오기 위해 먼 거리를 이동한 사람도 있을 수 있다. 그런 사람들은 더 많은 근무 시간을 빼앗겼을 것이다. 이 부분을 시작할 때 던졌던 질문을 스스로에게 던져보라. "비용 대 편익의 측면에서 회의를 정당화할 수 있는가?" 그렇다면 진행시켜라. 정당화시킬 수 없다면 대안을 찾아야 한다.

사전 공유가 중요한 이유

회의의 생산성을 높이는 방법으로 회의 며칠 전 참석자들에게 미리 의제를 보내는 것이 있다. 준비 없이 회의에 참석하는 것은 역효과를 낳는다. 즉석에서 이루어지는 회의들도 많지만 예정된 회의라면 의제가 있어야 한다.

혹시 당신이 회의에서 어떤 주제를 다룰지 아는 유일한 사람이라는 데 자부심을 느끼고 있는가? 사실 그것은 회의의 질을 떨어뜨린다. 의제에는 논의가 필요한 모든 주제와 각 주제에 대한 시간이 나열되어 있어야 한다. 가능한 한 회의가 제시간에 끝나도록 하라. 합의된 혹은 고시된 종료 시간을 넘기는 회의만큼 사람을 짜증나게 하는 것은 없다.

회의를 끝내기로 한 시간에 가까워졌는데도 다뤄야 할 것이 더 있다면 참석자들에게 회의를 연장할지, 다시 열지, 해결되지 않은 사안은 다음 기회에 다룰지 결정하게 하는 것이 좋다. 이런 경우 의제를 빠르게 수정해서 가장 급한 항목을 택한 후 남은 시간 안에 해결하는 것이 적절할 수도 있다.

의제마다 다른 회의 참석자들이 회의를 이끄는 것이 좋다. 참여도를 더 높이고 그들이 퍼실리테이터facilitator(중재나 조정의 역할을 맡는 사람—옮긴이)로서의 기술과 리더십을 배우는 데 도움을 줄 수 있다. 다른 방식으로 회의 참석자들의 참여를 높일 수도 있다. 참석 예정자들에게 다음 회의의 의제를 제안하도록 요청하는 것이다. 당신이 조직 내의 모든 사안이나 기회에 대해서 다 알고 있기는 힘들다는 것을 인지하도록 하라.

회의는 제시간에 시작해야 한다. 사람들이 앉아서 회의 시작을 기다리게 하는 것은 귀중한 시간과 자원을 낭비하는 일이다. 당신이 회의를 정확한 시간에 시작한다는 것이 알려지면 사람들은 메모를 해두고 시간을 잘 지킬 것이다. 회의 참석자 중 누구도 자신이 늦게 도착하는 사람보다 중요한 사람이 아니라는 느낌을 받게 해서는 안 된다.

의제에 대해서 기억해야 할 또 다른 핵심 사항은 가장 중요한 항목을 우선적으로 나열하고 논의하는 것이다. 중요치 않은 사항을 먼저 논의하느라 할당된 회의 시간의 대부분을 써버리는 회의에 참석해본 경험이 많을 것이다. 그런 일이 일어나면 중요한 문제를 다룰 시간은 사라진다.

팀장이 범하기 쉬운 실수

회의 과정에 친숙하지 못한 많은 팀장들이 모든 사안마다 의견을 이야기해야 한다는 의무감을 느낀다. 그럴 필요는 없다. 사안에 동기부여되어 의견을 말하는 것이지, 말을 해야 한다는 의무감에 할 필요는 없다. 모든 것에 대해 계속 떠드는 것보다는 사려 싶은 말 몇 마디가 훨씬 더 낫다. 회의에 참석한 임원이 "존은 항상 뭔가를 말하지만 꼭 덧붙여야 할 말은 아니다."라고 말하는 것보다는 "존은 사려 깊은 사람이다."라고 말하는 것이 바람직하다.

반대로 회의 내내 침묵을 지키는 것도 계속 떠드는 것만큼이나 좋지 않다. 그것은 당신이 상황에 겁을 먹고 있으며, 기여할 부분이 전혀 없고, 관심이 없다는 것을 암시한다. 그런 이미지를 보여주어서는 안 된다.

상황에 조금 겁을 먹더라도 당신이 식은땀을 흘리는 것을 다른 사람이 봐서는 안 된다. 이 부분은 많은 사람 앞에서 말하는 문제를 다룬 제39장이 도움이 될 것이다.

회의 중에 직원들을 절대 나쁘게 이야기하지 말라. 오히려 당신이 신의가 없는 사람으로 여겨질 것이다. 사람이 아닌 상황을 다뤄라. 어떤 팀장은 고위 경영진 앞에서 직원을 쓰레기 취급한 탓에 관리직 커리어의 종말을 맞았다. 부적절한 유머까지 결합되면 이런 유의 행동은 당신에게 치명적인 영향을 미친다.

일부 팀장들은 고위 임원과의 회의를 관리 기술과 감각을 내보이는 자리로 생각한다. 적절히 한나면 분세가 없다. 하지만 회의를 같은 직급에 있는 다른 팀장들과의 경합으로 생각한다면 관점이 완전히 잘못된 것이다. 당신의 목표는 생산적이고 도움이 되는 팀의 일원이 되는 것이지 다른 팀장을 당황하게 만드는 것이 아니다. 경쟁은 전체의 이익에 기여하는 요소가 아니다.

많은 팀장이 하는 또 다른 실수는 어떤 사안에 대해 상사가 어떤 길을 택하는지 보고 거기에 자신의 입장을 일치시키는 것이다. 상사가 자신에게 동의하거나 자신과 뜻을 같이하는 팀장을 더 많이 생각해주리라 여기는 것이다. 대부분의 상사는 그런 계략을 바로 간파하고 당신을 줏대가 없는 사람으로 생각할 것이다. 상사와 당신의 시각이 다른 경우에는 외교적이고 적절한 방식으로 이야기를 해야 한다. 하지만 어찌됐든 반드시 해야 한다. 모두가 상사의 뜻에 동의한다면 회의를 열 필요조차 없다.

그러나 상사와 다른 입장을 취할 용기가 없는 팀장들이 많다. 대부분의 경우, 상사의 입장과 다르더라도 신중한 생각을 바탕으로 한 입장을 이야기한다면 속이 뻔히 보이는 동의보다 커리어에 더 도움이 된다. 의도적으로 잘못된 입장을 취해 어떤 사람이 따라오는지 살피고 정확한 입장을 말하는 용기 있는 사람에게 동의를 표하는 임원들도 있다(임원 자리는 어리석은 사람이 쉽게 오를 수 있는 자리가 아니다).

하급자들과 프로젝트나 회의를 주재하는 임원은 다른 모든 사람이 생각과 의견을 밝힌 후에 자신의 입장을 밝히는 것이 좋다. 한 회사의 대표가 일곱 명으로 이루어진 기업 조직 개편 프로젝트 팀을 이끌었다. 그 대표는 현명하게도 다른 사람들에게 의견을 청해 모두 들을 때까지 자기 의견을 밝히지 않았다. 이런 접근법으로 사람들이 대표에게 아부를 하거나 어떻게 받아들여질까를 염려해 반대 의견을 내놓지 않는 일을 막을 수 있다.

임원이 필요로 하는 직원이나 프로젝트 팀원은 그에게 아부를 하는 사람이 아니다. 이런 접근법은 초보 팀장들에게 다른 의견을 가져도 괜찮다는 가르침도 줄 수 있다. 물론 이전에 이야기한 것처럼 일부 임원은 '예스맨'을 원치 않는다고 하면서도 그 반대의 행동을 보여준다. 이런 임원들은 무조건 그의 의견에 찬성하는 팀과 그를 싸고돌기만 하는 직원으로 이루어진 팀을 얻게 된다. 조직 및 관리의 끔찍한 시간 낭비이다.

종종 프로젝트 팀에서 일하라는 요청을 받을 것이다. 이런 요청은 당신의 선택에 따라 거절할 수 있는 초대의 형식을 띨 때가 많다. 어떤 프로젝트 팀과 운영 위원회에 참여하는 것이 좋은지 항상 분별력을 갖고 있어야 한다. 추가로 시간을 할애해야 할 것이고 주된 업무에서 벗어나야 할 것이다. 그렇긴 하지만 프로젝트 팀에 소속되는 데에는 여러 가지 이점이 있다.

첫째, 누군가는 당신이 조직에 기여할 수 있다고 생각한다는 증거이다. 그렇지 않으면 요청을 받지 않았을 테니 말이다. 선택되었다면 그 기회를 최대한 활용하라.

둘째, 조직 내의 다양한 팀장 및 임원들과 접촉하게 된다. 이들은 좋은 인맥이 될 것이고 당신은 자신을 폭넓게 노출시킬 기회를 얻게 될 것이다.

셋째, 당신이 맡은 책임 영역 너머에 이르는 결정에 참여할 기회를 갖게 된다. 이로써 조직 내에서 경험의 폭이 넓어지고 팀을 보다 큰 조직에 어떻게 맞춰가야 하는지에 대한 넓은 시각을 계발할 수 있다.

회의를 의미 있게 진행하는 법

회의를 주재하는 자리에 서는 것을 인정으로 받아들여야 한다. 누군가는 당신에게서 리더십, 최소한 리더십의 잠재력을 보고 있다는 의미이다. 그런 기회를 피하지 말라.

회의를 주재할 때 좋은 트레이닝 방법은 회의를 어설프게 이끄는 사람을 지켜보는 것이다. 대부분의 회의는 지나치게 길다. 회의실에 앉아 있는 것이 일하는 것보다 낫다고 생각하는 사람이 있지는 않은지 의심이 저절로 든다. 하지만 회의가 길어지는 주된 이유는 아마도 적절한 계획과 인도가 없다는 데 있을 것이다.

미리 의제를 알리라는 앞선 조언에 더해, 이전 회의의 회의록도 배부하라. 대부분의 사람들이 회의 참석 전에 회의록을 읽으면, 사소한 몇 가지 수정 외에는 회의록 승인을 빠르게 끝낼 수 있다. 모두가 둘러앉아 15

분가량 의사록을 읽고 별거 아닌 것으로 흠을 잡아 끝까지 물고 늘어져야 한다고 느끼는 상황과는 대조적이다.

모든 회의 일정에는 시작 시간이 정해져 있다. 예상되는 종료 시간까지 정해져 있다면 회의의 기강을 세울 수 있다. 회의가 끝나는 시간이 예정되어 있다면 사람들이 당면한 주제에 보이는 집중력이 높아지는 경향이 있다.

대부분의 회의는 격식 없이 진행된다. 회의의 의장을 맡았다고 노련한 국회의원처럼 되어야 하는 것은 아니다. 격식을 차려야 할 경우라면 로버트 회의법Robert's Rules of Order(1876년 미국 장교 헨리 로버트가 회의의 효율적 운영을 위해 만든 규칙으로 다수결, 토론의 자유, 공정성 등의 원칙을 포함한다—편집자)에 익숙해져야 한다. 이런 것들을 참조하는 것은 좋은 생각이지만 그것이 필요한 경우는 거의 없다. 오랜 비즈니스 회의 경험이 있어도 농담이 아닌 한 의회식의 질문이 제기된 기억은 떠올리기 힘든 것이 보통이다.

회의를 주재할 때는 상식이 우선시되어야 한다. 누구도 당신을 당황시키게 놔둬서는 안 된다. 모든 회의 참석자에게 예의를 갖춰라. 사람들을 깎아내려서는 안 된다. 독재자가 아닌 조력자의 역할을 하라. 발언권을 가진 사람의 말을 끊지 말되 주제에서 벗어나지 않도록 해야 한다. 항상 당면한 문제를 다루도록 하라. 공정한 회의 리더는 같은 주장이 반복되지 않도록 해야 한다.

인신공격에 가담하지 말라. 다른 사람이 그러더라도 말이다. 회의에 참석한 다른 사람보다 체계적인 자세를 유지해야 한다. 참석자들을 배려하면서 우호적인 관계를 발전시킨다면 누군가 이례적인 항목을 사전에 귀띔해줄지도 모른다. 당신은 예측 못한 불쾌한 상황을 피할 수 있을 것이다.

모두에게 공정한 태도를 취하라. 이길 것 같지 않은 소수의 의견도 존중해야 한다. 다수의 견해가 소수 의견을 강압적으로 밀어붙여서는 안 된다. 최소한 소수의 의견도 공평하게 들어보아야 한다. 모든 관점에 대해 공정하다면 모든 참석자가 당신을 존중할 것이고 사람들은 편안하게 의견을 공유할 것이다. 아이디어를 환영하는 조직은 보다 혁신적인 경향이 있다. 회의를 성공적으로 이끄는 것은 뛰어난 리더십 기술을 보여줄 또 다른 기회이다.

회의의 기본 규칙을 정하라

회의 시작 때 기본적인 규칙을 정한다. 기본 규칙은 모두가 따라야 할 합의된 행동이다. 이런 규칙은 회의가 보다 원활하게 진행되도록 하며 회의에 지장을 주는 행동을 줄인다. 기본 규칙에는 다른 사람이 발언할 때 이야기하지 않는 것, 주제를 제시한 사람이 아닌 주제 자체에 대해서만 논평하는 것, 논평을 마무리하라는 회의 리더의 요청을 따르는 것, 잡담을 하지 않는 것이 포함된다. 회의에는 주제에서 벗어나지 않고 모두의 참여를 허용하며 제안자가 아닌 제안에 대해 이야기한다는 기본 규칙이 있다. 기본 규칙은 매우 유용하므로 회의 참석자들과 일련의 규칙을 개발하는 것이 현명할 것이다. 기본 규칙에는 회의 중에 메시지와 이메일 교환을 위한 전화와 노트북 사용이 허용되는지 여부가 포함되어야 한다. 귀중한 회의 시간을 낭비하는 일을 막기 위해서 이런 문제는 참석자들과의 이메일 교환을 통해 미리 정리하는 것이 좋다.

회의 중 나온 아이디어와 입장을 정리해 화이트보드 등에 적어줄 것을 누군가에게 부탁하면 참석자들은 자신의 의견이 인정받았다는 확신을 얻을 것이다. 이는 사람들이 자신의 주장을 되풀이할 필요를 줄여주는 효과가 있다. 주장을 되풀이하는 사람이 있다면 그의 주장이 어디에 기록되었는지 확인하고 추가적으로 제안할 내용이 있는지 묻는다.

회의 동안 여러 참석자가 발언권을 갖고 싶어 한다면, 그들의 욕구를 인정하고 어떤 순서에 따라 그들의 의견을 듣게 될지 알려준다. 이로써 그들은 자신의 순서가 곧 오리라는 것을 알고 마음을 놓을 수 있다. 누군가 참석자를 방해하는 문제에도 같은 방법이 효과가 있다. 그에게 발언 기회가 있을 것이라고 알리되 "참석자들은 현재 발언하고 있는 섀넌이 무슨 이야기를 하는지 듣길 원합니다."라고 말하라.

토론이 두 명의 참석자 사이의 논쟁으로 발전하고 다른 사람은 참여하지 않는다면, 관련된 두 사람에게 다른 시간에 논쟁을 이어가달라고 요청하라. 두 사람 간 토론의 결과가 회의에서 다루는 주제와 연관될 때는 이메일을 통해서나 다음 회의에서 그들의 토론 결과를 보고하게 한다. 이런 식으로 일대일 대화가 다른 사람의 시간을 빼앗지 않도록 한다. 놀라울 정도로 자주 발생하는 일이다. 두 사람은 자신들에게만 해당되는 문제를 다루느라 본인들이 회의를 목적에서 빗나가게 하고 있음을 자각하지 못한다.

논의를 촉진하기 위해서는 이야기를 시작하기 전에 발언자에게 발언 시간이 얼마면 적절할지(2, 3, 10분 등) 묻는 것이 좋다. 그런 식으로 발언자는 발언의 '예정 시간'에 동의하고 효율적으로 발언을 해야 한다는 점을 인지한다. 동의한 시간을 다 사용하면 발언을 부드럽게 중단시키고 시간이 얼마나 더 필요한지 묻는다. 그렇게 함으로써 상대를 존중하는 동시에 회의가 순조롭게 진행되려면 발언을 마무리해야 한다는 점을 인지시킬 수 있다.

회의 마지막에 5~10분 동안 참석자들과 회의가 어떻게 진행되었는지 이야기한다. 다음에 당신이 주재하는 회의의 질을 향상시킬 수 있도록 피드백을 받는다.

회의의 목적과 목표를 의제의 최상위에 두도록 한다.

반드시 있어야 하는 사람들만 초청한다. 경험으로 보건대, 사람은 적을수록 좋다. 모든 사람이 회의 내내 머물러야 하는 것은 아니다. 참석자가 몇몇 의제에 대해서만 관심이 있는 경우도 있고 특정 의제가 논의되는 동안만 회의실에 머물러야 하는 경우도 있다.

회의는 가능한 짧게 하라. 약 두 시간이 지나면 모두 주의가 흐트러진다. 회의가 길어질 경우 휴식이 필요하다. 그럴 경우 시간이 더 많이 걸리고 비용은 더 늘어난다.

참석자들은 각각 조치가 필요한 항목을 정하는 후속 조치 계획을 준비한다. 모두에게 사본을 배포해서 다른 사람의 책무가 무엇인지 서로 파악할 수 있게 해야 한다.

회의 일정은 어쩔 수 없는 경우에만 잡는 것으로 한다. 회의를 빠르고 효율적으로 만드는 데에서 자부심을 느껴라. 이 두 가지를 달성한다면 회의 참여도를 높이고 훌륭한 결과를 얻을 수 있을 것이다.

원격 회의로 생산성을 확보하라

   회사 외부에 있는 사람을 회의에 포함시켜야 하는 경우도 종종 있다. 화상 회의로 참석하는 상황은 회의의 의미와 생산성을 확보하는 측면에서 특유의 문제를 안고 있다. 회의가 아주 간단하지 않은 한은 목소리로만 참여하는 것은 피해야 한다. 음성만으로 연결한다면 현장의 참석자와 원격 참석자 모두가 커뮤니케이션에서 대단히 중요한 시각적 요소를 빼앗기게 된다.

   원격 참석자와 회의를 진행할 때 염두에 둬야 할 몇 가지 기본적인 사항이 있다.

- 원격 회의는 대면 회의와 다르다. 모두가 같은 공간에 있는 대면 회의처럼 다루는 실수를 범하지 말라.
- 원격 회의에는 사전 계획이 더 많이 필요하다.
- 화상 회의의 경우에도 비언어적 커뮤니케이션은 제한된다. 당신의 커뮤니케이션 스타일이 더 명확하고 구체적이어야 한다는 의미이다.
- 원격 참석자의 현지 시간대에 주의를 기울여야 한다. 모두에게 편리한 회의 시간을 찾도록 하라. 일부 참석자가 업무 시간이 아닐 때 회의를 하는 것을 피할 방법이 없다면, 회의 시간을 계속 바꿔서 업무 시간 이외에 회의를 해야 하는 불편함이 고르게 분배되도록 하라. 항상 같은 사람만 불편을 감수하지 않도록 해야 한다.
- 원격 참석자와 사전에 일대일 통화를 해 기대치를 정하고 그들의 목표와 우려를 파악하는 것은 대단히 가치 있는 일이다. 그렇게 함

으로써 원활치 못한 커뮤니케이션으로 회의 중 그들의 생각을 명확히 파악하지 못하는 상황을 피할 수 있다.

- 원격 회의가 바람직하지 않은 경우들이 있다. 여러 주제를 다루는 긴 회의는 원격 형식으로 잘 진행되지 않는다. 정보의 자유로운 교류와 아이디어에 대한 설명이 더 많이 필요한 브레인스토밍이나 전략 회의는 원격 참석자가 효과적으로 참여하기 어렵다.

다음의 기본적인 규칙은 원격 회의를 보다 성공적으로 만드는 데 도움을 줄 것이다.

- 늘 그렇듯이 모든 참석자들에게 회의 목표를 확실히 알려야 한다. 일부 참석자가 원격으로 참여할 때라면 이 점이 더 중요하다.
- 회의 의제, 자료, 기본 규칙을 모두에게 미리 알린다.
- 한 회의에서 너무 많은 주제를 다루지 않는다.
- 원격 참석자에게 배경 소음이나 방해가 없는 조용한 환경을 찾아 달라고 요청한다. 커피숍이나 식당은 적절치 않다는 의미이다.
- 각 참석자에게 밝게 인사를 건네는 것으로 회의를 시작하고 이름과 역할을 소개하도록 한다. 이는 친근한 분위기를 유지하면서 회의가 딱딱해지지 않도록 하는 데 도움을 준다.
- 모두에게 휴대전화를 끄거나 적절하다고 생각될 경우 최소한 무음 모드로 해둘 것을 요청한다. 휴대전화를 계속 켜둘 경우 회의 중 원격 참석자가 다른 원격 참석자에게 문자 메시지를 보내는 경우가 생길 수 있다. 이런 일이 긍정적인지 부정적인지 판단하는 것은 당

신 몫이다.

- 회의 주재자는 원격 참석자가 회의의 흐름을 놓치지 않도록 더 노력해야 한다. 이는 원격 참석자에게 보거나 듣지 못한 중요한 내용이 있다면 잠깐 시간을 내어 설명해줘야 한다는 것을 의미한다. 주재자는 현장에 없는 사람들에게 때때로 설명이 필요하지 않은지 물어봐야 한다.
- 정보나 피드백을 원할 경우 원격 참석자에게 한 번에 한 명씩 요청해서 빠짐없이 이를 얻도록 해야 한다. 당신이 그렇게 할 것이란 점을 미리 알려서 그들이 놀라지 않게 해야 한다.
- 회의 주재자는 사람들이 동시에 이야기를 하지 않게 해야 한다.
- 현장 참석자와 원격 참석자 모두에게 화면상 혹은 프레젠테이션 그래픽에 표시되지 않는 상황에서 발언을 할 때 매번 누구인지를 밝혀 달라고 요청한다.
- 30분 정도마다 짧은 휴식 시간을 가져서 사람들이 예고 없이 빠져나가는 일이 없도록 한다.

사전 통화로 회의 예절을 알린다면 기대치를 설정하는 데 효과적일 것이다. 이것이 지나쳐 보일지 모르겠지만 원격 참석자는 자신이 회의에 부정적인 영향을 줄 수 있다는 것을 인지하지 못할 수도 있다. 원격 참석자가 포함된 회의 예절은 다음과 같다.

- 원격 참석자에게 15분 먼저 로그인을 해서 연결이 원활한지, 회의 앱이 잘 작동하는지 확인하도록 요청한다.

- 참석자들에게 회의에 집중해줄 것을 요청한다. 이는 회의가 진행되는 중에 이메일을 보내거나, 문자 메시지를 보내거나 웹서핑 등 다중 작업을 하지 않는다는 의미이다. 키보드를 사용한다는 것은 딴짓을 한다는 명백한 증거이다. 많은 사람이 회의 도중에는 키보드 사용을 피하고 손으로 메모할 것을 권한다.
- 대면 회의에서 눈 맞춤이 중요한 것처럼 화상 회의 중에도 그렇다. 이는 카메라를 봐야 한다는 의미이다.
- 적절한 복장을 갖춘다. 비즈니스 회의를 하고 있기 때문에 적절한 옷을 갖춰 입어야 한다. 모두가 정장을 입는 경우가 아닌 한 정장을 차려 입을 필요는 없지만 잠옷 차림이어서는 안 된다.
- 참석자들에게 퇴장할 경우 회의 주재자에게 알려달라고 요청한다.

또 화상 회의에서는 뒤에 무엇이 있는지 주의를 기울여라. 산만하거나 전문적으로 보이지 않는 배경은 피해야 한다. 작업 환경에 따라 이를 피하기 어려운 경우라면 접이식 스크린을 준비해서 화상 회의 동안 배경으로 펼쳐두는 것도 좋다. 마지막으로 방의 조명에 주의를 기울여야 한다. 적절치 못한 조명은 당신을 이상하게 혹은 아파 보이게 만든다. 어느 쪽도 좋지 않다.

팀원이 모두 한곳에서 일을 하는 경우에도 일부 회의에는 원격 참석자를 포함시켜야 할 경우가 있다. 당신은 자신과 팀을 위해 그런 회의를 생산적이고 쾌적하게 만들 의무가 있다.

- 회의의 비용과 이점을 따져볼 때 그 회의가 열릴 만한 가치가 있는지 생각해 보고 그렇다는 결론이 나왔다면 계획대로 회의를 추진하라. 하지만 그 반대라면 대안을 찾아라.

- 회의 참석자가 아무 준비 없이 회의에 참석하는 것은 비생산적인 일이므로 잘 짜여진 일정을 바탕으로 회의를 효율적으로 진행시켜야 한다.

- 회의를 할 때 온갖 주제에 대해 시끄럽게 떠드는 것보다는 몇 마디 하지 않아도 사려 깊은 말을 하는 것이 훨씬 바람직하다.

- 회의 중에는 자신의 팀원을 평가절하하는 말을 해서는 안 된다. 이는 그 팀원의 충성심을 약화시키고 팀장 자신에게도 불리하게 작용한다.

- 회의 진행자는 반드시 침착한 태도를 유지해야 하며 다른 사람의 인신공격에 가담해서는 안 된다. 또한 참석자 모두에게 공정한 태도로 발언권을 주어야 한다.

제39장

주목받는
말하기의 기술

●

능력 있는 팀장들 가운데에서도 많은 사람 앞에서 말을 잘 못하는 사람들이 많다. 연단에 서면 그들은 따분하고 확신이 부족하며 재능 없는 사람이 된다. 청중은 그가 일에서도 유능하지 못할 것이란 인상을 받는다. 그런 인상은 사실과 다를 수도 있지만 앞서 이야기했듯이 사람들은 자신들의 인식을 근거로 행동한다.

말하기에도 훈련이 필요하다

사람들 앞에서 말을 잘하지 못하는 가장 큰 원인은 아무런 대비를 하지 않고 대중 앞에서 말을 하는 상황에 부딪히기 때문이다. 그때는 이미 늦었다. 당신이 세상에서 가장 뛰어난 팀장이더라도 여러 사람 앞에서 말하는 상황에 대비하지 않는다면 당신이 뛰어난 팀장이란 사실은 영원히 비밀로 남을 것이다.

관리직에 있는 사람들 중에 남 앞에 서는 일을 준비하는 사람은 극소수이다. 때문에 사람들 앞에서 말하는 법만 배운다면 그들 대부분을 앞설 수 있다. 많은 사람들이 대중 앞에 서는 일에 겁을 먹고 가급적 이런 상황을 피하려 한다. 실제로 이런 상황은 사람들이 가진 공포증 중에서도 손꼽힌다.

외부 사람들을 대상으로 한 프레젠테이션 같은 경우 초보 팀장인 당신은 피할 수도 있겠지만 조직 내에서는 선택의 여지가 없을 것이다. 새로운 회사 정책을 설명해야 하는 부서 내의 회의일 수도 있고, 팀 내 누군가의 은퇴 만찬일 수도 있다. 이런 상황에서는 모두가 당신이 '적절한 몇 마디'의 말을 해주길 기대한다. 클라이언트나 이사진들 앞에서 프레젠테이션을 해야 할 수도 있다. 상사가 아파서 마지막 순간에 그를 대신해야 할 수도 있다. 팀장들은 대중 앞에 서서 말을 해야 하는 이런 상황을 피하기 위해 믿기 힘들 정도의 노력을 기울이곤 한다. 출장 일정을 만들어서 그곳을 벗어나거나 그 시기에 휴가 일정을 잡는 계략을 사용한다. 그들은 커리어 내내 사람들 앞에 서서 이야기할 일을 만들지 않으려 애쓴다. 차라리 필요한 말하기 기술을 획득하고 이런 상황을 유리하게 이용하는 편이 훨씬 낫지 않을까?

대중 앞에서 말을 잘하는 방법을 배우면 임기응변 능력도 향상된다는 점을 모르는 사람들이 대단히 많다. 예상치 못하게 사람들 앞에서 말을 해야 하는 상황을 만난다면 당신은 어떻게 할까?

프레젠테이션 훈련을 한다고 해서 긴장이 완전히 사라지는 것은 아니다. 하지만 훈련을 통해서 당신이 무능력한 사람으로 보이는 것은 막을 수 있다.

프레젠테이션 기술을 향상시키는 법

능숙한 발표자가 되는 데 도움을 주는 구체적인 방법을 몇 가지 소개한다. 온·오프라인 강좌나 프레젠테이션 코칭이 그것이다.

프레젠테이션 기술을 향상시키는 가장 쉽고 일반적인 방법은 토스트마스터 인터내셔널Toastmasters International을 이용하는 것이다. 이 비영리단체는 지역 클럽에서의 연습과 피드백을 통해 회원들이 발표와 리더십 기술을 계발하는 데 도움을 준다. 적은 비용으로 세계 어디에서든 이용할 수 있는 것이 장점이다. 간단한 검색으로 당신이 있는 지역의 클럽들을 찾을 수 있다. 웹사이트 주소는 www.toastermaters.org이다.

토스트마스터 클럽에는 전문가도 직원도 없다. 연설 능력을 계발하는 데 관심이 있는 사람들만 있을 뿐이다. 소정의 비용을 내면 과정을 시작하는 데 필요한 자료를 받게 된다. 자신에게 맞는 속도로 진행할 수 있고, 서로 청중이 되어줄 뿐 아니라 공식적인 평가도 해주면서 상호 도움을 주는 지원 그룹도 찾을 수 있다.

이 훈련에서 중요한 또 다른 측면은 테이블 토픽Table Topics이다. 테이블 토픽은 회의의 일환으로 즉석 연설 기술을 계발하기 위해 고안됐다. 토픽 마스터Topic Master는 여러 사람들(보통 그날 저녁 공식 연설이 예정되지 않은 사람들)에게 예측하기 힘든 주제에 대해 2~3분간 이야기를 시킨다. 발표를 준비할 시간은 단 몇 분이다. 이것은 말하기 기술을 향상시킬 뿐 아니라 자신감을 북돋우는 대단히 가치 있는 활동이다. 전 세계에 토스트마스터 클럽이 있기 때문에 인맥을 만드는 기회도 된다.

대중 연설 역량을 키울 수 있는 두 번째 방법은 프레젠테이션 기술을 다루는 교육 과정이나 대학 강좌를 수강하는 것이다. 조직 내에 기존 교육 프로그램이 있다면 프레젠테이션 기술 훈련을 다룰 가능성이 높다. 한편 뛰어난 프로그램을 제공하는 훈련 기관들도 많다. 그중 하나가 미국 경영학회American Management Association, AMA로, 이들은 연중 여러 지역에서 다양한 발표 기술 관련 세미나를 개최한다. 웹사이트는 www.amanet.org이다.

능숙한 발표자가 되는 세 번째 방법은 일대일 코칭을 받는 것이다. 당신 혹은 당신 회사가 개인 지도를 해줄 코치를 고용하는 것이다. 전문 스피치 코치는 쉽게 구할 수 있으며 프레젠테이션 기술뿐 아니라 프레젠테이션 내용에 있어서도 당신에게 큰 도움을 줄 수 있다. 비용이 많이 들긴 하지만 가치가 매우 높다. 인사팀이 자격 있는 스피치 코치를 찾는 데 도움을 줄 수도 있다.

이것들이 유일한 대안은 절대 아니다. 책을 읽을 수도 있고, 전문가가 실제로 연설하는 것을 지켜볼 수도 있고, 사내에서 프레젠테이션을 잘하는 사람을 찾아 그 사람에게 도움을 청할 수도 있으며, 훈련 비디오를 구입하거나 빌릴 수도 있고, 전문 연설가의 온라인 동영상을 볼 수도 있다. 하지만 프레젠테이션 기술의 향상은 결국 사람들 앞에 나서서 말을 하는 것으로 귀결된다. 어떤 지식과 준비도 실행을 대체할 수 없다. 일단 망설임과 불신을 견뎌내면 실행 자체가 자신감을 크게 높여준다는 것을 발견하게 될 것이다.

프레젠테이션을 할 때 기억해야 할 기본

이 모두가 장래를 위한 좋은 방법이긴 하지만 바로 다음 주에 프레젠테이션을 해야 한다면 어떻게 해야 할까? 여기 많은 사람 앞에서 프레젠테이션을 할 때 기억하고 실행해야 할 몇 가지 기본적인 사항이 있다.

- 프레젠테이션의 목적이 무엇인지 결정하고 한 문장으로 정리한다. 한 문장보다 길면 안 되며 듣거나 읽는 사람이 누구든 명확하게 파악할 수 있어야 한다. 발표의 기본 결과는 정보 전달이나 의욕 고취, 혹은 둘 다이다. 정보를 전달하고 있다면 청중이 특정한 것을 기억하거나 구체적인 절차를 파악하거나 무언가의 용도를 설명할 수 있기를 바랄 것이다. 당신의 목표가 의욕 고취라면 당신은 청중의 태도에 긍정적인 영향을 주고자 할 것이다. 프레젠테이션의 목적을 담은 문장을 만들 때는 이 두 가지 결과를 염두에 두어야 한다.
- 주제의 개요를 만든다. 대다수의 연구에 따르면 청중은 하나의 요점과 세 가지의 하위 요점만을 기억한다고 한다. 프레젠테이션을 가능한 한 짧고 명쾌하게 만들어라.
- 프레젠테이션을 계획하고 전달하는 동안 발표에 대한 다음의 유명

한 말을 명심하라. 무슨 말을 할지 이야기하고(서론에), 이야기를 하고(본론에서), 당신이 했던 이야기를 다시 이야기하라(결론에서). 전혀 독창적인 이야기는 아니지만 이 전략은 큰 도움이 될 것이다. 대다수의 사람들이 한 번 이상 들어야 비로소 기억을 한다. 서두에서 앞으로 다룰 것에 대해서 개략적인 설명을 한다면 청중이 당신의 메시지를 받아들일 준비를 하는 데 도움을 줄 것이다.

- 프레젠테이션을 준비하기 전에 청중을 분석하라. 그들이 어떤 사람인지, 왜 그 자리에 있는지, 그들의 관심사나 교육 수준이 어떤지, 그들의 태도, 문화적 배경, 연령 등은 어떤지 알아봐야 한다. 미리 청중에 대해서 많이 알수록 준비를 효과적으로 할 수 있다. 프레젠테이션 전에 특정 사안에 대한 청중의 생각을 파악하는 것이 중요하다면, 미리 몇 통의 전화나 온라인 설문조사를 통해 청중에게 질문을 할 수도 있다. 여기에서 얻은 정보는 청중의 생각과 태도를 이해하는 데 대단히 귀중한 역할을 한다.

- 프레젠테이션 도중에는 청중을 지켜본다. 그들이 미소를 짓고 있는지, 주의를 기울이고 있는지, 초조해하는지, 혼란스러운지, 옆 사람과 잡담을 하는지, 문자 메시지를 보내는지, 이메일을 주고받는지, 자리를 뜨고 있는지 살핀다. 목소리의 높낮이 혹은 말의 속도를 조절하거나 길이를 줄이거나 보다 심도 있게 설명을 하거나 어조를 바꾸는 등으로 전달 스타일을 바꿔야 할 수도 있다. 필요한 경우 즉시 조정할 수 있도록 준비하라.

- 파워포인트와 같은 시각 자료를 사용하는 경우에는 슬라이드를 보면서 말하지 말고 청중을 봐야 한다. 많은 초보 팀장이 저지르는 실

수다. 시각 자료는 배경이 되고 당신이 주연이 되어야 한다. 자리에 서서 파워포인트 슬라이드를 읽는 것만큼 흥미를 떨어뜨리고 당신을 경험이 부족한 신참으로 보이게 하는 것은 없다. 슬라이드는 당신이 말하려는 요지를 강화하는 역할을 해야 하고 대본이나 메모 대용이 되어서는 안 된다. 파워포인트나 그와 비슷한 소프트웨어를 사용한다면 각 슬라이드의 내용은 최소한으로 하고 큰 글자를 사용하라. 슬라이드에 잘 보이지도 않는 스프레드시트를 잘라 붙여넣은 뒤 그 앞에 서서 레이저 포인터로 각 칸을 가리키며 그에 대해서 설명하는 사람을 본 적이 있다. 최악의 프레젠테이션 사례였다. 스프레드시드에서 3~4가지 요짐만 보여주는 슬라이드를 만들어야 한다.

- 연습, 연습, 연습. 프레젠테이션 내용에 대해 준비가 되었고 편안하게 느껴진다면 긴장이나 무대에 대한 공포를 훨씬 덜 느낄 것이다. 그렇지만 프레젠테이션 내용을 암기하려는 것은 잘못된 생각이다. 무대 위에서 기억이 나지 않을 경우 재앙이 될 수 있다. 큰 글자로 인쇄한 메모나 프레젠테이션 개요를 사용해도 아무런 문제가 되지 않는다. 이런 메모는 궤도에서 벗어나지 않고 다음에 이야기할 내용을 기억하는 데 도움을 줄 것이다.

- 어떤 상황에나 적응할 수 있도록 준비한다. 프레젠테이션 때 어떤 일이 일어날지는 아무도 모른다. 장비에 이상이 생겨서 공들여 준비한 슬라이드나 동영상이 쓸모없어질 수도 있다. 재빨리 재구성할 준비가 되어 있어야 한다. 프레젠테이션을 하는 동안 청중을 몇 개의 작은 그룹으로 나눠 의견을 교환하게 할 계획이었으나 강당의

의자가 고정식일 수도 있다. 대안을 준비해두지 않으면 시작도 하기 전에 프레젠테이션이 실패로 돌아갈 수 있다. 문제에 대한 대비가 잘 되었는지 확인할 수 있는 방법은 할당된 시간의 절반 안에 발표를 해보는 것이다. 프레젠테이션 연습에 이런 활동을 포함시키는 데에는 두 가지 이점이 있다. 당신이 프레젠테이션의 핵심 요소를 파악하고 있는지 깨닫게 해주고 막판에 프레젠테이션 시간이 줄어들 가능성에 대비하게 해준다. 이런 일은 종종 일어난다. 시간제한을 지킬 필요가 없다고 생각하는 고위 임원이 당신보다 앞서 프레젠테이션을 하는 경우에는 특히 더 그렇다.

- 에너지와 활기를 보여주고, 청중이 당신이 그 자리를 즐기고 있다고 느낌을 받도록 하라. 그렇게 하지 못하면 청중의 열의와 관심을 기대할 수 없다. 어조나 활기가 프레젠테이션이라기보다는 대화에 가까울수록 좋다. 그리고 웃어라.

조직 안팎에 관계 없이 남 앞에서 뛰어나게 발표하는 사람을 알고 있는가? 혹 있더라도 많지는 않을 것이다. 당신이 그 뛰어난 몇 명 중 하나가 되는 것은 어떨까? 회사 내에서의 승진만이 아니라 지역사회나 업계의 리더 자리에 오를 가능성을 생각해보라. 사실 리더 자리에 오를 기회는 회사 밖에서 더 빨리 찾아올 수 있다. 그것이 여러분에게 어떤 문을 열어줄지 생각해보라. 자신들을 이끌어줄 누군가를 기다리는 많은 추종자들이 있다. 뛰어난 리더의 특징 중 하나는 대중 앞에서 설득력 있는 이야기를 할 수 있는 능력이다. 당신이 그 몇 명의 리더 중 하나가 되지 못할 이유가 있는가?

- 팀장으로서 탁월한 능력을 갖고 있다 해도 대중들 앞에서 능숙하게 연설할 수 없다면 팀장으로서의 능력까지 빛이 바래게 된다.

- 프레젠테이션 내용을 계획하기 전에 먼저 해야 할 일은 청중의 성향, 참석 이유와 관심사, 학문적인 수준, 문화적인 배경 등 청중을 미리 파악하는 것이다.

- 완벽한 프레젠테이션을 위해서는 연습만큼 효과적인 것이 없다. 하지만 내용을 암기해서는 안 된다. 중간에 잊어버리기라도 하면 정말 끔찍한 사태가 벌어질 수 있기 때문이다.

제40장

몸짓 언어 활용하기

•

몸짓 언어에 대한 기본적인 지식만 있어도 다른 사람의 메시지를 읽고 자신의 메시지를 효과적으로 전달하는 데 도움이 될 것이다. 여기에는 두 가지 유형, 즉 개방형 몸짓 언어와 폐쇄형 몸짓 언어가 있다.

개방형 몸짓 언어는 따뜻하고 마음을 끈다. 여기에는 사람들을 안심시키고 당신에 대한 신뢰를 고취시키는 움직임과 음성적 특성이 포함된다. 미소, 눈빛, 자세를 통해 당신에 대한 환영의 마음을 보여주는 사람들이 주변에 있을 것이다. 당신이 그런 사람일 수도 있다.

개방형 몸짓 언어의 사례는 다음과 같다.

• 눈이 따라오는 미소. 이는 눈가에 주름이 잡히는 것을 의미

- 몸을 가리거나 보호하는 것처럼 보이지 않는, 손바닥을 내보이고 팔을 몸에서 편안하게 벌리는 몸짓
- 대화를 계속하도록 독려하는 끄덕임과 눈 맞춤
- 신경 과민처럼 보이거나 자신을 진정시키려는 듯한 몸짓에 의존하지 않는 것. 대화 중의 차분한 느낌
- 장벽이 거의 혹은 전혀 없는 것. 상대와 있을 때의 편안한 느낌. 장벽을 불필요하게 만드는 쉬운 상호작용의 감각

폐쇄형 몸짓 언어는 억제나 회피를 나타낸다. 여기에는 사람들을 경계하게 만드는 움직임과 음성적 특성이 포함된다. 위의 모든 사례를 반대로 하면 다음의 결과를 얻을 수 있다.

- 부자연스러운 가짜 미소. 계속 움직이고 따라 웃지 않는 눈
- 손을 꼭 쥐거나 팔을 몸에 가까이 하는 몸짓, 심지어 가슴 앞에서 팔짱을 끼는 것
- 눈 맞춤을 피하거나 노려보는 것
- 꼼지락거리는 것 혹은 펜을 누르거나 손가락을 비비는 등의 행동. 이는 초조함이나 불안을 나타낼 수 있다.
- 당신과 상대 사이의 물리적 장벽(책상, 컴퓨터, 전화). 또 다른 유형의 장벽으로 상대가 말을 하고 있는 동안 옆으로 몸을 돌리는 것, 즉 상대를 '찬밥' 대우하는 것이 있다.

상호작용의 성격에 따라 두 유형의 몸짓 언어를 적절히 활용하라. 누

군가와 긍정적인 관계를 맺고 싶다면 언제든 개방형 몸짓 언어가 더 낫다. 폐쇄형 몸짓 언어는 거리를 두고 싶다는 메시지를 보내야 할 경우에 적절하다. 직장에서 폐쇄형 몸짓 언어를 사용할 때는 주의를 기울여야 한다. 영향력이 커서 아주 미묘하더라도 상대가 알아차릴 가능성이 있다.

어떤 메시지를 전달하고자 하든 초조한 몸짓은 피해야 한다. 평소 불편을 느끼거나 스트레스를 받을 때 당신이 하는 모든 행동을 확인해두는 것이 좋다. 손을 비비거나 귀를 만지거나 머리를 넘기거나 종이나 클립을 만지작거리거나 발을 까닥거리는 등 대부분의 사람들에게는 긴장하면 하는 행동이 있다. 자신의 이런 행동을 인식하지 못한다면 믿을 수 있는 누군가에게 당신의 버릇을 찾아달라고 부탁하라. 대부분이 무의적으로 하는 일일 가능성이 높다.

사람들의 행동을 읽을 때는 개방형 몸짓 언어와 폐쇄형 몸짓 언어를 찾고 둘 사이의 변화에 주목하라. 대화 속의 어떤 요인이 다른 사람의 몸짓 언어를 변하게 했는지 자문한다. 말의 속도나 어조, 자세의 변화가 대화하는 상대에게 어떻게 영향을 주는지 관찰하라.

Check Point 40

- 누군가와 긍정적인 관계를 맺고 싶다면 개방형 몸짓 언어를, 거리를 두고 싶다면 폐쇄형 몸짓 언어를 사용하라.
- 어떤 메시지를 전달하고자 하든 초조한 몸짓은 피해야 한다. 불편을 느끼거나 스트레스를 받을 때 당신이 하는 행동을 확인하라. 인식하기 어렵다면 믿을 수 있는 누군가에게 당신의 버릇을 찾아달라고 부탁하라.

THE FIRST-TIME MANAGER

이제 당신은 초보 관리자에서 내공 있는 리더로 진화하는 중이다. 관리는 어려운 일이다. 팀을 넘어 더 큰 조직을 이끌게 될수록 직면하는 문제는 더욱 복잡해질 것이다. 그러나 팀장의 자리에 올랐다는 것은 누군가 당신에게서 능력과 가능성을 보았다는 뜻이다. 그러니 자신을 믿되 내면을 지지하는 일을 결코 소홀히 하지 말아라. 클래스 class는 1% 한 끗의 차이로 달라진다.

제6부

1% 한 끗의 차이로 달라지는 리더의 길

지속 성장의 원칙

제41장

스트레스 상황에
슬기롭게 대응하기

●

자신이 관리만 잘하면 직장에서 스트레스를 전혀 받지 않을 거라 생각하는 초보 팀장들이 많다. 하지만 스트레스는 필연적인 것으로 결코 피할 수 없다. 문제는 거기에 어떻게 대응하느냐이다. 일어나는 일을 모두 통제할 수는 없다. 당신이 통제할 수 있는 것은 자신에게 일어나는 일에 대해 반응하는 본인의 방식뿐이다.

무엇이 스트레스를 유발하는가

일 관련 스트레스에는 수많은 원인이 있다. 우리는 어려운 상황에 모두 다르게 반응한다. 우리의 몸이나 마음에 부정적인 영향을 주는 모든 것은 스트레스가 된다. 여기 몇 가지 전형적 일 관련 스트레스 요인들이 있다.

- 상사가 방향을 지시하지 않거나 상충되는 방향을 지시하는 것
- 컴퓨터 고장
- 끊이지 않는 방해 요소
- 우선순위의 계속적인 변화
- 고위 경영진의 계속적인 변화
- 합병
- 다운사이징
- 구조조정
- 사내 정치
- 시간적 압박
- 성과에 대한 압박
- 잘못된 시간 관리
- 개인적 문제가 직장까지 이어짐
- 지속적인 야근

당신은 분명 이런 많은 스트레스 요인에 영향을 받을 것이다.

경험이 대응을 바꾼다

여기 스트레스에 관한 흥미로운 견해를 소개한다. 관리직 초반에 느끼는 스트레스에 대해 훨씬 편하게 생각하는 데 도움이 될지도 모르겠다. 바로 처음에 스트레스로 보였던 대부분의 것들은 시간이 지나 경험을 쌓은 뒤에는 일상적이고 평범해 보일 거란 사실이다. 스트레스를 느끼는 것이 상황 자체의 탓이 아니라 당신의 경험 부족이나 원인에 대한 대응 방식 때문이라는 것이다. 미묘한 문제이지만 결과에서 나타나는 차이는 상당하다.

자동차를 안전하게 운행하는 법을 배우려고 운전 수업을 받던 때의 기억으로 돌아가보자. 처음으로 운전대를 잡았을 때는 스트레스가 심했다. 경험이 쌓이면서 당신의 운전 능력은 양치를 하는 것만큼 자연스러워 보이는 정도까지 향상됐다. 상황은 바뀌지 않았다. 운전에 대한 당신의 대응 방식이 바뀌고 경험이 쌓였을 뿐이다.

스트레스 상황에 어떻게 반응하는가는 관리 유형의 일부이다. 일부 팀장들은 깊은 생각에 잠긴 것 같은 모습으로 대응한다. 미간에 주름이 잡힌다. 조용하다. 안타깝게도 이런 행동은 함께 일하는 사람들에게 전염된다. 부정적인 방식으로 말이다. 그렇지만 스트레스로 보일 수 있는 상황에서도 미소를 짓고 유쾌할 수 있는 팀장들은 팀원 모두에게 자신감을 불어넣는다.

초조하고 불안할 때는 생각을 명확하게 하기가 힘들고 이는 상황을 악화시킨다. 부정적 요소는 가중된다. 첫 번째 부정적 요소는 당신이 스트레스 상황을 맞았다는 것이다. 두 번째 요소는 여기에서 보이는 당신의 부정적 반응이 성공적인 해결로 이끄는 능력을 약화시킨다는 점이다.

세 번째 부정적 요소는 사람들은 당신이 어떻게 상황을 처리하는지를 통해 당신을 판단하며, 당신 또한 이를 알기에 압박감이 더욱 커진다는 점이다. 스스로에게 초조해하지 말라고 말하는 것은 누군가에게 걱정 말라고 말하는 것과 비슷하다. 말하기는 쉽지만 행동으로 옮기기는 어렵다.

스트레스 상황이 사람들의 감각을 살아나게 하고 최선을 이끌어낸다고 믿는 사람들이 있다. "상황이 힘들어지면 사람은 더 강해진다."라는 말을 들어보았을 것이다. 이 말은 스트레스 상황의 두려움을 극복했을 때 그대로 적용된다. 두려움은 매우 작은 깔때기를 통해 스트레스라는 주스를 붓는 것과 같다.

스트레스에 직면한 팀장을 위한 7가지 조언

성공하기 위해서는 스트레스 상황을 두려움이 아닌 도전으로 받아들여야 한다. 여기 주기적으로 스트레스 상황에 직면하는 팀장을 위한 일곱 가지 제안이 있다.

1. 일을 악화시키지 말라. 당황해서 충동적인 행동을 하지 말라. 이는 문제를 악화시킬 것이다.
2. 크게 숨을 쉬어라. 몇 번 심호흡을 하고 긴장을 풀기 위해 노력하라. 천천히 말하라. 그렇게 하고 싶지 않더라도 말이다. 이로써 당신 주변의 사람들을 진정시킬 수 있다. 이런 태도는 "그는 냉정을

잃지 않았어. 그러니 나도 그래야 해."라는 생각을 심어준다.

3. 우선적인 것부터 처리한다. 상황을 바로 처리할 수 있는 두세 개의 핵심적인 것으로 줄여 긴박감을 낮춘다. 이로써 당신은 나머지 사안을 급하지 않게, 하지만 시간에 맞춰 처리할 수 있게 될 것이다.

4. 업무를 배분한다. 서너 개의 중요 요소를 팀원들에게 배분해서 부분적으로 처리한 후에 전체로 통합시킨다.

5. 조언을 구한다. 팀 외부에 있는 생각이 깊은 동료들과 경험이 많은 팀원으로부터 제안이나 아이디어를 구한다.

6. 침착한 태도를 갖는다. 문제에 대한 당신의 반응이 아닌 문제 자체에 대해 생각한다.

7. 지혜를 시각화한다. 자신을 현명하고 차분하며 결단력 있는 리더의 역할을 하는 '배우'라고 생각하라. 그 역할을 철저히 하다 보면 얼마 후 역할극을 하는 것이 아닌 당신 자신의 모습이 될 것이다.

내 능력에 자신감을 가져라

팀장으로서 당신은 승진 이전보다 훨씬 어려운 문제들을 다루게 된다. 문제들이 모두 쉽다면 누구든 해결할 수 있을 것이다. 당신이 그 자리에 있는 것은 누군가 당신에게서 더 어려운 이 상황을 다룰 수 있는 능력을 보았기 때문이다. 승진을 할수록 문제는 더 복잡해진다. 혹은 그렇게 보인다. 기억해야 할 중요한 점은 당신의 경험이 대부분의 스트레스를 제거하리라는 것이다. 관리직에 오르고 시간이 좀 지나면 같은 상황을 만나도 그 자리에 올랐던 처음 몇 달처럼 반응하지 않을 것이다. 점점 나아질 것이다. 그리고 당신의 능력은 점차 발전할 것이다.

관리직 초반에는 그 자리에 있는 것만으로도 스트레스가 된다. 많은 초보 팀장들이 세상의 무게를 짊어진 것처럼 치열해 보이는 이유도 그 때문이다. 걱정과 잘하고 싶다는 욕망은 가상하지만, 그 정도가 심하면 일을 해내는 데 오히려 방해가 된다. 바람직한 결과를 얻으려면 과제를 완성해야 하고 그 과제 내에서 사람들을 관리해야 한다. 총검을 들고 참호 밖 지뢰밭을 지나 적들과 백병전을 펼치는 상황은 아니지 않은가!

초보 팀장으로서 따라야 할 최고의 조언은 "너무 심각하게 받아들이지 말라."는 것이다.

Check Point 41

- 스트레스는 필연적인 것으로 결코 피할 수 없다. 스트레스 극복의 관건은 스트레스에 어떻게 대응하느냐이다.
- 스트레스를 받고 싶지 않다면 문제에 대한 자신의 반응이 아닌 문제 자체에 대해 생각하라.
- 지금 스트레스처럼 느껴지는 것들은 경험이 쌓이면 아무것도 아니게 된다.

제42장

일과 삶의
균형 찾기

•

초보 팀장은 새로운 책임에 너무 몰두한 나머지 깨어 있는 시간 내내 일만을 생각한다. 이런 헌신은 감탄할 일이다. 이것은 그 사람이 일을 잘해내고 경영진의 일원으로 성공하기로 마음먹었다는 것을 보여주기 때문이다.

그러나 건강한 삶에는 균형이 필요하다. 커리어가 중요하기는 하지만 그것이 인생의 전부는 아니다. 당신은 보다 완성된 사람이 되어야만 보다 완성된 팀장이 될 수 있다. 둘은 분리할 수 없다.

무슨 일을 하는지 물어보면 사람들은 자동적으로 생계를 위해 하는 일을 이야기한다. 치과 의사일 수도 있고, 회계사, 변호사, 영업사원, 경영자, 이발사, 트럭 운전사일 수도 있다. 하지만 우리는 우리가 일로 하는 것, 그것보다 훨씬 더 큰 존재이다. 혹 그렇지 않다면 그렇게 되도록 해야 한다.

은퇴한 후 정체성과 자기 가치를 찾지 못하는 사람들의 안타까운 이야기를 듣곤 한다. 그들에게는 일이 곧 인생이었던 것이다. 은퇴한 후 그들은 목적의식을 잃는다. 은퇴에 이런 식으로 반응하는 사람은 완성된 사람이 아니다. 가족을 제외한 모든 관심은 커리어를 중심으로 이루어진다. 일을 좋아한 사람이라면 직장을 그리워하는 것은 충분히 이해할 만한 일이다. 하지만 은퇴가 의미 있는 인생의 종말이어서는 안 된다.

일이 유일한 관심사인 사람은 일차원적이고, 일차원적인 사람은 다차원적인 사람만큼 훌륭한 팀장이 될 수 없다. 관리직에 앉은 처음 몇 달 동안은 어쩔 수 없다. 하지만 훈련 기간을 성공적으로 거친 후에는 관심사와 활동의 범위를 넓혀야 한다.

지역사회 이슈에 적극 참여하라

경영자가 되겠다는 꿈을 꾸는 사람들은 지역사회의 일에 참여해야 한다. 지역사회로부터 얻기만 하고 아무것도 돌려주지 않아서는 안 된다. 직업에서도 마찬가지이다. 몸담은 업계에 되돌려주는 것이 있어야 한다. 완전히 이타적인 충고는 아니다. 주된 목표는 지역사회와 직업의 대의를 뒷받침하는 것이지만 부수적인 이득도 있다. 지역사회에 참여하면서 당신은 지역사회와 업계 내에서 알려지게 된다. 지식 기반을 넓히고 인맥을 만든다. 이는 당신을 폭넓은 지지 기반을 지닌 팀장으로 만들 뿐 아니라 더 높은 자리로 갈 수 있는 팀장으로 만든다. 조직에서 높은 위치에 갈수록 리더십은 더 중요해진다. 대부분 기업의 중역들은 지역사회나 업계 협회 등에서의 리더 활동에 호의적인 시선을 준다. 성장에 좋은 기회인 것이다.

두 명의 승진 후보가 업무적으로 비슷한 자격을 갖춘 경우가 많다. 이렇게 아슬아슬한 승부에서 차이를 만드는 것은 결국 회사 안과 밖에서의 리더십이다. 최근에는 많은 기업에서 회사가 승인하는 지역사회 서비스 프로그램에 참여할 수 있도록 '자유 시간'release time을 허용한다.

다양한 분야의 책을 읽어라

관련된 일에 대한 독서도 중요하지만 박학다식한 사람이 되는 것도 중요하다. 팀장은 시류에 정통한 시민이어야 하고 도시, 주, 국가에서 무슨 일이 일어나고 있는지 알아야 한다. 이는 뉴스 웹사이트, 신문, 시사 잡지, 업계 블로그, 업계지를 읽으면서 최신 정보를 계속 얻어야 한다는 의미이다. 팀장은 세상에 대해서도 잘 알고 있어야 한다. 세상이 어떻게 돌아가는지는 조직에 영향을 준다.

가끔은 좋은 소설을 읽는 것도 도움이 된다. 좋은 책을 읽는 것은 작문의 질을 높여줄 것이다. 더불어 좋은 픽션 작가들은 인간의 상황에 대한 뛰어난 통찰력을 갖고 있는 때가 많다. 또한 이런 책들은 재미가 있다. 이것 역시 긍정적인 측면이다. 팀원들에게 같은 책을 읽게 한 뒤 회의나 모임에서 그 책에 대해 논의를 이끄는 것도 좋은 방법이다. 책은 리더십,

커뮤니케이션 혹은 일과 관련된 주제일 수 있다. 이런 활동은 팀원 각각에 대해 새로운 발견을 할 수 있는 기회이며 성과 높은 팀을 만드는 데 도움을 준다.

인생의 매 단계마다 도전의식과 경각심을 가져야 한다. 다양한 관심사를 갖고 있다면 이 일이 훨씬 쉬워질 것이다. 독서는 그것을 가능하게 하는 한 가지 방법이다.

퇴근 후 일과 분리되는 간단한 팁

일을 다른 생활과 분리하는 능력과 결단력도 중요하다. 일은 직장에 남겨두고 나머지 인생을 살아갈 수 있어야 한다. 관심사, 취미 등 업무 외적으로 할 수 있는 무언가가 필요하다. 이러한 필요를 충족시키면서 관심도 이어갈 수 있는 프로그램이 있다면 무엇이든 바람직할 것이다. 특히 운동은 스트레스를 해소하는 훌륭한 방법이다.

불가피하게 일을 집으로 가져가야만 하는 때도 있다. 집에서 이메일을 확인하는 정도의 상황은 누구나 경험해보았을 것이다. 이상적으로는 집에서까지 일을 할 필요는 없어야 하겠지만 피할 수 없는 것이 현실이다. 집에서 하는 일을 최소화하기 위해 사무실에서 열심히 일하라. 집에서 만회할 수 있다고 생각하고 근무시간에 적게 일하는 함정에 빠져서는 안 된다. 집에서 일을 마쳐야만 할 때는 특정한 시간대를 정하고 그것을 지키는 식으로 한계를 명확히 해야 한다. 무엇보다 집으로 가져가는 일이 건강한 균형을 유지하기 위해 꼭 지켜야 하는 개인 생활까지 잡아먹지 않도록 해야 한다. 하지만 기술의 발달이 이를 점점 더 어렵게 만들고 있다.

직장 생활과 개인 생활 사이의 균형을 유지하기 위해서는 동료들과의 관계에서 대단히 계획적이고 구체적인 태도를 견지해야 한다. 좋든 나쁘든 이제 우리는 언제든 연락할 수 있는 상태에 있다. 이런 연결성이 당신의 삶을 장악하지 못하게 하려면 두 가지 요소가 필요하다. 첫 번째는 언제 접근 불가능한 상태인지를 결정하는 절제력이다. 언제든 이메일을 확인해야 하고 얼마나 늦은 시간이든 도착한 문자 메시지를 읽어야 한다면 결코 균형을 찾을 수 없다.

두 번째 요소는 동료를 교육시키는 것이다. 망설이지 말고 동료들에게 절대적인 비상상황이 아닌 한 특정 시간에는 당신에게 연락해서는 안 된다는 것을 확실하게 밝혀야 한다. 그러기 위해서는 밤에 휴대전화를 무음으로 해두거나 다른 방에 두어서 계속 벨소리가 울리지 않는 한 소리를 듣지 못하게 해야 한다. 이때 문제는 다른 시간대에 있는 동료와 고객이다. 그들이 근무하는 시간에 당신은 퇴근 후이거나 수면이 필요하다는 사실을 상기시켜주자. 이것은 잘못된 일이 아니다.

또 다른 문제는 아무 때나 연락하는 것을 아무렇지도 않게 생각하는 배려심 없는 동료이다. 그런 유형의 사람에게 특정한 시간에는 연락을 받지 않는다고 확실히 밝히는 것은 당신 몫이다. 때로 그런 동료를 교육시키는 가장 좋은 방법은 다음 날 근무시간이 될 때까지 연락에 답하지 않는 것이다. 아무리 무심하고 배려가 없는 사람이라도 특정 시간대에는 당신의 답장을 받지 못한다는 것을 깨닫게 될 것이다.

이 모든 것이 당신으로부터 시작된다. 당신이 특정 시간 동안 오프라인으로 있을 만한 자제력이 없고 바로 동료에게 연락을 한다면 당신의 개인 생활은 당신 것이 아니다. 이 점을 인식해야 한다. 일과 삶의 균형은 당신의 선택에 달려 있다.

Check Point 42

- 직업이 중요한 것은 사실이지만 삶의 전부는 아니다. 또한 삶에서 더욱 성숙한 사람이 된다면 팀장으로서도 더욱 성숙해질 수 있다.

- 팀장에서 더 높은 자리로 승진하고 싶다면 지역사회를 위한 활동에도 참여할 필요가 있다. 그를 통해 지식의 토대를 넓힐 수 있고, 훌륭한 인맥을 만들 수 있을 뿐만 아니라 지역사회에서 리더로서의 경험이 회사에도 도움이 되기 때문이다.

- 사람들은 삶의 모든 단계에서 언제나 스스로 정신적으로 자극을 받을 수 있는 환경을 마련해야 하고 항상 주변 상황에 관심을 가져야 한다. 독서가 그 방법 중 하나이다.

제43장

팀장의
품위를 지켜라

•

품위는 여러 가지 뜻을 갖고 있지만 팀장이라면 품위를 '어떤 사람의 행동에서 나타나는 스타일과 우아함'이라고 생각해야 한다. 팀장이나 임원의 품위는 그 사람이 하는 일 그리고 더 중요하게는 그 사람이 하지 않는 일로 형성된다.

- 품위는 인간이기에 마땅히 받아야 하는 존엄성을 염두에 두고 사람들을 대하며 생산을 위한 객체로 대하지 않는 것이다.
- 품위는 사회적 지위와 아무런 관련이 없다. 품위는 당신의 행동과 관련이 있다.
- 품위는 짜증이 났을 때도 상스러운 말을 사용하지 않는 것이다. 품

위는 욕이 필요치 않은 어휘를 사용한다는 의미이다.

- 품위는 자신이 관심의 대상이 되어야 한다고 생각하지 않는 것이다. 품위는 무시당했다는 느낌 없이 다른 사람들이 영광을 누리게 할 수 있는 것이다.
- 품위는 상스럽거나 인종을 비하하는 농담을 하지 않는 것이다.
- 품위는 직장에서 모든 성적 욕구를 분리하고, 다른 성별을 가진 사람에게 그 사람의 어머니가 옆에 서 있는 경우라면 입에 담지 못할 말을 하지 않는 것이다.
- 품위는 실망스러운 순간에 아무리 정당하다는 생각이 들어도 조직에 대한 무례한 말을 하지 않는 것이다.
- 품위는 다른 사람의 불만스러운 행동이나 부정적인 말이 자신을 똑같은 수준으로 끌어내리게 두지 않는 것이다.
- 품위는 냉정을 잃지 않는 것이다. 돌이킬 수 없는 일은 저지르지 않는다.
- 품위는 실수를 합리화하지 않는 것이다. 품위는 실수로부터 배우고 앞으로 나아가는 것이다.
- 품위 있는 팀장은 '나'보다 '우리'를 강조한다.
- 품위는 좋은 태도이다.
- 품위는 다른 사람에 대한 존중의 토대로 나 자신을 존중하는 것이다.
- 품위는 배우자나 파트너를 비하하는 발언을 하지 않는 것이다. 이런 발언은 그 대상이 되는 사람보다는 말하는 사람에 대해서 더 많은 것을 보여준다.
- 팀장의 품위는 팀원에게 충직한 것을 의미한다.

- 품위는 팀장이 팀원보다 위에 있다고 생각지 않는 것을 의미한다. 각자가 다른 책무를 갖고 있을 뿐이다.
- 품위는 화가 났을 때 행동을 하지 않는 것을 의미한다. 품위는 냉정한 이성이 돌아왔을 때까지 기다리는 것을 뜻한다. 품위는 성급하거나 충동적이지 않은 것이다.
- 품위는 먼저 다른 사람을 성장시키는 일이 자신을 성장시키는 가장 좋은 방법임을 아는 것이다.
- 품위는 공로를 인정받는 일에 지나치게 관심을 갖지 않으며 때로는 자신이 마땅한 것보다 더 많은 인정을 받고 있음을 아는 것이다. 이것은 박수갈채가 없을 때 균형을 잡는 데 도움이 된다.
- 품위는 곧 진정성이고 말과 행동을 일치시키기 위해 노력하는 것이다.
- 품위는 다른 사람을 끌어내려 자신을 치켜세우는 것이 아니다.
- 품위는 본보기를 통해서 사람을 이끄는 것이다.
- 품위는 따뜻한 미소의 중요성과 가치를 아는 것이다.

Check Point 43

- 품위 있는 팀장은 직원들의 인격을 존중한다.
- 품위 있는 팀장은 자신이 관심의 대상이 되지 않아도 개의치 않는다. 자신이 초라하다고 느끼지 않을 뿐 아니라 팀원이 집중적으로 조명을 받을 수 있도록 돕는다.
- 품위 있는 팀장은 회사에 대해 실망을 하고 자신의 감정이 정당하다고 생각할 때조차도 회사의 명예를 손상시키는 말을 하지 않는다.

나오는 글

이 책에서는 팀원을 이끄는 방법에 대해 다양한 주제를 다루었다. 하지만 팀장으로서 커리어를 쌓아가는 동안(혹은 새로운 역할을 맡고 처음 몇 주 동안) 만나게 될 모든 상황을 담고 있는 것은 아니다.

한 권의 책에 모든 상황을 포괄하기란 불가능하다. 다만 우리는 당신이 이 일을 보다 의미 있고 즐거우며 이해하기 쉽게 만드는 기술에 대한 인사이트를 얻었길 바란다. 우리가 태도에 대해서, 자신과 자신이 직면한 문제를 보는 방법에 대해서 지나치게 많은 시간을 할애했다고 생각하는 독자도 있을 것이다. 하지만 사람들과 함께 일하는 것의 성공과 실패는 당신 머릿속에서 결정된다.

자신이 주로 사건에 의해 통제된다고 믿는 유형의 사람이라면, 어떤 말도 소용이 없을 것이다. 그런 경우라면 당신은 거인이 줄을 잡아당기는 대로 움직이는 꼭두각시에 불과하다. 하지만 실제로는 그렇지가 않다. 통제를 벗어나는 사건이 삶에 영향을 미치기는 하지만 당신은 자신이 무엇을 생각하고, 어떻게 생각하는지 통제할 수 있다. 그것은 다시 사건에 대한 당신의 반응을 통제한다.

우리는 이 책에서 솔직하고 단도직입적인 태도를 견지했다. 이 책에 나온 대로 열심히 일하고 말썽만 일으키지 않는다고 최고의 자리에 오르는 것은 아니다. 하지만 이런 기본 개념을 무시하지 않고 따른다면 당신은 더 나은 기회를 갖게 될 것이다. 이 세상은 모든 일이 공평하게만 처리되는 곳이 아니며 자격이 있는 만큼 언제나 합당한 대가가 돌아가는 곳도 아니다. 절대 그렇지 않다. 하지만 포기하고 그 자리에서 번개가 치기를 기다린다면 목표를 이룰 가능성이 없다는 것만은 분명하다.

우리는 성장해야 한다. 이 책은 팀원을 관리하는 방법을 탐구하는 데 집중하고 있지만, 자신이 완성된 사람으로 성장하는 것 역시 그만큼 중요하다. 당신의 커리어는 당신의 전체적인 성장에 도움을 줄 수 있다. 커리어는 삶에서 대단히 큰 부분을 차지하기 때문이다. 싫어하는 일을 해서는 안 된다. 하지만 반대로 모든 커리어에 우리가 좋아하는 요소만 포함된 것은 아니라는 현실도 인정해야 한다. 중요한 것은 균형이다. 대부분의 일이 재미있고 만족스럽고 도전적이라면 좋아하지 않는 부분을 참을 수 있을 것이다. 그 반대로 해야 하는 대부분의 일이 싫다면 당신은 커리어를 잘못 선택했음이 분명하고 반드시 바꿔야 한다. 당신을 지치게 하고 파괴하는 커리어에 시간과 에너지를 쏟기에는 인생은 너무나 짧다.

당신은 미래에 높은 연금을 받을 수 있다는 이유로 싫어하는 일을 고수하는 사람들을 알고 있을 것이다. 은퇴하기 전에 건강을 해친다면 은퇴 후에 많은 좋은 혜택이 무슨 소용이겠는가? 더구나 그렇게 오래 살지 못할 수도, 은퇴 계획이 생각만큼 좋지 않은 것일 수도 있다.

일에 대해서 끊임없이 불평하면서도, 알지 못하는 것에 대한 혹은 변화에 대한 두려움이 일에 대한 반감보다 훨씬 강력하기 때문에 더 나은 직업을 찾지 못하는 사람들도 있다. 새로운 것이나 알지 못하는 것보다는 예측 가능한 것(좋지 않은 것이라고 할지라도)을 선호하는 것이다.

"대부분의 사람들은 행복해지기로 결정한 만큼만 행복하다."라는 에이브러헴 링컨의 말이 맞는 것 같다. 이 말은 태도에서 으뜸이 되는 것이 무엇인지 대해 이 책이 말했던 것을 요약해서 보여주고 있다.

많은 사람이 중년에 접어들면서 자신이 세계에 한 공헌을 생각하기 시작한다. 그들이 좌절하고 단념하는 것은 종종 자신이 하는 일이 그리 중요치 않다고 생각하기 때문이다. 그들은 스스로에게 이렇게 묻는다. "내가 볼트를 만드는 회사의 팀장이라는 것은 얼마나 의미 있는 일일까?" 세상에 대한 기여의 맥락에서라면 그것은 전혀 의미가 없는 것처럼 보일 수도 있다. 하지만 우리가 정말 던져야 하는 질문은 "내가 일이나 개인 생활에서 접촉하는 사람들에게 어떤 영향을 주고 있는가?"이다.

그 질문에 긍정적인 대답을 할 수 있다면 당신의 회사가 볼트를 만들든 목숨을 구하는 약을 만들든 그것은 문제가 되지 않는다. 시스템은 결정적인 요소가 아니다. 산물은 결정적인 요소가 아니다. 중요한 것은 당신의 영향력이 닿는 사람들에게 어떤 영향을 미치는가이다. 조직도에서 조금 더 높은 자리에 앉아 있다는 것이 당신을 다른 사람들보다 더 중요하게 만들지는 않는다. 임원 혹은 팀장의 역할은 리더의 역할과 '봉사자'의 역할이 조합된 것이다. 일부 임원들은 책무에서 봉사자의 측면을 받아들이려고 하지 않는다. 그것이 직급에 대한 그들의 높은 평가와 배치

되기 때문이다.

팀원들이 사용할 시스템을 개발할 때 당신은 그들을 섬기고 있는 것이다. 효과적인 급여 관리와 성과 평가 시스템을 유지할 때 당신은 그들을 섬기고 있는 것이다. 조직의 니즈와 팀원의 직업적 야심을 통합시킬 방법을 고심할 때 당신은 그들을 섬기고 있는 것이다. 팀원들이 휴식 시간에서 얻는 혜택을 극대화하도록 휴가 일정을 짤 때 신은 그들을 섬기고 있는 것이다. 당신 부서에 유능한 사람을 고용하고 교육할 때 당신은 그들을 섬기고 있는 것이다.

대부분의 사람들은 한 나라의 대통령이나 수상이 엄청난 권력을 갖지만 그와 동시에 국민의 종이 되어야 한다는 명제, 그들이 나라의 공무원, 즉 공공의 종을 대표한다는 명제를 별 어려움 없이 받아들인다. 같은 개념이 관리직에도 적용된다. 관리하는 일은 모순되는 것처럼 보이는 두 개념, 즉 권위와 섬겨야 할 책임의 조합이다. 이 둘의 균형 있는 외양을 유지할 수 있다면 자신의 중요성에 대한 과장된 견해를 갖는 우를 범하지 않게 될 것이다. 일도 더 잘 해낼 수 있음은 물론이다.

팀장으로서 발전한다고 해서 꼭 똑똑해지는 것은 아니다. 하지만 분명히 더 많은 경험을 얻게 될 것이고 그것은 지혜가 될 잠재력을 갖고 있다. 끊임없이 더 뛰어난 팀장으로 진화를 계속하는 한 그 과정에서 얻게 되는 것을 뭐라고 부르는지는 문제가 되지 않는다. 사람들과 일하면서 다양한 경험을 쌓을수록 당신은 더 유능한 팀장이 될 수 있다. 같은 경험을 반복하다 보면 당신은 그렇지 않고서는 얻을 수 없는 숙련도를 차곡차곡 높일 수 있게 된다.

팀원의 태도와 감정에 대한 공감 능력을 키움으로써 많은 것을 얻을 수 있다는 사실은 기본적인 내용이지만 아무리 반복해서 강조해도 충분치 않다. 당신이 그들의 입장이라면 어떤 대우를 받고 싶은지 감지할 수 있는가?

당신은 눈 뜨고 있는 동안의 절반에 가까운 시간을 투자해 사람을 이끄는 일을 한다. 우리는 당신이 그 일에서 큰 성공을 거두기를 바란다. 팀장으로서 당신의 성공은 당신 그리고 책임에 대한 당신의 태도에서 출발한다. 이 책이 인생의 새롭고 흥미로운 장을 시작하는 당신에게 도움이 되었기를 바란다. 행운을 빈다. 즐거운 여정이 되기를.